Hans H. Ørberg

LINGVA LATINA

PER SE ILLVSTRATA

Pars II
ROMA AETERNA

EXERCITIA LATINA
II

Hans Ørberg

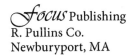 Publishing
R. Pullins Co.
Newburyport, MA

LINGVA LATINA
PER SE ILLVSTRATA

Pars I:
Familia Romana (978-1-58510-420-8); hardcover (978-1-58510-423-9)
Latine Disco: Student's Manual (978-1-58510-050-7)
Grammatica Latina (978-1-58510-223-5)
Exercitia Latina I (978-1-58510-212-9)
Latin-English Vocabulary (978-1-58510-049-1)
Lingva Latina: Familia Romana CD-ROM for PC (978-1-58510-454-3)
Exercitia Latina I CD-ROM for PC (978-87-90696-10-8)

Pars II:
Roma Aeterna (978-1-58510-233-4); hardcover (978-1-58510-314-0)
Exercitia Latina II (978-1-58510-067-5)
Indices (978-87-99701-69-8)
Instructions for Part II (978-1-58510-055-2)
Latin-English Vocabulary (978-1-58510-052-1)
Lingva Latina: Roma Aeterna CD-ROM For PC (978-87-90696-09-2)
Exercitia Latina II CD-ROM for PC (978-87-90696-12-2)

Ancillaries:
CD-ROM for Mac, contains Familia Romana, Roma Aeterna, Exercitia Latina I & II (978-87-90696-13-9)
Caesaris: Commentarii De Bello Gallico (978-1-58510-232-7)
Colloqvia Personarvm (978-1-58510-156-6)
Epitome Historae Sacrae (978-1-58510-425-3)
Menaechmi ex Plavti Comoedia (978-1-58510-051-4)
Ovidii Nasonis: Ars Amatoria (978-87-90696-18-4)
P. Vergilii Maronis: Aeneis, Libros I et IV (978-87-90696-17-7)
Petronivs: Cena Trimalchionis (978-1-58510-234-1)
Plavtus: Amphitryo (978-1-58510-194-8)
Sallustius & Cicero: Catilina (978-87-90696-11-5)
Sermones Romani (978-87-90696-07-8)

For College Students:
Lingva Latina: A College Companion (978-1-58510-191-7)

For further information on the complete series and new titles, visit www.pullins.com.

Copyright © 2007 Hans Ørberg

ISBN 10: 1-58510-067-6
ISBN 13: 978-1-58510-067-5

This book is published by Focus Publishing / R. Pullins Company, PO Box 369, Newburyport MA 01950. All rights are reserved. No part of this publication may be produced, stored in a retrieval system, produced on stage or otherwise performed, transmitted by any means, electronic, mechanical, by photocopying, recording, or by any other media or means without the prior written permission of the publisher.

If you have received this material as an examination copy free of charge, Focus Publishing/R. Pullins Company retains the title to the material and it may not be resold. Resale of any examination copies of Focus Publishing/R. Pullins Company materials is strictly prohibited.

Printed in the United States of America.

15 14 13 12 11 10 9 8 7 6

0811W

INDEX LECTIONVM

NOTAE

abl.	ablātīvus	part.	participium
acc.	accūsātīvus	pass.	passīvum
āct.	āctīvum	perf.	perfectum
adi.	adiectīvum	pers.	persōna
adv.	adverbium	plūr., pl.	plūrālis
cēt.	cēterī -ae -a	plūsquamperf.	plūsquamperfectum
comp.	comparātīvus	pos.	positīvus
coni.	coniūnctīvus	praes.	praesēns
dat.	datīvus	sing., sg.	singulāris
dēcl.	dēclīnātiō	sup.	superlātīvus
dēp.	dēponens	voc.	vocātīvus
ex.	exercitium	[1, 2, 3, 4]	coniugātiō I, II, III, IV
f., fēm.	fēminīnum	1, 2, 3	persōna I, II, III
fut.	futūrum	–	thema praesentis
gen.	genetīvus	~	thema perfectī
imp.	imperātīvus	≈	thema supīnī
imperf.	imperfectum	|	finis thematis
ind.	indicātīvus	/	sīve
inf.	īnfīnītīvus	<	factum ex
m., masc.	masculīnum		
n., neutr.	neutrum		
nōm.	nōminātīvus		
p.	pāgina		

EXERCITIA LATINA

CAPITVLVM TRICESIMVM SEXTVM

Lēctiō prīma (versūs 1–86)

Exercitium 1

Exemplum: Altī mūrī Rōmam cingunt = Rōma altīs mūrīs cingitur.

1. Magnum incendium templum Iovis cōnsūmpsit = ...
2. Columnae pulcherrimae tēctum templī sustinent = ...
3. Signa deōrum forum exōrnant = ...
4. Cloāca palūdem siccāvit = ...
5. Nūntius victōriae populum dēlectat = ...
6. Clāmor hostium Rōmānōs excitāvit = ...
7. Fuga celeris exercitum servāvit = ...
8. Poena sevēra hominēs scelestōs dēterret = ...
9. Timor mortis nōs perturbat = ...
10. Cantus avium mē dēlectat = ...

Exercitium 2

1. Ex urbe antīquissimā, quae ā fōrmā moenium 'Rōma _____' vocābātur, nihil _____ [= superest].
2. _____ est parva domus pauper quae strāmentō _____ [= operītur].
3. _____ dīcitur summus mōns arduus _____ [= validīs] mūrīs mūnītus.
4. Dē saxō Tarpēiō hominēs scelestī _____ [= prōiciēbantur].
5. Templum est aedificium _____ [: ubi diī adōrantur].
6. Postquam rēx L. Tarquinius Superbus ā Brūtō Rōmā _____ est, duo _____ populō Rōmānō praepositī sunt.
7. Templum _____ [= magnificum et deō dignum] in summō Capitōliō situm Iovī Optimō Māximō _____ [= sacrum factum] est.
8. Hoc templum cum _____ [: igne] cōnsūmptum esset, ā Domitiānō _____ est et iterum _____ [= sacrātum].
9. Templum Iovis Capitōlīnī aurō et gemmīs _____ [= clārē lūcet] et columnae ē _____ pulcherrimō factae sunt.
10. In _____ templī est ingēns _____ [= signum] Iovis in altā _____ sedentis.
11. Imperātor victor ducēs hostium in _____ ante currum suum dūcit.
12. Post triumphum Capitōlium ascendit, ut Iovī _____ faciat.
13. In templō Iūnōnis Monētae, quod in summā Arce _____ [= situm] est, nummī efficiuntur ex _____ pretiōsīs, aurō, argentō, aere.
14. _____ est metallum ex quō assēs efficiuntur.
15. _____ est _____ [= magnum] aedificium in quō tabulae et litterae pūblicae _____ [= salvae cūstōdiuntur].
16. In forō Rōmānō ōlim _____ [= locus ūmidus] erat.
17. Aqua palūdis cloācā _____ [= sub terrā sitā] in Tiberim _____ est; ita _____ [< siccum factum] est forum.
18. Forum Rōmānum multīs aedificiīs pūblicīs cingitur, in iīs duābus _____, Aemiliā et Iūliā.
19. _____ est aedificium ā Iūliō Caesare _____ [= aedificātum] quō _____ Rōmānus convenīre solet.
20. Senātus Rōmānus cōnstat ex DC _____, cīvibus nōbilissimīs.
21. Locus _____ est quō multī hominēs conveniunt.
22. _____ dīcitur pars urbis cum viīs domibusque.
23. In tabernīs Rōmānīs multae mercēs _____ [= vēnduntur].

Cap. XXXVI

Lēctiō I

nōm + acc + āct =

nōm + abl + pass

aes
amplus
arx
augustus
basilica
casa
celeber
cella
cōnsecrāre
cōnsul
cūria
dēdūcere
expellere
exstruere
fīrmus
incendium
locāre
marmor
metallum
palūs
praecipitāre
quadrātus
reficere
restāre
sacer
sacrāre
sacrificium
sēdēs
senātor
senātus
servāre
siccāre
simulācrum
splendēre
subterrāneus
tabulārium
tegere
triumphus
vēnīre
vīcus

Exercitium 3

acc + īnf
nōm + īnf

Exempla: "Mercurius nūntius deōrum est":
(Hominēs) dīcunt/nārrant/putant 'Mercurium nūntium deōrum esse':
Mercurius nūntius deōrum esse dīcitur/nārrātur/putātur.
"Rōmulus frātrem suum necāvit":
'Rōmulum frātrem suum necāvisse' dīcunt/nārrant:
Rōmulus frātrem suum necāvisse dīcitur/nārrātur.

1. Dīcunt 'Iūli____ domin____ sevēr____ es____':
   Iūli____ domin____ sevēr____ es____ dīcitur.
2. 'Iān____ duās faciēs hab____' dīcunt:
   Iān____ duās faciēs hab____ dīcitur.
3. 'Rōmul____ Palātium mūnīv____' dīcunt/nārrant:
   Rōmul____ Palātium mūnīv____ dīcitur/nārrātur.
4. Dīcunt 'prīm____ mūr____ Rōmān____ quadrāt____ fu____':
   Prīm____ mūr____ Rōmān____ quadrāt____ fu____ dīcuntur.
5. 'Cinn____ versiculōs in mē scrīb____' nārrant:
   Versiculōs in mē nārrātur scrīb____ Cinn____ .
6. Dīcunt 'Solōn____ vir____ sapient____ et iūst____ fu____':
   Sol____ vir sapiēns et iūst____ fu____ dīcitur.
   (Sapientia Solōnis ab omnibus laudātur.)

sapientia -ae f
  < sapiēns

sacer sacr|a sacr|um
ācer ācr|is ācr|e
sup
sacerrim|us -a -um
ācerrim|us -a -um

Exercitium 4

Exempla: locus celeber, celeberrimus
                  via celebris, celeberrima
                  forum celebre, celeberrimum

1. Templum est locus sac____ et aedificium sac_____.
2. Via Sac____ dīcitur via quae ad templa sac____ forī Rōmānī dūcit.
3. Ex omnibus templīs sac____ Rōmānīs sac_____ est templum
   Iovis Capitōlīnī.
4. Nūllus locus tam celeb____ est quam forum Rōmānum: illud forum
   est locus urbis celeb_____ .
5. Via Latīna nōn est tam celeb____ quam via Appia; haec est via Rōmāna
   celeb_____ .
6. Forum Tūsculānum nōn tam celeb____ est quam forum Rōmānum.
7. Achillēs fuit dux bellī āc____ et fortis.
8. Apud Trōiam pugna āc____ (bellum āc____) fuit.
9. Bellum Trōiānum fuit omnium āc_____ .

Exercitium 5

1. Cūr urbs Rōma in collibus sīve montibus locāta est? ...
2. Quod nōmen est campī quī inter collēs et Tiberim patet? ...
3. Moenia Rōmulī antīquissima quam fōrmam habēbant? ...
4. Num Rōmulus in domō magnificā habitābat? ...
5. Ubi sita est 'domus Augustāna'? ...
6. In Capitōliō quod templum clārissimum est? ...
7. Illud templum ā quō aedificātum et ā quō sacrātum est? ...
8. Cūr templum Iovis Capitōlīnī iterum sacrātum est? ...
9. Quō imperātor post triumphum ascendit? ...
10. Quod templum in summā Arce situm est? ...
11. Ubi situm est Tabulārium? ...
12. Quōmodo siccātum est forum Rōmānum? ...
13. Cūr medium forum appellātur 'lacus Curtius'? ...
14. Quae sunt aedificia pūblica amplissima in forō Rōmānō? ...
15. Quō senātus Rōmānus convenīre solet? ...

Lēctiō secunda: versūs 87–184   *Lēctiō II*

Exercitium 6

Exempla:

<u>media</u> Italia = medium (= media <u>pars</u>) Italiae
<u>prīma</u>/<u>postrēma</u> aestās = initium/fīnis (= prīma/postrēma <u>pars</u>) aestātis
<u>summus</u>/<u>īnfimus</u> mōns = summum/īnfimum (= summa/īnfima <u>pars</u>) montis

1. In medi____ for____ Rōmānō [= in mediō forī Rōmānī] ōlim lacus erat.
2. Itaque medi____ for____ Rōmānum [= medium forī Rōmānī] etiam nunc 'lacus Curtius' appellātur.
3. Naxos in medi____ mar____ Aegaeō [= in mediō maris Aegaeī] sita est.
4. Hōra sexta dīcitur 'merīdiēs', id est medi____ di____ [= medium diēī].
5. Sōl altissimus est hōrā sextā vel merīdiē, id est medi____ di____ [= mediō diēī].
6. Sexta hōra noctis est medi____ nox [= medium noctis].
7. Postrēm____ mēns____ Iūnius est prīm____ aestās [= postrēma pars mēnsis Iūniī est initium aestātis].
8. Arx dīcitur summ____ mōns arduus [= summum montis arduī].
9. In summ____ mont____ Capitōlīnō [= in summō montis Capitōlīnī] templum Iovis situm est.
10. Tabulārium in īnfim____ Capitōli____ [= in īnfimā Captōliī parte] situm est.
11. Cūria ad īnfim____ Argīlēt____ [= ad īnfimam partem Argīlētī] locāta est.
12. In postrēm____ cōmoedi____ [= in fīne cōmoediae] spectātōrēs plaudunt.
13. In postrēm____ libr____ [= in fīne librī] est index vocābulōrum.

Exercitium 7

1. Ex Rōstrīs _____ verba faciunt ad populum.
2. Is locus ōrnātur _____, quae ē _____ [↔ puppibus] nāvium captārum ērepta sunt.
3. Cicerō fuit ōrātor _____ [= clārissimus].
4. Rōstra antīqua ā Iūliō Caesare _____ [↔ exstrūcta] sunt.
5. Vesta est dea _____ [= ignis domesticī].
6. In _____ [= templō] Vestae, quae fōrmam _____ habet, ignis semper _____.
7. Ignis ille, quī numquam _____ [↔ accenditur], Rōmam urbem _____ [= perpetuam, sine fīne] esse significat.
8. _____ est domus rēgis, idemque nōmen habet domus _____ māximī, quī cēterīs sacerdōtibus _____ [= praepositus] est.
9. Sacerdōtēs sacrificia faciunt ac rēs _____ [< deus] cūrant.
10. Post mortem Iūlius Caesar '_____ [= dīvīnus] Iūlius' nōminātus est.
11. Mōs Rōmānōrum est corpus hominis mortuī _____ [= ūrere].
12. Templum Sāturnī senātus populusque Rōmānus incendiō cōnsūmptum _____ [= refēcit].
13. Id templum est _____ populī Rōmānī, ubi pecūnia pūblica _____ ac servātur.
14. Ōlim _____ inter duās _____ [= partēs cīvium] inimīcissimās, _____ et _____, populum Rōmānum dīvidēbat.
15. _____ [↔ discordiā] restitūtā, aedēs Concordiae aedificāta est.
16. Haec aedēs, cum _____ [< vetus] _____ [= ad terram lāpsa] esset, in meliōrem _____ [= fōrmam] restitūta est.
17. In Carcere subterrāneō sordidō foedus _____ sentītur (nāsō).
18. Dīvō Vespasiānō ā fīliō aedēs _____ [= sacrāta et dōnāta] est.

aedēs
aerārium
aeternus
āra
ārdēre
aurātus
boārius
clīvus
collābī
concordia
cremāre
dēdicāre
dēpōnere
dēstruere
discordia
dīvīnus
dīvus
ēminēre
exstinguere
faciēs
factiō
focus
illūstris
odor
ōrātor
patriciī
pecūs
plēbēiī
pontifex
porticus
praeficere

prōmunturium
prōra
rēgia
restituere
rōstrum
rotundus
triumphāre
vetustās

dat/abl plūr
-īs *m f n*
-ibus *m f n*
-ābus *f*

coniūnx
domesticus
geminī
sapientia
Apollō -inis, Ἀπόλλων
Cerēs -eris, Δημητηρ
Diāna -ae, Ἄρτεμις
Iūnō -ōnis, Ἥρα
Iuppiter Iovis, Ζευς
Mārs -.rtis, Ἄρης
Minerva -ae, Ἀθηνη
Mercurius -ī, Ἑρμης
Neptūnus ī, Ποσειδων
Sāturnus -ī, Κρονος
Venus -eris, Ἀφροδιτη
Vesta -ae, Ἑστια
Vulcānus -ī, Ἡφαιστος

Lēctiō III

arcuātus
balneae
bibliothēca
committere
ductus
exercēre
genetrīx
glōriārī
ibīdem
incohāre
indūcere
intericere
later
latericius
longitūdō
marmoreus
mausōlēum
monumentum
renovāre

19. In _____ deōrum inter columnās stant signa _____ [= aurō operta].
20. _____ Capitōlīnō imperātōrēs _____ [< triumphus] in Capitōlium ascendunt.
21. In forō _____ [< bōs] bovēs aliaeque _____ [= bēstiae agricolārum] vēneunt.
22. Ibi locāta est _____ Māxima, in quā sacrificia fīunt Herculī deō.
23. _____ est mōns quī in mare _____.

Exercitium 8

Nōmina deōrum et deārum

1. Porticus sub Capitōliō sita sex di____ et sex de____ sacrāta est.
2. Illī duodecim diī sunt: Iuppiter cum tr____ sorōr____, Iūn____ et Vestā et Cer____, ūnō frātre, Neptūnō, quattuor fīli____, Mār____, Mercuriō, Vulcānō, Apoll____, du____ fīli____ virginibus, Minervā et Diānā, et cum Ven____, quae item I____ fīlia esse putātur.
3. Iūnō est Iovis soror atque _____ [= uxor].
4. Sāturnus est pater Iovis et Iūn____ et Vestae et Cer____ et Neptūnī.
5. Apollō, deus sōlis, et Diāna, dea lūnae, Iovis fīliī _____ [: eōdem diē nātī] sunt.
6. Vesta est dea focī rērumque _____ [< domus], Cerēs dea frūgum.
7. Aedēs Iovis Capitōlīnī etiam du____ de____, Iūnōnī et Minervae, cōnsecrāta est.
8. Minerva, Iovis fīlia virgō, dea artium ac _____ [< sapiēns] est.
9. Nōmina deōrum Graeca et Latīna: *Zeus* _____, *Hēra* _____, *Hestia* _____, *Dēmētēr* _____, *Poseidōn* _____, *Arēs* _____, *Hermēs* _____, *Hēphaistos* _____, *Apollōn* _____, *Athēnē* _____, *Artemis* _____, *Aphrodītē* _____, *Kronos* _____.

Lēctiō tertia: versūs 185–263

Exercitium 9

1. Inter Palātium et Aventīnum _____ est [= interest] vallis Murcia.
2. Circus Māximus ā Caesare _____ [= novus factus] est.
3. Ad Pharsālum Caesar exercitum Pompēiī _____ [= vīcit].
4. Caesar novum forum fēcit cum templō Veneris _____ [= mātris].
5. Caesar ad pedēs _____ [= signī] Pompēiī necātus est.
6. C. Octāviānus, quī necem Caesaris _____ voluit, cum Brūtō et Cassiō proelium _____ [= coepit].
7. Post victōriam novum templum, quod ante proelium Mārtī deō _____ [= prōmīserat], _____ [= aedificāre coepit].
8. Hoc _____ [< monēre] victōriae suae templum Mārtis _____ [< ulcīscī] nōmināvit.
9. Augustus multa nova opera _____ [< marmor] exstrūxit in locō veterum domuum quae ē _____ aedificātae erant.
10. Itaque hīs verbīs _____ est [= glōriōsē dīxit]: "Marmoream relinquō urbem quam _____ [< later] accēpī."
11. In _____ Augustī ossa prīncipis servantur.
12. In campō Mārtiō sitae sunt _____ [= balnea pūblica] quae _____ Agrippae appellantur.

4

13. In thermīs Rōmānī lavantur atque _____ [= eōdem locō] corpora
_____ natandō, currendō, luctandō.
14. Aquae _____ veterrimus, quī ab Appiō Claudiō in urbem
_____ est, habet _____ [< longus] prope XII mīlium passuum.
15. Prope Rōmam sunt longī aquae ductūs _____ [< arcus].
16. In _____ servantur librī.

statua
superāre
thermae
ulcīscī
ultor
vovēre

Exercitium 10

Exemplum:

*acc + gerundīvum
+ cūrāre*

Caesar Cūriam aedificandam cūrāvit = Caesar cūrāvit ut Cūria aedificārētur.
1. Pompēius cūrāvit ut theātrum aedificārētur = ...
2. Caesar cūrāvit ut Circus Māximus renovārētur = ...
3. Appius Claudius Caecus cūrāvit ut via Appia mūnīrētur = ...
4. Augustus cūrāvit ut aedēs collāpsae reficerentur = ...
5. Caesar cūrāvit ut novum forum fieret = ...
6. Post incendium necesse est cūrāre ut nova domus aedificētur = ...
7. Sacerdōtum negōtium est cūrāre ut sacrificia fīant = ...

Exercitium 11

1. Cūr 'Rōstra' vocātur locus ex quō ōrātōrēs verba faciunt? ...
2. Quid est rōstrum nāvis? ...
3. Quis fuit Cicerō? ...
4. Quandō clauditur aedēs Iānī? ...
5. Quandō Iānus tertium clausus est? ...
6. Estne quadrāta aedēs Vestae? ...
7. Quid significat ignis Vestae semper ārdēns? ...
8. Quid est officium virginum Vestālium? ...
9. Quis habitat in Rēgiā? ...
10. Pontifex māximus quis est? ...
11. Quid aedificātum est eō locō quō corpus Caesaris cremātum erat? ...
12. Ubi est aerārium populī Rōmānī? ...
13. Quī sunt Castor et Pollūx? ...
14. Quandō aedēs Concordiae aedificāta esse dīcitur? ...
15. Quid appellātur carcer Rōmānus subterrāneus? ...
16. Quot statuae in porticū deōrum stant? ...
17. Quid est forum Boārium? ...
18. Cui deō in ārā Māximā sacrificia fīunt? ...
19. Ubi est Circus Māximus? ...
20. Ubi C. Iūlius Caesar necātus est? ...
21. Cūr Venus ā Iūliō Caesare 'genetrīx' vocābātur? ...
22. Quōmodo Octāviānus necem Caesaris ultus est? ...
23. Brūtō et Cassiō victīs quod templum aedificāvit? ...
24. Quālem urbem Augustus sē relinquere glōriātus est? ...
25. Ubi servantur ossa Augustī? ...
26. Quārē Rōmānī in thermās eunt? ...
27. Unde et quōmodo aqua in thermās dēdūcitur? ...

Lēctiō IV

absūmere
adimere
aereus
candēlābrum
collocāre
dēlēre
flamma
incendere
inīre
īnsānus
laurus
magnitūdō
morbus
orīgō
pōns
praeclārus
probāre
splendidus
stāgnum
tuba
vestibulum

abl et acc temporis
quandō? *abl*
quamdiū? *acc*

Lēctiō quārta: versūs 264–370

Exercitum 12

1. Ex incendiō altae _____ surgunt.
2. Cum māximum incendium Rōmam _____ [= cōnsūmeret], Nerō scaenam _____ [= intrāvit], ut incendium Trōiae caneret.
3. Tyrannus ille _____ [↔ mente sānus] ipse urbem _____ [= accendisse] putātur.
4. Post Rōmae incendium Nerō sibi domum _____ [< splendēre] aedificāvit, quae 'domus aurea' appellāta est.
5. In _____, id est in locō clausō ante iānuam, ingēns statua _____ [< aes] Nerōnis _____ [= locāta] erat.
6. Vespasiānus, quī opus Nerōnis nōn _____ [< probus], domum auream dēstrūxit et in locō _____ [= lacūs] amphitheātrum aedificāvit.
7. Titus Iūdaeōs vīcit, urbem et templum eōrum _____ [= perdidit] et rēs sacrās iīs _____ [↔ dedit].
8. _____ dīcitur rāmus et folia quibus imperātor triumphāns ōrnātur.
9. _____ est mala valētūdō.
10. _____ est magna lucerna quā domus illūstrātur.
11. Cantū _____ mīlitēs ante proelium convocantur.
12. Hadriānus _____ Aelium in Tiberī fēcit.
13. Vergilius scrīpsit carmen _____ [= clārissimum] cui titulus est *Aenēis*.
14. Urbs Rōma ā parvā _____ [< orīrī] ad mīrābilem _____ [< magnus] crēvit.

Exercitium 13

1. Circus Flāminius ann____ ducentēsim____ vīcēsim____ [CCXX] ante Chrīstum nātum exstrūctus est ā C. Flāminiō, quī e____dem tempor____ viam Flāminiam mūniendam cūrāvit.
2. Vergilius īd____ Octōbr____ nātus est ann____ septuāgēsim____ [LXX] ante Chrīstum nātum et ūn____ et quīnquāgintā ann____ vīxit.
3. Senātus in templum Iovis Statōris convēnit e____ di____ qu____ Cicerō ōrātiōnem prīmam in Catilīnam habuit.
4. Caesar novem ann____ in Galliā bellum gessit.
5. Caesar necātus est īd____ Mārti____ quārt____ ann____ postquam Pompēium vīcit.
6. Octāviānus ūndēvīgintī ann____ nātus dux exercitūs fuit.
7. Nerva ann____ tantum et quattuor mēns____ imperāvit.
8. Cum exercitus prīm____ lūc____ profectus magnīs itineribus di____ noct____ que prōcēderet, mīlitibus pauc____ hōr____ noct____ dormīre licuit.

Exercitium 14

Dīvide hōs versūs in pedēs dactylōs et spondēōs appositīs notīs (— ◡◡| — —):

1. *Iūnō |Vesta Mi|nerva Ce|rēs Dī|āna Ve|nus Mārs*

   Mercuri us Iovi' Neptū nus Vul cānus⌢A pollō.

2. *Hīc⌢ubi nunc Rōma'st⌢or bis caput⌢arbor e⌢t⌢herbae*

   et pau cae pecu dēs et casa rāra fu it.

3. *Iuppite r⌢arce su ā cum tōtum spectat⌢i n⌢orbem*

   nīl nisi Rōmā num quod tue ātur⌢ha bet.

Exercitium 15

1. Cūr Nerō urbem incendisse putābātur? ...
2. Quid ēgit Nerō post incendium Rōmae? ...
3. Quid aedificātum est in locō domūs aureae? ...
4. Quae templa Vespasiānus aedificāvit? ...
5. Quam gentem Titus in Oriente vīcit et quam urbem dēlēvit? ...
6. Quās rēs sacrās Titus Iūdaeīs adēmit? ...
7. Ubi situs est arcus Titī? ...
8. Quid est stadium? ...
9. Columna Trāiānī ubi locāta est? ...
10. Quae sunt māxima Hadriānī opera? ...
11. Quis post Hadriānum imperium accēpit? ...
12. Quid Ovidius poēta Rōmam appellat? ...
13. Quis est dux Trōiānus ā quō populus Rōmānus orīginem trahit? ...
14. Quis poēta carmen praeclārum dē Aenēā scrīpsit? ...

Lēctiō grammatica

Exercitium 16

Syllabae <u>acūtae</u> sunt quae vōce māiōre seu clāriōre leguntur quam cēterae.
In vocābulīs bīnārum syllabārum syllaba <u>prior</u> acūta est.
In plērīsque vocābulīs longiōribus acūta est syllaba <u>paenultima</u>; sīn
    paenultima in vōcālem brevem dēsinit, syllaba <u>antepaenultima</u> est acūta.
In hīs vocābulīs dūc līneam [__] sub syllabam acūtam!

(syllaba) paen-ultima
(< paene ultima) =
secunda ā fīne
ante-paen-ultima
= tertia ā fīne

1. e-rant	13. ap-pā-rē-re	25. pon-ti-fex	37. tri-um-phus
2. va-lē	14. trī-gin-tā	26. mū-nī-tus	38. cōn-se-quī
3. fe-rōx	15. a-mī-cus	27. pri-us-quam	39. cōn-se-qui-tur
4. in-gēns	16. pū-bli-cus	28. iu-ven-tūs	40. sa-lū-tā-tus
5. pa-lūs	17. im-pe-ri-um	29. sa-cer-dōs	41. sa-lū-tāns
6. pa-lū-dis	18. cir-cum-da-re	30. cōn-sti-tu-it	42. in-tel-le-git
7. si-mi-lis	19. in-ter-fi-cit	31. īn-sti-tu-e-re	43. in-tel-lēx-it
8. ser-vī-lis	20. in-ter-fec-tus	32. Nep-tū-nus	44. re-fer-re
9. an-tī-qua	21. se-nā-tor	33. ge-ne-trīx	45. re-ci-pe-re
10. Au-gus-tus	22. se-nā-tō-rēs	34. the-ā-trum	46. re-ci-pit
11. con-ve-nit	23. in-te-gra	35. il-lī-us	47. du-o-de-cim
12. con-vē-nit	24. ce-ler-ri-mus	36. in-te-ri-or	48. du-cen-tī

Exercitium 17

Datur singulāris alicuius cāsūs. Dā <u>plūrālem</u> eiusdem cāsūs!
Exemplum: abl sg rēge bonō, pl <u>rēgibus bonīs</u>.

sing > plūr

1. *acc sg* servum fīdum, *pl* ...
2. *nōm/acc sg* opus difficile, *pl* ...
3. *abl sg* diē longō, *pl* ...
4. *dat sg* bēstiae ferae, *pl* ...
5. *nōm sg* magna pars, *pl* ...
6. *acc sg* collem altum, *pl* ...
7. *dat sg* meae sorōrī, *pl* ...
8. *gen sg* mīlitis fortis, *pl* ...
9. *abl sg* litterā Graecā, *pl* ...
10. *dat/abl sg* virō sapientī, *pl* ...
11. *nōm sg* hostis superbus, *pl* ...
12. *abl sg* vōce clārā , *pl* ...
13. *abl sg* versū brevī, *pl* ...
14. *acc sg* nautam Rōmānum, *pl* ...
15. *acc sg* currum novum, *pl* ...
16. *gen sg* passūs, *pl* ...

Exercitium 18

1. adimere, ad______isse, ad______um esse
2. augēre, ______isse, ______um esse
3. collābī, col______um esse
4. cōnstituere, cōn______isse, cōn______um esse
5. dēlēre, ______isse, ______um esse
6. dēstruere, dē______isse, dē______um esse
7. expellere, ex______isse, ex______um esse
8. exstinguere, ex______isse, ex______um esse
9. exstruere, ex______isse, ex______um esse
10. incendere, in______isse, in______um esse
11. operīre, ______isse, ______um esse
12. orīrī, ______um esse
13. praeficere, prae______isse, prae______um esse
14. reficere, re______isse, re______um esse
15. restituere, re______isse, re______um esse
16. tegere, ______isse, ______um esse
17. ulcīscī, ______um esse
18. vēnīre, ______isse
19. vovēre, ______isse, ______um esse

prae-ficiō -iunt
re-ficiō -iunt
vēn-eō -eunt

Cap. XXXVII

CAPITVLVM TRICESIMVM SEPTIMVM

Lēctiō I

Lēctiō prīma: versūs 1–88

amplectī
anguis
arvum
āvehere
benignus
clipeus
conclāmāre
cōnfugere
contingere
corripere
cūra
cūstōs
dēcurrere
dēmittere
discumbere
diūturnus
dolus
explicāre
fabricāre
fēstus
frōns frondis
fūnis
immolāre
īnsānia
īnspicere
iūstitia

Exercitium 1

1. Rēx Sāturnus māximā ____________ [< iūstus] fuit; ____________ [< rēx] eius erat tempus beātum.
2. Sāturnālia dīcuntur diēs ____________ mense Decembrī quibus servī cum dominīs ____________ [= accumbunt].
3. Faunus Euandrō ____________ [= fugientī] ____________ colenda dedit.
4. Fīlius rēgis Latīnī in prīmā ____________ [< iuvenis] mortuus est.
5. In Italiā pāx ____________ [< diū] erat, cum Trōia ā Graecīs capta est.
6. Graecī hōc ____________ ūsī sunt: equum ligneum ____________ [< faber] et mīlitibus complēvērunt.
7. Minerva dea Trōiānīs ____________ erat [= bene volēbat].
8. Trōiānī, cum Graecōs ____________ [↔ advectōs] esse putārent, sine ____________ exiērunt et ____________ [= magnitūdinem] equī mīrābantur.
9. Lāocoōn ā summā arce ____________ cīvēs monuit nē dōnum illud ____________ ā Graecīs īnfīdīs acciperent.
10. Hasta quam Lāocoōn in equum ligneum mīsit nōn ____________ ad mīlitēs ____________ [= latentēs], sed in ____________ [= lignō dūrō] stetit.
11. Paulō post duo ____________ terribilēs Lāocoontem, dum ad āram taurum ____________, petunt.
12. Anguēs corpus eius ____________ [= complectuntur] neque is sē ____________ [↔ implicāre] potest.
13. Simul anguēs duōs fīliōs eius ____________ [= rapiunt] et membra eōrum [= mollia, invalida] edunt.
14. Inde sub ____________ [= scūtum rotundum] Minervae ____________ [= fugiunt], ubi nēmō eōs ____________ [= tangere] audet.

15. Trōiānī _____ [= subitō timōre] perturbātī _____
    [= simul clāmant] 'dōnum Graecōrum in arcem Minervae dūcendum esse.'
16. Tanta erat _____ [< īnsānus] Trōiānōrum ut equum ligneum in
    urbem traherent, dum templa _____ [= foliīs] exōrnant.
17. Etsī _____ [= ex interiōre parte] arma _____ [< sonus]
    audiunt, nēmō partem equī interiōrem _____ cōnātus est.
18. Cassandra fātum Trōiae _____ nec quisquam eī crēdēbat.
19. Plūrimīs Trōiānīs ille diēs _____ [= summus, ultimus] fuit.
20. Equō _____ [= apertō] Graecī per _____ _____
    ad terram lāpsī sunt.
21. Urbis _____ [> cūstōdīre] occīdērunt et portās patefēcērunt.
22. _____ est īnstrūmentum bellī quō mūrī dēstruuntur.
23. Catilīna arma _____ [< scelus] contrā patriam cēpit.

Exercitium 2

Exempla: Dominus: "Dāvus vocandus est. Vocā Dāvum!"
Dominus 'Dāvum vocandum esse' dīcit = Dominus Dāvum voc<u>ā</u><u>rī</u> iubet.
1. Gubernātor 'mercēs ēiciendās esse' dīxit = Gubernātor ..... iussit.
2. Dominus 'servum improbum pūniendum esse' dīcit = ...
3. Rēx 'Daedalum in labyrinthum dūcendum esse' dīxit = ...
4. Caesar dīxit 'novam Cūriam aedificandam esse' = ...
5. Augustus 'Iānum tertium claudendum esse' dīxit = ...
6. Trōiānī dīxērunt 'equum in arce locandum esse' = ...
7. Aliī 'eum in mare prōiciendum aut ūrendum esse' dīxērunt = ...
8. Aliī 'interiōrem equī partem īnspiciendam esse' dīxērunt = ...

Exercitium 3

1. Incolae Italiae prīmī quī fuērunt? ...
2. Quālis rēx fuit Sāturnus? ...
3. Quid Sāturnālibus fierī solet? ...
4. Unde vēnit Euander et quid eī dedit Faunus? ...
5. Latīnō rēgī quot līberī erant? ...
6. Quō dolō Graecī ūsī sunt ut Trōiam caperent? ...
7. Ubi Trōiānī equum ligneum invēnērunt? ...
8. Omnēsne eum in urbem dūcendum esse cēnsēbant? ...
9. Quid Lāocoōn cīvēs suōs monuit? ...
10. Quid eī accidit cum equum hastā percussisset? ...
11. Hoc videntēs quid dīxērunt Trōiānī? ...
12. Quōmodo equus ligneus in urbem tractus est? ...
13. Quae fuit Cassandra et quid ēgit? ...
14. Quid factum est cum sōl occidisset? ...
15. Quōmodo cēterī Graecī urbem intrāvērunt? ...

iuventūs
māchina
mōlēs
occultus
patefacere
pavor
penetrāre
penitus
praedīcere
profugus
rēgnum
rōbur
scelerātus
sonāre
suprēmus
suspectus
tener

acc + īnf pass + iubēre

-ndum esse dīcit
  = -<u>(r)ī</u> <u>iubet</u>

Lēctiō II	*Lēctiō secunda: versūs 89–180*

Lēctiō secunda: versūs 89–180

Exercitium 4

1. Hector, quī Aenēae in somnīs appāruit, _____ et _____
   [= capillōs] cruentōs gerēbat.
2. Ille graviter _____ Aenēam monuit ut ex urbe _____
   [= ārdentī] fugeret:
3. *"Heu, fuge, _____ deā, tēque hīs" ait "ēripe flammīs!*
   Hostis habet mūrōs. _____ altō ā _____ Trōia."
4. Hōc _____ [< somnus] turbātus Aenēās _____
   [= sine mente] gladium _____ [= ēdūxit] et iuvenēs ad
   pugnam _____ .
5. Sacerdōs Apollinis _____ [= rēs sacrās] tenēns vix ex _____
   [= pīlīs/sagittīs] Graecōrum _____ est [= effūgit].
6. *"... Incēnsā Danaī _____ [= dominī sunt] in urbe"*
   inquit magnō cum _____ [< gemere].
7. Iuvenēs audācēs _____ [*part fut* < morī] in hostēs _____
   [= eunt].
8. Cassandra crīnibus _____ ā templō Minervae trahēbātur, nec
   manūs, quae _____ tenēbantur, ad caelum _____
   [= tollere] potuit.
9. Trōiānī, cum hanc _____ ferre nōn possent, _____
   [= ex omnibus partibus] in mediōs hostēs _____
   [= sē praecipitābant].
10. Apud _____ [= domum] Priamī ācerrimē pugnābātur.
11. Culminibus domōrum dēstrūctīs Trōiānī laterēs _____que in
    hostēs _____ [< con- + iaciēbant].
12. Magnum ātrium _____ [< ululāre] fēminārum _____ .
13. Tandem frāctīs cardinibus forēs _____ [= collābuntur].
14. Graecī in ātrium penetrantēs _____ [= eōs quī dēfendunt]
    _____ [= crūdēliter occīdunt].
15. In manū senis _____ [↔ fīrmī] tēlum _____ est.
16. Hecuba, quae cum fīliābus _____ [= territīs] circum āram
    sedēbat, "Iam nōn tēlīs _____" inquit, "sed auxiliō deōrum.
    Hūc tandem _____! Haec āra tuēbitur omnēs"
17. Tēlum Priamī _____ [= frūstrā] in clipeō Pyrrhī _____
    [= fīxum est].
18. Ille _____ [= sinistrā] _____ [= crīnem] rēgis
    prehendit et dextrā gladium in latere eius _____ .
19. Priamus _____ [= ōlim] rēx fuit multārum gentium.
20. _____ est aedificium altē ēminēns.

aedēs *pl*
āmēns
barba
coma
concēdere
concidere
conicere
crīnis
culmen
dēfēnsor
dēfīgere
dominārī
egēre
ēlābī
ērigere
flagrāre
gemere
gemitus
haerēre
incitāre
īnfīrmus
inūtilis
laeva
moritūrus
nātus
nēquīquam
pandere
pavidus
quondam
resonāre
ruere
sacra
somnium
speciēs
stringere
tēlum
trabs
trucīdāre
turris
ululātus
undique
vādere
vinculum

Exercitium 5

Exemplum:

<u>Dum</u> Ariadna dorm<u>it</u>/<u>Cum</u> Ariadna dorm<u>īret</u>, Thēseus abiit = Ariadnā
     dorm<u>iente</u> Thēseus abiit.

1. Dum Latīnus in Italiā rēgnat, Trōia ā Graecīs capta est = ...
2. Dum puerī puellaeque canunt, equus ligneus in urbem tractus est = ...
3. Dum Trōiānī dormiunt, Graecī ex equō ligneō exiērunt = ...
4. Cum hominēs perterritī clāmārent, Aenēās excitātus est = ...
5. Dum Priamus spectat, fīlius eius trucīdātus est = ...
6. Cum Venus dūceret, Aenēās salvus domum rediit = ...
7. Dum Nerō imperat, incendium Rōmae ortum est = ...
8. Dum multī plaudunt, victōria nūntiātur = ...

abl abs cum part praes = dum + praes ind / cum + imperf coni

Exercitiium 6

Exempla:

<u>Cum</u> hostēs vict<u>ī</u> <u>essent</u>/<u>Postquam</u> hostēs vict<u>ī</u> <u>sunt</u>, imperātor triumphāvit
     = Host<u>ibus</u> vict<u>īs</u> imperātor triumphāvit.

Augustus, <u>cum</u> Antōnium vī<u>cisset</u>/<u>postquam</u> Antōnium vī<u>cit</u>, Iānum clausit
     = Antōni<u>ō</u> vict<u>ō</u> Augustus Iānum clausit.

1. Cum rēx Tarquinius expulsus esset, duo cōnsulēs ēlēctī sunt = ...
2. Caesar, cum multās domūs prīvātās dēstrūxisset, novum forum fēcit = ...
3. Postquam Titus mortuus est, Domitiānus imperāvit = ...
4. Cum equus ligneus in lītore collocātus esset, Trōiānī exiērunt = ...
5. Lāocoōn, cum equum hastā percussisset, ab anguibus necātus est = ...
6. Postquam rēx Priamus occīsus est, Aenēās domum rediit = ...
7. Cum nox iam cōnsūmpta esset, Aenēās ad sociōs revertit = ...
8. Thēseus, cum Ariadnam Naxī relīquisset, in patriam rediit = ...
9. Postquam lucernae accēnsae sunt, dominus librum poscit = ...
10. Postquam ālās cōnfēcit, Daedalus cum fīliō suō ēvolāvit = ...
11. Cum ēiectae essent mercēs, nāvis servāta est = ...

abl abs cum part perf = postquam + perf ind / cum + plūsquamperf coni

Exercitium 7

1. Cuius fīlius erat Aenēās? ...
2. Quid Hector Aenēam monuit? ...
3. Quōmodo Aenēās ē somnō excitātus est? ...
4. Quid Panthūs Aenēae dē fortūnā patriae interrogantī respondit? ...
5. Quid Aenēās iuvenēs Trōiānōs hortātus est? ...
6. Quid Cassandrae accidit? ...
7. Ubi ācerrimē pugnābātur? ...
8. Quōmodo Trōiānī in aedibus Priamī inclūsī sē dēfendēbant? ...
9. Quōmodo Aenēās in rēgiam penetrāvit? ...
10. Quid ibi agēbant fēminae? ...
11. Frāctīs rēgiae foribus quid ēvēnit? ...
12. Num rēx Priamus quiētē hostēs exspectābat? ...
13. Quid dīxit Hecuba cum marītum senem arma capere vīdit? ...
14. Ubi interfectus est Polītēs? ...
15. Quōmodo periit Priamus? ...

Lēctiō III

participium praesentis

Lēctiō tertia: versūs 181–285

Exercitium 8

1. *Quidquid id est, timeō Danaōs – et dōna* _____ [= cum... ferunt].
2. Anguēs oculīs _____ [= quī ārdent] Trōiānōs prōspiciunt.
3. Nēmō Cassandrae rēs futūrās _____ [= cum... praedīceret] crēdēbat.
4. Hector graviter _____ [= dum... gemit] Aenēam monuit ut ex urbe _____ [= quae flagrābat] fugeret.
5. Graecīs undique _____ [= quī... prōcurrēbant] Trōiānī vī et armīs resistēbant.
6. Laterēs trabēsque in hostēs mūrōs _____ [= quī... ascendēbant] coniciēbant.
7. Pyrrhus senem _____ et in sanguine fīliī _____ [= dum tremit et... lābitur] ad āram occīdit.
8. Coniūnx pedēs virī _____ [= quī abit] complectitur.
9. Pius Aenēās patrem _____ et fīlium manū _____ [= dum... portat et... dūcit] domō ēgressus est.
10. Creūsa marītum _____ [= quī aberrābat] sequī nōn potuit.
11. Uxor virō _____ [= quī stupēbat] appāruit et "... *valē! ...*" inquit.
12. *Haec ubi dicta dedit,* _____ *et multa* _____ *dīcere* [(virum) quī lacrimābat et multa volēbat dīcere] *dēseruit ...*
13. Aenēās frūstrā imāginem eius _____ [= quae effugiēbat] amplectī cōnātus est.

Exercitium 9

alloquī
aura
commovēre
comprehendere
cōnferre
dūdum
efferre
famulus
fragor
fulgēre
horror
īnstaurāre
inultus
lūmen
micāre
nepōs (*bis*)
obtruncāre
onus
pariter
patrius
perfundere
pius
prōdigium
quā
quīn etiam
recūsāre
rēgius
repetere
respicere
restinguere

1. Rēgem _____ [= trucīdātum] vidēns Aenēās _____ [< horrēre] _____ est.
2. Pater Anchīsēs domō fugere _____ [= nōluit], etsī fīlius et parvus _____ [= fīlius fīliī] eī suāsērunt ut sēcum fugeret.
3. Aenēās: "Sine tē hinc pedem _____ [= hinc ēgredī] nōlō. *Reddite mē Danaīs! Sinite* _____ [= renovāta] _____ *proelia! Numquam omnēs hodiē moriēmur* _____!"
4. Tum mīrābile _____ vīsum est: _____ [= lūx] ārdēns in Iūlī capite appāruit.
5. Dum parentēs ignem _____ [= exstinguunt], ā laevā _____ [= tonitrus fit] magnō _____ [= strepitū] et simul stēlla _____ [= subitō splendēns] caelum percurrit.
6. Anchīsēs manūs ad caelum _____ [= extendit] et deōs _____: "*Iam iam nūlla mora est, sequor et* _____ [= ubi] *dūcitis adsum, dī* _____ [< pater]! *Servāte domum, servāte* _____!"
7. Aenēās patrem ex urbe portāvit, nec fīliō _____ id _____ grave fuit.
8. _____ [= servōs] iussit extrā urbem ad _____ [= parvum collem] convenīre.
9. Aenēās per tenebrās prōcēdēns _____ [= aequē] patrī ac fīliō timēbat.
10. Quī _____ [= nūper] tēlīs hostium nōn _____ [= permovēbātur] iam omnī _____ [= ventō levī] et omnī sonō terrēbātur.
11. _____ [= ubi prīmum] clipeōs et gladiōs _____ [= fulgentēs] vīdit, ē nōtā viā discessit nec ad uxōrem suam _____ [↔ prōspexit].

12. Extrā urbem multōs _____ invēnit, sed cum uxōrem deesse
    vidēret, domum patriam _____; _____ etiam rēgiam
    Priamī revīsit.
13. Hūc Graecī dīvitiās Trōiae _____ [= in eundem locum ferēbant].
14. Creūsa eī terram _____ [= fertilem] et _____ [< rēx]
    coniugem prōmīsit, sed prius eī per _____ [= ingentia] maria
    nāvigandum erat.
15. Aenēās manum Creūsae _____ [= prehendere] cōnātus est.

revīsere
socius
tendere
tonāre
tumulus
über
ubi (+ perf)
vāstus

Exercitium 10
1. Rōmānī hostēs moen_____ prohibuērunt.
2. Brūtus populum Rōmānum rēgn____ līberāvit.
3. Incendiō Rōmae magna pars urbis dom_____ vacua facta est.
4. Iuppiter, arc____ su____ cum tōtum spectat in orbem,
   nīl nisi Rōmānum quod tueātur habet.
5. "Heu, fuge, nāte deā, tēque h____" ait "ēripe flamm____!"
6. "Crēditis āvectōs hostēs? aut ūlla putātis
   dōna carēre dol____ Danaum? ..."
7. "Iam nōn tēl____ egēmus, sed auxili____ deōrum."
8. Anchīsēs loc____ sē movēre recūsāvit.

ablātīvus sēparātīvus
 (< sēparāre ↔ iungere)

Exercitium 11
1. Quōs Aenēās domī dēseruerat? ...
2. Quid Venus Aenēae fīliō suō suāsit et quid prōmīsit? ...
3. Quid respondit Anchīsēs cum Aenēās eum rogāret ut sēcum fugeret? ...
4. Num Aenēās patrem senem domī relinquere voluit? ...
5. Quod prōdigium effēcit ut Anchīsēs fīlium suum comitārētur? ...
6. Quō Aenēās famulōs convenīre iussit? ...
7. Quid fēcit Aenēās nē pater senex fatīgārētur? ...
8. Quam ob rem ē nōtā viā discessit? ...
9. Cūr Aenēās in urbem revertit? ...
10. Quālem domum suam invēnit? ...
11. Quid vīdit apud rēgiam Priamī? ...
12. Quid factum est cum Aenēās uxōrem suam quaereret? ...
13. Quid Creūsa Aenēae prōmīsit? ...
14. Quō Aenēās sine coniuge rediit? ...
15. Quōs ibi invēnit? ...
16. Quārē tot hominēs eō convēnerant? ...

Lēctiō grammatica

Lēctiō grammatica

Exercitium 12
Quod genus (m/f/n)?
Quī cāsus (nōm/acc/gen/dat/abl/voc)? Uter numerus (sg/pl)?
Exemplum: flūmen *n*: flūminis *gen sg*, flūmina *nōm/acc pl*.
1. urbs ____: urbis _____ ____, urbe _____ ____, urbium _____ ____.
2. mōns ____: montem _____ ____, montibus _____/_____ ____.
3. annus ____: annōs _____ ____, annī _____ ____ aut _____ ____.
4. scelus ____: scelus _____/_____ ____, scelerum _____ ____.
5. via ____: viā _____ ____, viās _____ ____, viārum _____ ____.
6. nauta ____: nautae _____/_____ ____ aut _____ ____,
   nautīs _____/_____ ____.
7. templum ____: templō _____/_____ ____, templī _____ ____,
   templa _____/_____ ____.

13

8. rēx ____: rēgī _____ ____, rēge _____ ____, rēgēs _____/_____ ____.

9. portus ____: portūs _____ ____ aut _____/_____ ____.

10. porta ____: portās _____ ____, portīs _____/_____ ____.

11. tempus ____: temporī _____ ____, temporibus _____/_____ ____.

12. amīcus ____: amīcō _____/_____ ____, amīce _____ ____.

13. rēs ____: reī _____/_____ ____, rēs _____ ____
aut _____/_____ ____.

14. avis ____: avī _____ ____, ave _____ ____, avēs _____/_____ ____.

15. carmen ____: carmine _____ ____, carmina _____/_____ ____.

16. manus ____: manū _____ ____, manum _____ ____,
manuum _____ ____.

17. collum ____: collī _____ ____, colla _____/_____ ____,
collīs _____/_____ ____.

18. collis ____: collis _____/_____ ____, collī _____ ____,
collēs _____/_____ ____.

Exercitium 13

gen → nōm

Datur genetīvus. Dā nōminātīvum!
Exemplum: gen corporis, nōm corpus

1. *gen* mortis, *nōm* _____
2. *gen* pontis, *nōm* _____
3. *gen* flōris, *nōm* _____
4. *gen* equitis, *nōm* _____
5. *gen* portūs, *nōm* _____
6. *gen* cornūs, *nōm* _____
7. *gen* pecoris, *nōm* _____
8. *gen* capitis, *nōm* _____
9. *gen* lectī, *nōm* _____
10. *gen* tēctī, *nōm* _____
11. *gen* agrī, *nōm* _____
12. *gen* theātrī, *nōm* _____
13. *gen* aeris, *nōm* _____
14. *gen* iūris, *nōm* _____
15. *gen* bovis, *nōm* _____
16. *gen* itineris, *nōm* _____
17. *gen* senis, *nōm* _____
18. *gen* hiemis, *nōm* _____
19. *gen* maris, *nōm* _____
20. *gen* faciēī, *nōm* _____
21. *gen* operae, *nōm* _____
22. *gen* operis, *nōm* _____
23. *gen* aedis, *nōm* _____
24. *gen* sēdis, *nōm* _____
25. *gen* rēgis, *nōm* _____
26. *gen* pontificis, *nōm* _____
27. *gen* arcis, *nōm* _____
28. *gen* prīncipis, *nōm* _____
29. *gen* virtūtis, *nōm* _____
30. *gen* palūdis, *nōm* _____
31. *gen* flūminis, *nōm* _____
32. *gen* orīginis, *nōm* _____
33. *gen* līberōrum, *nōm* _____
34. *gen* thermārum, *nōm* _____
35. *gen* castrōrum, *nōm* _____
36. *gen* moenium, *nōm* _____

Exercitium 14

1. attingere, at_____isse, at_____um esse
2. complēre, com_____isse, com_____um esse
3. cōnferre, con_____isse, col_____um esse

con-iciō -iunt

4. conicere, con_____isse, con_____um esse
5. cōnsistere, cōn_____isse
6. contingere, con_____isse, con_____um esse

cor-ripiō -iunt
ē-gredior -iuntur

7. corripere, cor_____isse, cor_____um esse
8. ēgredī, ē_____um esse
9. ērigere, ē_____isse, ē_____um esse
10. haerēre, _____isse
11. occidere, oc_____isse
12. pandere, _____isse, _____um esse
13. perfundere, per_____isse, per_____um esse

14. recēdere, re_____isse
15. respicere, re_____isse   re-spiciō -iunt
16. revīsere, re_____isse
17. sonāre, _____isse
18. stringere, _____isse, _____um esse
19. stāre, _____isse
20. suādēre, _____isse
21. tonāre, _____isse
22. vādere, _____isse

CAPITVLVM DVODEQVADRAGESIMVM

Lēctiō prīma: versūs 1–74

Exercitium 1

Cap. XXXVIII

Lēctiō I

    Exemplum: Post Faunum Latīnus rēgnāvit. <u>Quī</u> [: is] bonus rēx fuit.

... Quī...
... Quae...
... Quod...

1. Latīnus fīliam habēbat iam mātūra virō. _____ multī virī petēbant.
2. Euander profugus in Italiam vēnit. _____ rēx Faunus arva colenda dedit.
3. Aenēae dormientī Hector appāruit. _____ eum hortātus est ut fugeret.
4. Cassandra in vinculīs trahēbātur. _____ speciem cīvēs ferre nōn poterant.
5. Rēx Priamus senex arma cēpit. _____ cum coniūnx eius vidēret, eī suāsit ut ad āram cōnfugeret.
6. Rēx tēlum in Pyrrhum coniēcit. _____ Pyrrhus "Nunc morere!" inquit.
7. Subitō stēlla per caelum lābitur. _____ cum post montem Īdam occidisset, Anchīsēs deōs alloquitur.

adeō

8. Aenēās tēla hostium cōnspexit. _____ rē perturbātus ē nōtā viā discessit.

adstāre

9. Aenēās 'Creūsam' vocābat. _____ cum diū fēcisset, uxor virō appāruit.

aequor

10. Extrā urbem Aenēās multōs sociōs invēnit. _____ omnēs posterō diē sēcum trāns montēs dūxit.

certiōrem facere
citō

11. Aenēās deōs precātus est. _____ factō patrem certiōrem fēcit.

condere

Exercitium 2

cōnsīdere

1. Rēx Thrāciae Polydōrum, quem Priamus ad eum mīserat cum magnō aurī _____, obtruncāvit et aurō _____ est.

curvus

2. Itaque Trōiānī profugī novam urbem in Thrāciā _____ nōluērunt.

dēferre

3. _____ [= celeriter] Thrāciam relīquērunt et in altum _____ sunt.

discernere

4. Dēlī Apollō Trōiānīs et _____ eōrum novam terram prōmīsit.

interdiū

5. In Crētā, cum nāvēs in lītus _____ [↔ dēductae] essent, foeda _____ [= morbus multōrum] eōs afficere coepit.

linquere
longinquus

6. Simul sōl flagrāns agrōs _____ [= tam valdē] _____ [= igne siccābat] ut nūllās frūgēs ferre possent.

nimbus
noctū

7. Hīc dī Penātēs _____ [= nocte] Aenēae vīsī sunt ante lectum _____ et eum monēre ut aliam _____ in terrā _____ [↔ propinquā] peteret nēve in Crētā _____ [= sēdem caperet].

parēns
pestilentia

8. Aenēās _____ [= stupēns factus] _____ [= patrem] suum dē eā rē _____ fēcit.

pondus
posterī

9. Nāvēs rūrsus vāstum _____ [= mare] percurrēbant, cum _____ [= nūbēs] _____ [< repente] caelum operuit.

potīrī
prōvehere

10. Tempestāte ortā gubernātor cursum nōn tenuit, cum diem noctemque _____ nōn posset.

quoad
repentīnus

11. Nec sōl _____ [↔ noctū] nec stēllae noctū vidēbantur!

sacrificāre
sēdēs
stupefacere
subdūcere

torrēre
totidem
tumidus
unda
volucris

12. Trēs diēs et _____ [: item trēs] noctēs nāvēs caecae errābant,
    _____ quārtō diē ad īnsulās Strophadēs _____ sunt.
13. Synōnyma: arcuātus et _____, turgidus et _____, avis
    et _____, parvus flūctus et _____, sacrificium facere
    et _____, relinquere et _____ .

Exercitium 3

Perfectum indicātīvī verbī dēpōnentis.

1. Graecī dolō _____ sunt [< ūtī].
2. Octāviānus necem Caesaris _____ est [< ulcīscī].
3. Augustus 'sē urbem marmoream relinquere' _____ est [< glōriārī].
4. Graecī in īnsulam propinquam _____ sunt [< proficīscī].
5. Anguēs Lāocoontem _____ sunt [< complectī]; ita ille Minervae
   supplicium _____ est [< patī].
6. Graecī per fūnem dēmissum ad terram _____ sunt [< lābī].
7. Pugna ācris ante templum _____ est [< orīrī].
8. Anchīsēs manūs ad caelum tendēns deōs _____ est [< alloquī].
9. Aenēās cum patre et fīliō domō _____ est [< ēgredī].
10. Polydōrō interfectō rēx Thrāciae aurō _____ est [< potīrī].
11. Apollō Trōiānīs novam terram _____ est [< pollicērī].
12. Penātēs Aenēam sīc _____ sunt [< cōnsōlārī]: "Nōs quī tē per
    mare _____ sumus [< sequī] posterīs tuīs imperium dabimus."

Exercitium 4

1. Quid Trōiānī profugī fēcērunt hieme? ...
2. Quandō nāvēs dēdūxērunt et profectī sunt? ...
3. Quō prīmum nāvigāvērunt? ...
4. Cūr in Thrāciā novam urbem condere nōluērunt? ...
5. Quid fēcerat rēx Thrāciae, ut aurō Priamī potīrētur? ...
6. Cui deō sacra est īnsula Dēlos? ...
7. Quid Apollō Trōiānīs et posterīs eōrum pollicitus est? ...
8. Quid prohibuit nē Trōiānī in Crētā cōnsīderent? ...
9. Quōs Aenēās noctū in somnīs ante lectum adstāre vīdit? ...
10. Quam sēdem dī Penātēs Aenēam quaerere iussērunt? ...
11. Cui Aenēās dicta Penātium rettulit? ...
12. Quid ēvēnit in mediō marī Īoniō? ...
13. Cūr gubernātor nec sōlem nec stēllās aspicere poterat? ...
14. Quō nāvēs quārtō diē dēlātae sunt? ...
15. Harpȳiae quae sunt? ...
16. In īnsulā Leucadiā quid fēcit Aenēās ad templum Apollinis? ...

Lēctiō II

Lēctiō secunda: versūs 75–147

Exercitium 5

sē
sibi
suus -a -um

1. Augustus: "Urbem marmoream relinqu____." Augustus dīxit '____ urbem
   marmoream relinqu____.'
2. Nerō: "Quasi homō tandem habitāre coep____!" Nerō dīxit '____ quasi
   homin____ tandem habitāre coep____!'
3. Lāocoōn: "Time____ Danaōs..." Lāocoōn dīxit '____ Danaōs tim____'/
   'Danaōs ā ____ tim____.'
4. Aenēās: "Patrem meum portābō, nec mihi grave erit hoc onus." Aenēās dīxit
   '____ patrem _____ port_____ _____, nec _____ grave
   _____ [= futūrum esse] id onus.'

5. Aenēās: "Fīlium meum mēcum dūcam." Aenēās dīxit '____ fīlium _____
____cum duct_____ _____.'

6. Aenēās: "Ubi est uxor mea? cūr mē nōn sequitur?" Aenēās interrogāvit 'ubi
_____ uxor ____? cūr ____ nōn sequ_____?'

7. Andromachē: "Dīc mihi: Hector meus ubi est?" Andromachē Aenēam ōrāvit
ut _____ dīc_____ ubi Hector _____ .

8. Andromachē: "Ego et Helenus in Ēpīrum abductī sumus; posteā vērō
Helenus Chāoniā potītus est et mē uxōrem dūxit." Andromachē nārrāvit
'____ et Helen____ in Ēpīrum abduct_____ _____; posteā vērō Helen____
Chāoniā potīt____ _____ et ____ uxōrem dūx____.'

9. Aenēās: "Quae perīcula mihi vītanda sunt?" Aenēās ab Helenō quaesīvit
'quae perīcula _____ vītanda _____?'

10. Aenēās: "Dī immortālēs! Servāte mē et sociōs meōs!" Aenēās ōrat ut dī
immortālēs ____ et sociōs _____ serv_____ .

Exercitium 6

1. Quod dē Andromachē nārrātur _____ est [= vix crēdī potest].

2. Helenus Chāoniā, parte Ēpīrī _____ [< extrā], potītus esse et
Andromachēn, _____ Hectoris, uxōrem dūxisse nārrātur.

3. Andromachē in _____ [= silvā sacrā] sacrificābat et _____
Hectoris invocābat.

4. _____ [= ut prīmum] Aenēam _____ [= recognōvit],
_____ [= territa] _____ [< pallēscere], quia eum mortuum
esse _____ [= arbitrābātur].

5. Dum Andromachē fortūnam suam nārrat et dē _____ [< cadere]
Aenēae quaerit, Helenus vēnit et Aenēam ad cēnam _____ [= vocāvit].

6. Helenus, postquam _____ [= bovēs iuvenēs] immolāvit, Aenēam dē
perīculīs quae ā fretō Siculō nautīs impendent certiōrem fēcit.

7. Scylla ex _____ obscūrō nāvēs in saxa trahit, et Charybdis nāvēs in
_____ [= vorāginem] mergit.

8. _____ [= melius est] tōtam Siciliam _____ quam mōnstra
illa terribilia _____ [= cognōscere quālia sint].

9. Helenus _____ erat, quī dīvīnō modō rēs futūrās praedīcere poterat.

10. Cum Trōiānī inde _____ essent [= discessissent], post sōlis
_____ [< occidere] in lītus exiērunt.

11. Mediā nocte profectī, cum iam _____ rubēret, Italiae lītus
cōnspexērunt.

12. Anchīsēs _____ vīnō implēvit atque deōs sīc invocāvit:
"Dī maris et terrae tempestātumque _____!"

13. Trōiānī in terrā illā Graecōrum _____ [< mora] nōluērunt.

Exercitium 7

1. Cuius uxor fuerat Andromachē? ...
2. Trōiā captā quis Andromachēn et Helenum in Ēpīrum abdūxerat? ...
3. Ā quō Pyrrhus interfectus est? ...
4. Quō rēgnō Helenus potītus est et quam uxōrem dūxit? ..
5. Quid Andromachē agēbat in lūcō extrā urbem? ...
6. Quid Andromachē ab Aenēā quaesīvit? ...
7. Quōmodo Helenus Aenēam sociōsque eius recēpit? ...
8. Quid Aenēās Helenum interrogāvit? ...
9. Quid Helenus dē fretō Siculō nārrāvit? ...
10. Quid Trōiānīs profugīs suāsit? ...

agnōscere
antrum
aurōra
circumīre
cāsus
dīgredī
experīrī
exterrēre
extrēmus
gurges
incrēdibilis
invītāre
iuvencus
lūcus
Mānēs
morārī
occāsus
pallēscere
patera
potēns
praestāre
rērī
ut (+ perf)
vidua
vātēs

11. Quod dōnum Ascanius accēpit ab Andromachē? ...
12. Mediā nocte profectī quid Trōiānī prīmā lūce cōnspexērunt? ...
13. Quōmodo Anchīsēs Italiam salūtāvit? ...
14. Cūr Trōiānī in eā regiōne Italiae morārī nōluērunt? ...
15. Cui deae sacrificāvērunt antequam ad Siciliam profectī sunt? ...

Lēctiō III

Lēctiō tertia: versūs 148–213

Exercitium 8

cum *inversum*
  (*in-vertere* = ōrdinem
  inter sē mūtāre)

Exemplum: <u>Cum</u> nautae haec falsa nārrā<u>rent</u>, Ariōn repente intrāvit
= Nautae haec falsa nārrā<u>bant</u>, <u>cum</u> Ariōn repente intrā<u>vit</u>.
1. Cum omnēs dēspērārent, subitō prōdigium visum est = Omnēs .....
2. Cum iam portīs appropinquārent, Anchīsēs exclāmat... = ...
3. Cum Aenēās dormīret, Hector eī appāruit = ...
4. Cum Aenēās diū uxōrem vocāvisset, imāgō Creūsae eī appāruit = ...
5. Cum Trōiānī iam arva nova colerent, pestilentia eōs afficere coepit = ...
6. Cum iam aurōra rubēret, procul humilēs collēs appāruērunt = ...
7. Cum vix haec dīxisset, Polyphēmum vīdērunt = ...

Exercitium 9

acūtus
cavus
concurrere
cōnfectus
cōnferre sē
contremēscere
ēdere
egomet
ēmittere
flētus
fūmus
genitor
horribilis
incīdere
incitāre
īnfandus
īnfōrmis
lapis
nīmīrum
ortus
quīcumque
scopulus
sepelīre
sepulcrum
supplex
terror
trepidus
vescī

1. Ā fretō Siculō audiēbātur fragor _____ [< horrēre] quem
   _____ flūctibus pulsātī _____ [< ē + dabant].
2. "_____ [= scīlicet] haec est illa Charybdis" inquit Anchīsēs.
3. Ex monte Aetnā _____ āter et flammae in caelum surgunt.
4. Nōnnumquam _____ [= parva saxa] cum māximō fragōre ex
   monte interiōre _____.
5. Ante sōlis _____ [< orīrī] vir fame _____ exiit ē silvīs.
6. Ad lītus sē _____ cum _____ [< flēre] precibusque.
7. _____ [= ōrāns] manūs ad Trōiānōs extendit et "Hinc tollite mē"
   inquit, "in quās_____ terrās mē abdūcite!"
8. Vir Graecus, cum _____ [< terrēre] eius cessisset, nārrāre coepit
   dē mōnstrō _____ [= horrendō] quī carne hūmānō _____.
9. "Ego_____ [= ego ipse] inquit "vīdī eum duōs sociōs meōs dēvorāre!"
10. Graecī hastam _____ in Cyclōpis oculō ūnō et sōlō dēfīxērunt.
11. Trōiānī _____ [= pavidī] Polyphēmum caecum accēdere vīdērunt,
    mōnstrum horrendum, _____, *ingēns, cui lūmen adēmptum!*
12. Fūnēs _____ [= secuērunt] et nāvēs rēmīs _____
    [= citō ēgērunt].
13. Clāmōre Polyphēmī _____ [= valdē tremuit] terra et mōns
    _____ [= penitus vacuus] resonuit.
14. Cēterī Cyclōpēs _____ [= in eundem locum cucurrērunt].
15. In Siciliā _____ [= pater] Aenēae mortuus est et in monte
    Eryce _____.
16. _____ Anchīsae situm est in monte Eryce.

Exercitium 10

1. Cūr Trōiānī per fretum Siculum nōn nāvigāvērunt? ...
2. Quō deinde advectī sunt? ...
3. Cūr Trōiānī perterritī in silvīs latuērunt?
4. Quid ex monte Aetnā ēmittitur? ...
5. Quī vir ex silvīs prōcessit? ...
6. Cūr ille exterritus restitit? ...
7. Quid Anchīsēs virum ignōtum interrogāvit? ...

8. Quid vir Graecus respondit?

9. Quōmodo Ulixēs necem sociōrum suōrum ultus erat? ...

10. Ūnō oculō perditō nōnne Polyphēmus alterō oculō vidēre poterat? ...

11. Quid Trōiānī Polyphēmum agere vīdērunt? ..

12. Quid fēcērunt Trōiānī, ut quam celerrimē fugerent? ...

13. Ā quō benignē receptī sunt in Siciliā? ...

14. Quem Aenēās in monte Eryce sepelīvit? ...

Lēctiō grammatica

Exercitium 11

Prōnōmen dēmōnstrātīvum hic haec hoc.

Lēctiō grammatica

hic haec hoc

		singulāris			plūrālis		
		m	f	n	m	f	n
1.	*nōm*	h_____	h_____	h_____	h_____	h_____	h_____
2.	*acc*	h_____	h_____	h_____	h_____	h_____	h_____
3.	*gen*	h_____	h_____	h_____	h_____	h_____	h_____
4.	*dat*	h_____	h_____	h_____	h_____	h_____	h_____
5.	*abl*	h_____	h_____	h_____	h_____	h_____	h_____

6. H_____ modō dēclīnātur h_____ prōnōmen.

7. Dēclīnātiō h_____ prōnōminis haud facilis est.

8. H_____ prōnōmina *hic, iste, ille* appelllantur 'dēmōnstrātīva'.

9. H_____ prōnōminibus dēmōnstrantur rēs et hominēs.

10. Dēclīnātiō h_____ prōnōminum bene discenda est.

11. H_____ libellō titulus est EXERCITIA LATINA.

12. H_____ libellus multa exercitia continet.

13. H_____ pāgina exercitium habet de h_____ prōnōmine: *hic haec hoc.*

14. Exercitia quae h_____ libellō continentur discipulīs solvenda sunt.

15. Quī h_____ libellum legit et h_____ exercitia solvit grammaticam Latīnam discit.

Exercitium 12

Quod tempus? futūrumne (fut) an praesēns indicātīvī (praes ind) an praesēns coniūnctīvī (praes coni)?

Exempla: neget: *praes coni;* auget: *praes ind;* leget: *fut.*

-et -ētur: *praes ind?*
praes coni?
fut?

1. dolet: _____; colet _____; ambulet _____.

2. scrībet: _____; habet: _____; turbet _____.

3. movet: _____; vīvet: _____; servet: _____.

4. gaudet: _____; claudet: _____; laudet: _____.

5. vocet: _____; docet: _____; dūcet: _____.

6. manet: _____; canet: _____; cēnet: _____.

7. amet: _____; timet: _____; sūmet: _____.

8. aget: _____; neget: _____; auget: _____.

9. pāret: _____; ōret: _____; curret: _____.

10. portet: _____; patet: _____; mittet: _____.

11. iaciet: _____; cruciet: _____; sciet _____.

12. nūntiet: _____; sentiet: _____; rapiet: _____.

13. fatētur: _____; ūtētur: _____; mūtētur: _____.

14. fruētur: _____; tuētur: _____; statuētur: _____.

Exercitium 13

1. agnōscere, _____ isse
2. concurrere, con_____ isse
3. condere, con_____ isse, con_____ um esse
4. contremēscere, con_____ isse
5. dīgredī, dī_____ um esse
6. ēdere, ē_____ isse, ē_____ um esse
7. efferre, ex_____ isse, ē_____ um esse
8. excēdere, ex_____ isse
9. incīdere, in_____ isse, in_____ um esse
10. linquere, _____ isse, _____ um esse
11. pallēscere, _____ isse
12. prōcēdere, prō_____ isse
13. resistere, re_____ isse
14. sentīre, _____ isse, _____ um esse
15. sepelīre, _____ isse, _____ um esse
16. torrēre, _____ isse, _____ um esse

dī-gredior -iuntur

Cap. XXXIX

CAPITVLVM VNDEQVADRAGESIMVM

Lēctiō I

Lēctiō prīma: versūs 1–65

Exercitium 1

1. Iūnō, deōrum _____ [*f* < rēx], īrāta erat ob _____ Paridis, quī Venerem deam pulcherrimam esse _____ [= cēnsuerat].
2. Huius reī _____ [= reminīscēns] Iūnō ā Latiō _____ [= prohibēbat] Trōiānōs, quī novam urbem condere cupiēbant.
3. *Tantae* _____ *erat Rōmānam condere gentem!*
4. Iūnō Aeolum, rēgem ventōrum, rogāvit ut classem Trōiānōrum submergeret aut _____ [= in variās partēs iaceret].
5. Simul atque Aeolus montem hastā _____ [= pulsāvit], ventī mare turbant et magnōs flūctūs ad lītora _____ [= circumagunt]
6. Per caelum obscūrum _____ [= frequentia] fulgura micant.
7. Membra frīgentia _____ [= flectī nōn possunt].
8. Aliae nāvēs in saxa perīculōsa _____ [< ab + rapiuntur], aliae ab altō in _____ [↔ altum] feruntur.
9. Ūna nāvis ingentī flūctū _____ [= pulsātur] et in _____ [= vorāginem] mergitur.
10. *Appārent rārī* _____ [= natantēs] *in gurgite vāstō.*
11. Neptūnus vērō flūctūs turbidōs _____ [↔ turbāvit] et nūbēs _____ [= in variās partēs pepulit].
12. Aenēās septem nāvēs _____ [↔ sparsit] in _____ [= lītus curvum], ubi īnsula portum efficit inter duōs scopulōs.
13. _____ [< trēs + dēns] est _____ Neptūnī, cui imperium _____ [= maris] datum est.
14. Rōmulus fuit rēx _____ [= bellī studiōsus].

abripere
arcēre
bellicōsus
colligere
crēber
disicere
dispellere
ferīre
impellere
iūdicium
iūdicāre
memor
mōlēs
nāre
pontus
rēgīna
rigēre
scēptrum
sēdāre
sinus
tridēns
vadum
vertex
volvere

Exercitium 2

1. Quī pecūni_____ cupit est _____ pecūni_____.
2. Quī patri_____ amat _____ patri_____ est.
3. Quī vi_____ ignōrat vi_____ _____ est.
4. Quī litter_____ studet _____ litter_____ est.
5. Pōculum vīn_____ implētur; iam pōculum _____ est vīn_____.
6. Neptūnus mar_____ imperāre potest; is deus mar_____ _____ est.
7. "Dī mar_____ et terr_____ tempestāt_____que _____!"
8. Iūnō Paridis iūdici_____ meminerat. Paridis iūdici_____ _____ Iūnō Trōiānōs persequēbātur.

adi + gen
amāns
cupidus
ignārus
memor
plēnus
potēns
studiōsus

Exercitium 3

1. Quam urbem Iūnō ante omnēs dīligēbat? ...
2. Quamobrem Trōiānōs ōderat Iūnō? ...
3. Quam deam Paris pulcherrimam esse iūdicāverat? ...
4. Cūr Minerva Graecōrum classem disiēcerat? ...
5. Quōmodo Iūnō classem Trōiānōrum disiēcit? ...
6. Quis est Aeolus et quid est officium eius? ...
7. Cūr Aenēās optāvit ut prō patriā pugnāns occidisset? ...
8. Cūr nāvēs nec vēlīs nec rēmīs agī poterant? ...
9. Trēs nāvēs quō tempestāte abreptae et aliae trēs quō lātae sunt? ...
10. Quid factum est ante ipsīus Aenēae oculōs? ...
11. Cui datum est imperium maris? ...
12. Cum mare tantā tempestāte miscērī vidēret, quid fēcit Neptūnus? ...
13. Quō vectae sunt nāvēs quae ex tempestāte supererant? ...
14. Quid fēcērunt Trōānī ē nāvibus ēgressī? ...

Lēctiō secunda: versūs 66–156

Lēctiō II

Exercitium 4

Dā contrāria!
Exemplum: Omnēs loquuntur: <u>nēmō</u> <u>tacet</u>.

1. Multī dormiunt: _____ _____.
2. Vīta urbāna mihi molesta est: Vīta _____ mihi _____ est.
3. Servus numquam abest: Servus _____ _____.
4. Aestās est tempus calidum: _____ est tempus _____.
5. Calor vīneīs prōdest: _____ vīneīs _____.
6. Vesperī sōl occidit: _____ sōl _____.
7. Discipulus piger reprehenditur: Discipulus _____ _____.
8. Nōn omnēs dīvitēs beātī sunt: Nōn omnēs _____ _____ sunt.
9. Agricola in sōle labōrat: Agricola in _____ _____.
10. In montem ascende!: In _____ _____!
11. Aestāte nāvēs dēdūcuntur: _____ nāvēs _____.
12. Puppis est pars nāvis posterior: _____ est pars nāvis _____.
13. Puer versūs intellegit quia facilēs sunt: Puer versūs intellegit _____ _____ sunt.

animus
aper
appellere
cēlāre
cervus
clam
comitātus
-cumque, quī- quae-
decor
dēvenīre
discrīmen
dūrāre
ēlūdere
explōrāre
fēlīx
forsan
gestāre
gradī
honōs
hostia
impius
incūsāre
nebula
nūdāre
obviam
onerāre
ōrae
patefacere
praeda
quīcumque
resurgere
simulāre
tendere
thēsaurus
vēnārī
vōsmet

ablātīvus <u>līmitātiōnis</u>
< līmitāre = fīnīre,
fīnēs statuere
(significātiōnis)

Exercitium 5

1. Aenēās septem _____ ē magnō grege sagittīs occīdit.
2. Hanc _____ sociīs suīs dīvīsit, quōs sīc cōnsōlātus est:
3. "Ō sociī! ... Revocāte _____ [↔ timōrem] *maestumque timōrem mittite!* _____ [= forsitan] *et haec ōlim meminisse iuvābit!*
4. *Per variōs cāsūs, per tot* _____ [= perīcula] *rērum* _____ [= īmus] *in Latium, sēdēs ubi fāta quiētās ostendunt: illīc fās rēgna* _____ *Trōiae.*
5. _____ [< dūrus] *et* _____ *rēbus servāte secundīs!"*
6. Posterō diē Aenēās nova loca _____ [= īnspicere] cōnstituit.
7. Ūnō Achātē _____ [< comitārī] per silvam _____ [= ambulat].
8. Ibi Venus eī _____ iit [= occurrit], quae arcum et sagittās _____ [= gerēns] _____ [< similis] sē in silvā _____ [= ferās persequī].
9. Venus ab Aenēā quaesīvit 'an forte vīdisset sorōrem suam _____ [= porcum ferum] persequentem.'
10. Aenēās deam aliquam sē vidēre arbitrātus "Quae_____ es" inquit, "sīs nōbīs _____ [= favēns] et doceās nōs quibus in _____ versēmur."
11. Prōmīsit 'sē multās _____ illī deae immolātūrum esse.'
12. Venus 'sē Karthāginiēnsem esse' dīxit, 'nec tālī _____ dignam.'
13. Pygmaliōn, rēx Tyrī , frātrem suum Sychaeum _____ [= occultē] necāvit et scelus suum diū _____ [= occultāvit].
14. In somnīs Sychaeus uxōrī suae Dīdōnī appāruit, pectus suum vulnerātum _____ [< nūdus] et scelus rēgis _____ [↔ cēlāvit].
15. Sychaeus mortuus uxōrī veterēs _____ aurī et argentī mōnstrāvit eīque suāsit ut nāvēs aurō _____ [< onus] et ex patriā excēderet.
16. Dīdō cum cīvibus quī rēgem _____ [↔ pium] ōderant ad ōram Āfricae _____ [= pervēnit], ubi novam urbem condidit.
17. Aenēās nārrāvit 'sē tempestāte ad ōram Libyae _____ esse.'
18. Postrēmō, cum dea dīvīnō _____ [< decēre] fulgēret, Aenēās mātrem suam agnōvit eamque _____ [= accūsāvit]: "Ō māter crūdēlis! Quid fīlium tuum _____ [= fallis ac dērīdēs]?"
19. _____ est nūbēs quae terram operit.

Exercitium 6

Exemplum: Quīntus ped<u>e</u> et bracchi<u>ō</u> aeger est.
1. Iūnō Aeolō Nympham fōrm____ pulcherrimam uxōrem prōmīsit.
2. Nerō ment____ sānus nōn erat.
3. Vulcānus alter____ ped____ claudus est.
4. Hostēs numer____ superiōrēs fuērunt.
5. Paucae nāvēs, numer____ septem, ē tempestāte servātae sunt.
6. In labyrinthō vīvēbat terribile mōnstrum nōmin____ Mīnōtaurus.
7. Via Appia aliās viās longitūdin____ superat
8. Frāter mē aetāt____ māior est.
9. Nūlla dea Venerī pār est pulchritūdin____.
10. Me____ sententi____ Vergilius et Ovidius ingeni____ comparandī nōn sunt.

Exercitium 7

1. Quid Aenēās ē scopulō prōspiciēns vīdit? ...
2. Quot cervōs occīdit? ...
3. Quibus illam praedam partītus est? ...
4. Quōmodo Trōiānī vīrēs et animum restituērunt? ...
5. Quis Aenēae in silvā obviam iit? ...
6. Cūr Aenēās mātrem suam nōn agnōvit? ...
7. Quid deam interrogāvit? ...
8. Unde Dīdō in Āfricam vēnerat? ...
9. Cūr illa Tyrō fūgit? ...
10. Quōmodo Dīdō scelus Pygmaliōnis cognōvit? ...
11. Unde Dīdō magnum aurī pondus quaesīvit? ...
12. Quō Tyriī profugī vēnērunt? ...
13. Quid Aenēās deae nārrāvit? ...
14. Quid Venus Aenēae nūntiāvit? ...
15. Quōmodo Aenēās mātrem suam agnōvit? ...
16. Cūr nēmō Aenēam et Achātēn vidēre poterat? ...
17. Quō Venus sē contulit? ...

Lēctiō tertia: versūs 157–234   *Lēctiō III*

Exercitium 8

1. Hector in somnīs Aenēam monuit _____ deōs Penātēs cap_____ atque ex urbe incēnsā fug_____.   ut/nē + *coni*
2. Aenēās arma cēpit, _____ patriam dēfend_____.
3. Aenēās iuvenēs hortātur _____ sē arm_____ et strictīs gladiīs in mediōs hostēs sē praecipit_____.
4. Venus Aenēae suāsit _____ celeriter domum ad suōs fug_____.
5. Fīlius et nepōs Anchīsae suādent _____ omnēs suōs sēcum perd_____.
6. Multī Trōiānī eō convēnerant, _____ cum Aenēā proficīsc_____.
7. Helenus Aenēam dissuāsit _____ per fretum Siculum nāvigā_____.
8. Iūnō rēgem Aeolum ōrāvit _____ classem Aenēae disic_____.
9. Posterō diē Aenēās exiit, _____ nova loca explōrā_____.
10. Sychaeus in somnīs uxōrī suāsit _____ ex patriā excēd_____.
11. Īlioneus: "Tē ōrāmus _____ nōs ab ōrīs Āfricae arce_____. Nōn vēnimus, _____ praedam faci_____. ... Hoc tantum ōrāmus _____ nōbīs lic_____ classem subdūcere et nāvēs frāctās reficere."
12. Venus Aenēam nebulā circumfūdit, _____ quis eum cernere pos_____.
13. Penātēs Aenēam monuērunt _____ longum fugae labōrem recūsā_____: "Tū longum fugae labōrem _____ recūsāv_____ [= nōlī recūsāre]!"
14. Andromachē dubitābat an Aenēās vīveret, sed ille eam hortātus est _____ dubitā_____: "Vīvō equidem. _____ dubitāv_____ [= nōlī dubitāre]!"

Exercitium 9

1. Aenēās et Achātēs collem _____ [= ascendunt] quī urbī Karthāginī _____.   addūcere
2. Aenēās admīrātur _____ [< industrius] cīvium, quī novīs aedificiīs _____ [↔ culmina] locant.   Auster
3. "Ō _____ [= fēlīcēs], *quōrum iam moenia surgunt*" inquit Aenēās, tum urbem intrat et singula opera _____ [= īnspicit].   bellāre
4. In novō templō imāginēs bellī Trōiānī _____ erant.   caterva
5. Aenēās, cum in imāginibus Graecōs et Trōiānōs _____ [= bellum gerentēs] vidēret, lacrimīs vultum _____.   compellere

fortūnātus
fundāmentum
genus
imminēre

incēdere

industria

īnstāre

lūstrāre

obtūnsus

ōrdīrī

paenitēre

perfundere

pingere

saltem

scandere

solium

statuere

superbia

6. Trōiānōs vīdit cēdentēs, cum Achillēs currū _____ [= premeret].
7. Hīc Dīdō rēgīna ad templum _____ [= prōcessit] magnā iuvenum _____ [= multitūdine] comitāta, atque in _____ altō cōnsēdit.
8. Subitō Aenēās quōsdam sociōs suōs _____ [↔ abdūcī] vīdit.
9. Īlioneus rēgīnae nārrāvit 'Trōiānōs _____ [= Notō] disiectōs ad ōrās Āfricae _____ [↔ dispulsōs] esse.'
10. Tum Dīdō sīc _____ est [= loquī coepit]:
    "Quis _____ [= gentem] Aeneadum, quis Trōiae nesciat urbem? ...
    Nōn _____ [↔ acūta] adeō gestāmus pectora Poenī."
11. *"Urbem quam _____ [= cōnstituō] vestra est. Subdūcite nāvēs!"*
12. Trōiānī, sī in Italiam īre nōn licēret, in Siciliam _____ redīre cupiēbant.
13. Aenēās: "Mē nōn _____ miserō Graecō auxilium tulisse."
14. Tanta erat _____ [< superbus] Nerōnis ut domum auream sibi aedificāverit.

Exercitium 10

1. Quid Aenēās et Achātēs mīrābantur ex colle dēspicientēs? ...
2. Num quis eōs urbem intrantēs vīdit? ...
3. Quae imāginēs in templō Iūnōnis pictae erant? ...
4. Quamobrem Aenēās magnum gemitum dedit? ...
5. Quālis erat Dīdō rēgīna ad templum incēdēns? ...
6. Ubi Dīdō cōnsēdit et quid agēbat? ...
7. Quī hominēs ad rēgīnam adductī sunt? ...
8. Quid Īlioneus Dīdōnem ōrāvit? ...
9. Quid Īlioneus dē sē et sociīs suīs nārrāvit? ....
10. Num cāsus Trōiae Dīdōnī ignōtum erat? ...
11. Quid Dīdō Trōiānīs pollicita est? ...
12. Hoc audientēs quid Aenēās et Achātēs cupiēbant? ...

Lēctiō IV

Lēctiō quārta: versūs 235–316

abolēre

appārāre

conticēscere

cōram

dapēs

error

faciēs

fax

fūnus

gignere

īnscius

īnsidiae

intentus

libāre

ministra

obstupēscere

paulātim

pendēre

praemittere

purpura

quiēs

Exercitium 11

1. Aenēās: "Ō rēgīna! Dum _____ [= stēllae] in caelum surgent, semper honōs tuus manēbit!"
2. Dīdō, cum Aenēam _____ [= praesentem] aspiceret, _____ [= stupēns facta est].
3. Dīdō: "Tūne ille Aenēās quam Anchīsēs et Venus _____?
   Quārē agite, ō, tēctīs, iuvenēs, _____ [= subīte] nostrīs!...
   Nōn ignāra malī miserīs _____ [= auxilium ferre] discō."
4. In rēgiā suā Dīdō magnificum convīvium _____ [= parāvit].
5. _____ [= lectī] veste _____ et _____ Tyriā strātī sunt.
6. Aenēās Achātēn _____ [= ante mīsit], quī Ascanium arcesseret.
7. Venus cūrāvit ut Cupīdō, _____ [= fōrmā] mūtātā, prō Ascaniō venīret.
8. Centum ministrī et totidem _____ [f] convīvīs _____ [= cibum] et vīnum apposuērunt.
9. Lucernae quae dē tēctō _____ et _____ ārdentēs triclīnium illūstrābant.
10. Dīdō _____ [= nesciēns] Cupīdinem in gremium accēpit.
11. Cupīdō _____ [↔ subitō] marītum mortuum ē memoriā Dīdōnis _____ [= dēlēre] coepit et novum amōrem accendere _____ [= cōnātus est].

12. Dīdō, postquam Iovem precāta est, vīnum in mēnsam _____ .
13. Omnēs _____ [= loquī dēsiērunt] atque _____ [= attentī]
    Aenēam audīvērunt nārrantem _____ [= quōmodo] Trōia _____
    [= dolō] Graecōrum capta atque incēnsa esset.
14. Cum _____ [< errāre] suōs et _____ patris [= patrem sepultum
    esse] in Siciliā nārrāvisset, tandem _____ [= somnō] sē dedit.

sīdus
succēdere
succurrere
temptāre
torus
ut *adv*
vestis picta

acc +inf + iubet/iussit
= *nōm +inf* + iubētur
/iussus est

Exercitium 12

Exemplum:
(Dominus) serv*um* tacēre iubet/iuss*it* = serv*us* tacēre iubē*tur*/ius*sus est*.
1. (Rēgīna) Tyriōs discumbere iubet = Tyri____ discumbere iub_____ .
2. (Rēx) Daedalum inclūdī iussit = Daedal____ inclūdī _____ _____ .
3. (Cicerō) Catilīnam ex urbe ēgredī iubēbat = Catilīn____ ex urbe ēgredī iub
   _____ .
4. (Caesar) Gallōs arma pōnere iussit = Gall____ arma pōnere _____ _____ .
   Gallī arma posuērunt, ut iussī erant.

Exercitium 13

1. Cūr Aenēās deō similis ante Dīdōnem stābat? ...
2. Quam ob rem ille grātiās ēgit rēgīnae? ...
3. Quōmodo Dīdō Aenēam recēpit? ...
4. Quid ad cēterōs Trōiānōs missum est? ...
5. Quibus rēbus ōrnātum est triclīnium? ...
6. Quae mūnera Aenēās Dīdōnī darī iussit? ...
7. Quod cōnsilium Venus in animō versābat? ...
8. Cūr nēmō Cupīdinem prō Ascaniō venientem agnōvit? ...
9. In quō lectō accubuit rēgīna? ...
10. Quis in gremiō eius cōnsīdit? ...
11. Quid Cupīdō in gremiō Dīdōnis sedēns effēcit? ...
12. Quōmodo illūstrābātur triclīnium? ...
13. Quid Dīdō deōs precāta est? ...
14. Quōmodo Iōpās convīvās dēlectābat? ...
15. Quid Dīdō Aenēam rogāvit? ...
16. Num ille libenter cāsum Trōiae nārrāvit? ...
17. Ā quō factō fīnem nārrandī fēcit? ...

Lēctiō grammatica

Lēctiō grammatica

Exercitium 14

Utrum praesēns indicātīvī (ind) an coniūnctīvī (coni)?
Exemplum: claudat: *coni*; laudat: *ind*.

-at: *ind?*
coni?

1. volat: _____ ; colat: _____
2. ēdūcat: _____ ; ēducat: _____
3. sentiat: _____ ; nūntiat: _____
4. nārrat: _____ ; currat: _____
5. cōgat: _____ ; rogat: _____
6. dōnat: _____ ; pōnat: _____
7. emat: _____ ; amat: _____
8. sacrificat: _____ ; perficiat: _____
9. occīdat: _____ ; trucīdat: _____
10. negat: _____ ; legat: _____
11. vertat: _____ ; certat: _____
12. canat: _____ ; cēnat: _____
13. cūrat: _____ ; ūrat: _____
14. vīvat: _____ ; servat: _____

-it
-unt -ere
-iunt -ere
-iunt -īre
-eunt -īre

Exercitium 15

Datur persōna 3 singulāris praesentis indicātīvī āctīvī (-it).
Dā persōnam 3 plūrālis (-unt/-iunt/-eunt) et īnfīnītīvum praesentis (-ere/-īre)!
Exemplum: venit, veniunt, venīre.

	pers 3 sing	pers 3 plūr	īnf praes
1.	plaudit	plaud_____	plaud_____
2.	audit	aud_____	aud_____
3.	pūnit	pūn_____	pūn_____
4.	pōnit	pōn_____	pōn_____
5.	alit	al_____	al_____
6.	salit	sal_____	sal_____
7.	tolllit	toll_____	toll_____
8.	mollit	moll_____	moll_____
9.	discit	disc_____	disc_____
10.	efficit	effic_____	effic_____
11.	gerit	ger_____	ger_____
12.	parit	par_____	par_____
13.	perit	per_____	per_____
14.	aperit	aper_____	aper_____
15.	redit	red_____	red_____
16.	reddit	redd_____	redd_____

Exercitium 16

1. accumbere, ac_____isse
2. appellere, ap_____isse, ap_____um esse
3. colligere, col_____isse, col_____um esse
4. compellere, com_____isse, com_____um esse
5. conticēscere, con_____isse
6. dīligere, dī_____isse, dī_____um esse
7. disicere, dis_____isse, dis_____um esse
8. dispellere, dis_____isse. dis_____um esse
9. ēlūdere, ē_____isse, ē_____um esse
10. gignere, _____isse, _____um esse
11. impellere, im_____isse, im_____um esse
12. incēdere, in_____isse
13. obstupēscere, ob_____isse
14. pingere, _____isse, _____um esse
15. restāre, re_____isse

dis-iciō -iunt

Cap. XL

CAPITVLVM QVADRAGESIMVM

Lēctiō I

Lēctiō prīma: versūs 1–69

capra
cinis
concumbere
coniugium
cupīdō
dīlēctus
extemplō
fulmen
furere
grandō

Exercitium 1

1. Fēmina amōre flagrāns _____ somnum capere nōn potest.
2. Dīdō, cui certum erat nūllī virō _____ [< coniūnx] sē iungere, tamen amōrī Aenēae _____ [= resistere nōn potuit].”
3. Dīdō: “Nōn dubitō _____ ille deā nātus sit... Sed _____ [= utinam] Iuppiter mē _____ percutiat priusquam fidem fallō!”
4. Anna sorōrem suam _____ [= cāram] suāsit nē _____ [= grātō] amōrī repugnāret atque ut sacrificiīs ā dīs _____ peteret.
5. Ita animum sorōris amōre _____ [= incendere] temptat.

6. Mulier _____ [= āmēns] flammā amōris ūritur.
7. Aenēae opēs suās _____ [= glōriōsē ostendit] et, novō convīviō parātō, postquam Aenēās discessit, lectō eius relictō _____.
8. Dum Dīdō et Aenēās in montibus vēnantur, _____ [= statim] tonāre incipit atque imber _____ mixtus _____ [= sequitur].
9. Aenēās et Dīdō eandem _____ [= idem antrum] petunt.
10. Fāma est mōnstrum volāns, cui tot _____ [= vigilantēs] oculī sunt quot _____ [= pennae] in corpore.
11. Fāma nārrābat 'Aenēam cum Dīdōne _____ [= eīdem lectō in cubuisse] eōsque in _____ vītam agere, turpī _____ captōs!'
12. Neque vērō Dīdō fāmam _____ [= cūrat].
13. _____ ferae sunt bēstiae quae montēs arduōs ascendere possunt.
14. Ascanius ācrī equō cervōs _____ [= praeter cervōs it] leōnem quaerēns.
15. Germānī sunt hostēs Rōmānōrum _____ [= quī vincī nōn possunt].
16. _____ est quod igne relinquitur.
17. Magna est _____ [< potēns] deōrum.

Vocabulary list (right column):
incumbere
īnflammāre
īnsequī
invictus
luxus
ostentāre
placidus
placitus
plūma
potentia
praeterīre
quīn
respicit
spēlunca
succumbere
velim
venia
vigil

Exercitium 2
1. Nōn crēdō fābulam vēram esse = Dubitō _____ fābula vēra _____.
2. Crēdō fabulam vēram esse = Nōn dubitō _____ fābula vēra _____.
3. Nōn crēdō Neptūnum marī imperāre posse = Dubitō...
4. Crēdō Deum nōs servāvisse = Nōn dubitō....
5. Nōn crēdō Nerōnem urbem incendisse = Dubitō...
6. Crēdō gentem Iūliam ā Venere ortam esse = Nōn dubitō...
7. Dīdō: "Crēdō eum deā nātum esse" = "Nōn dubitō..."

dubitō <u>num</u>/<u>an</u> + *coni*
= nōn crēdō + *acc* + *īnf*

nōn dubitō <u>quīn</u> +*coni*
= crēdō + *acc* +*īnf*

Exercitia 3
1. Cūr Dīdō placidē dormīre nōn poterat? ...
2. Cui amōrem suum fassa est? ...
3. Cūr Dīdōnī certum erat nūllī virō nūbere? ...
4. Num Anna sorōrī suae suāsit ut novō amōrī repugnāret? ...
5. Quae gentēs Karthāginem cingunt? ...
6. Quārē Dīdō et Anna templa deōrum adeunt? ...
7. Quid Dīdō Aenēae ostentat? ...
8. Quārē novum convīvium Aenēae parat? ...
9. Quid facit postquam Aenēās dīgressus est? ...
10. Sōlusne Aenēās in montēs vēnātum iit? ...
11. Quās bēstiās Ascanius quaesīvit? ...
12. Cūr Dīdō et Aenēās in spēluncam dēvēnērunt? ...
13. Quae dea amantēs eō dūxit? ...
14. Quōmodo facta nova ā multīs hominibus cognōscuntur? ...
15. Quid tum fāma nārrābat dē Dīdōne et Aenēā? ...

Lēctiō secunda: versūs 70–150   *Lēctiō II*

Exercitium 4
Exemplum: Rēgī Latīnō <u>ūna</u> <u>fīlia</u> <u>erat</u> = Rē<u>x</u> Latīn<u>us</u> ūn<u>am</u> fīli<u>am</u> <u>habēbat</u>.
1. Trōiānīs classis xx nāvium erat = ...
2. Dīdō coniugem habēbat Sychaeum = ...
3. Īlioneus: "Rēx nōbīs erat Aenēās" = "....."
4. Aenēās vestem pretiōsam habēbat = ...
5. Erat illī ēnsis gemmīs fulgēns = ...

nōm +*acc* + (habēre)
= *dat* +*nōm* + (esse)

6. Aenēās in animō habēbat Dīdōnem dēserere = ...
7. Aenēās: "Tū mihi uxor nōn es" = "....."
8. Dīdō: "Sī saltem īnfantem dē tē habērem = "....."
9. Dīdō: "Nōn est tibi dīvīna parēns!" = "....."
10. Quot caelō stēllae, tot sunt tuae Rōmae puellae = ...
11. Fāma est mōnstrum quod tot oculōs, tot linguās, tot aurēs habet quot plūmās in corpore = ...

Exercitium 5

1. Iuppiter, cum Aenēam Karthāgine morārī vidēret, "Quid _____?" inquit, "Nāviget! Hoc est _____ [= imperium] meum."
2. Mercurius ālās pedibus _____ et pedibus _____ [< āla] in Āfricam volat, ut mandātum Iovis ad Aenēam _____.
3. Aenēās, quī _____ [= palliō] pretiōsō indūtus erat, imperiō Iovis _____ [= stupefactus] _____ [= mūtus factus est].
4. Mandātō Iovis dēlātō, Mercurius ex oculīs Aenēae _____.
5. Trōiānōs _____ [= ad sē vocāvit] iīsque _____ [= imperāvit] ut classem clam _____ [= parātam facerent].
6. Rēgīna, quae id quod futūrum erat _____, Aenēam sīc appellat:
7. "Spērāsne" inquit, "tē tantum _____ [↔ fās] _____ [= cēlāre] posse et _____ tempore [= hieme] ex meā terrā clam _____ [= excēdere]?"
8. Dīdō Aenēam ōrāvit ut suī _____ [< miser] nēve sē hostibus _____ [= inimīcissimīs] dēsereret.
9. Dīdō: "Sī saltem fīlium dē tē habērem, sī _____ [= aliquī] parvulus Aenēās in _____ [= rēgiā] meā lūderet, nōn _____ [= plānē] dēserta vidērer."
10. Aenēās nōn negāvit 'Dīdōnem bene _____ esse [= meruisse] dē sē', sed negāvit 'sē eī _____ [= coniugium] prōmīsisse.'
11. Aenēās: "Dēsine _____ [< querī] tuīs mē incendere! Nōn meā _____ [= voluntāte] Italiam petō."
12. Dīdō dicta Aenēae nōn _____, sed dīcit 'eum _____ datūrum esse [= pūnītum īrī]!'
13. Aenēās multa dīcere parāns _____ [= dubiē morātur], sed Dīdō sermōnem _____ et aufugit.
14. _____ [= ancillae] rēgīnam collāpsam _____ et in lectō pōnunt.
15. _____ noctū surgunt _____ [= sīdera], totiēs imāgō patris Aenēam _____ [= monet].
16. Venus Aenēam ab armīs Graecōrum servāvit, ut posterī eius Rōmānī tōtum orbem sub lēgēs _____ [< sub + iacerent].
17. Leō et _____ sunt bēstiae ferae māximae.
18. Tigris nūtriēns _____ ad pullōs suōs _____, ut lac bibant.
19. Quī fidem fallit homō _____ est.
20. *Synōnyma*: cubiculum coniugum et _____; āmēns et _____; moriēns et _____; accipere et recipere et _____.

abrumpere
admonēre
admovēre
advocāre
ālātus
amictus
astrum
attonitus
aula
cōnūbium
cūnctārī
dēcēdere
dēferre
dēmēns
dissimulāre
ēvānēscere
excipere
famula
hībernus
īnfēnsus
mandāre
mandātum
merērī
miserērī
moribundus
nectere
nefās
obmūtēscere
omnīnō
ōrnāre
perfidus
poenās dare
praesentīre
querēlla
quī (sī quī...)
quotiēs
refellere
sponte
struere
subicere
suscipere
thalamus
tigris
ūber

Exercitium 6

1. Quārē Iuppiter Mercurium Karthāginem mīsit? ...
2. Quid Iuppiter Mercuriō mandāvit? ...
3. Quālem Mercurius Aenēam invēnit? ...
4. Quid Aenēās deī imperiō attonitus sē interrogābat? ...
5. Quid sociīs suīs mandāvit? ...
6. Quō annī tempore Trōiānī nāvigāre parābant? ...
7. Quōmodo Dīdō cōnsilia Aenēae cognōvit? ...
8. Quid Dīdō hospitem suum ōrāvit? ...
9. Quōs hostēs rēgīna timēbat? ...
10. Coniugēsne erant Aenēās et Dīdō? ...
11. Cūr Aenēās in Italiam proficīscī cupiēbat? ...
12. Quam grātiam Dīdō sibi referendam esse putābat? ...
13. Quid rēgīna sē spērāre dīxit? ...
14. Cūr Aenēās nihil ad haec respondit? ...
15. Quō famulae rēgīnam collāpsam ferunt? ...

Lēctiō tertia: versūs 151–217   *Lēctiō III*

Exercitium 7

1. Lȳdia: "Ō, _____ beāta sum! _____ est Deī ergā mē amor!"
2. Dīdō: "_____ hospes tēctīs nostrīs successit! _____ nōbilis, _____ fortis! _____ bella nārrābat!"
3. Hector in somnīs Aenēae appāruit, sed _____ erat, _____ mūtātus ab illō Hectore quī victor rediit!
4. Īcarus: "Ō, _____ parvae īnsulae in marī ingentī sunt!"
5. Anna: "_____ erit potentia Poenōrum, _____ glōria tua, sī cum duce Trōiānōrum tē coniūnxeris!"
6. _____ dolōre Dīdō afficiēbātur! _____ gemitūs dabat!

quam...!
quantus...!
quantum...!
quālis...!
quot...!
quī quae quod...!

Exercitium 8

1. Aenēās amīcam suam dolentem _____ [= cōnsōlārī] cupiēbat.
2. Trōiānī _____ [= imperia] deōrum _____ sunt [= perfēcērunt].
3. Dīdō supplex virum _____ [= valdē ōrat] ut paulum morētur.
4. Aenēās nec flētū nec precibus movētur: fāta _____ [= prohibent].
5. Tum īnfēlīx Dīdō morī cupit: _____ eam vītae.
6. Dum sēcum rem _____ [= dē rē cōgitat], multīs prōdigiīs et vātum _____ [< praedīcere] terrētur.
7. Sorōrem rogat ut sub _____ [= caelō apertō] _____ ērigat et arma Aenēae et _____ [= vestīmenta] lectumque _____ [= coniugum] super impōnat.
8. "Ita" inquit "amōre virī et cūrīs _____ [= līberārī] possum."
9. Anna īnscia iussa _____ [= exsequitur].
10. Dīdō, cum _____ [= imāginem] Aenēae super lectum posuisset, iūxtā _____ [= āram] precābātur.
11. Intereā omnia ad _____ [< discēdere] Trōiānōrum parāta erant.
12. Tum Aenēae in somnīs appāruit Mercurius ab _____ [= summō āere] missus eumque monuit ut fugere _____ [= properāret].
13. "Imperiō deī _____ [= gaudentēs] pāreāmus!" inquit, et ēnse ē _____ ēreptō fūnēs incīdit.
14. Māximō _____ [= ārdentī studiō] Trōiānī nāvēs solvērunt et lītus dēseruērunt.
15. Rēs _____ est quae facile mūtātur.

aethēr
altāria
ārdor
carīna
collūcēre
discessus
dīvum
effigiēs
exsequī
exsolvere
exuviae
fervēre
festīnāre
implōrāre
iugālis
iussum
mūtābilis
obstāre
ovāre
peragere
praeceps
praedictum
reputāre

rogus
sōlārī
taedēre
vāgīna

16. _____ est trabs nāvis īnfima.

17. *Synōnyma:* _____ īre et sē praecipitāre; _____ et lūcēre; _____ et ārdēre.

Exercitium 9

1. Quōmodo Trōiānī iussa deōrum exsequuntur? ...
2. Quid vīdit Dīdō ex summā arce prōspiciēns? ...
3. Num Aenēās precibus rēgīnae commōtus est? ...
4. Quid tum īnfēlīx Dīdō facere cōnstituit? ...
5. Quae prōdigia eam terrēbant? ...
6. Quid Dīdō sorōrem suam rogāvit? ...
7. Quās rēs super rogum pōnī iussit? ...
8. Num Anna cōnsilium sorōris intellēxit? ...
9. Ubi Dīdō deōs precābātur? ...
10. Noctū dum aliī dormiunt quid ēgit rēgīna? ...
11. Cūr Trōiānōs classe persequī nōluit? ...
12. Quī deus Aenēae in somnīs appāruit? ...
13. Quid Mercurius Trōiānōs facere iussit? ...
14. Quōmodo Aenēās fugam festīnāvit? ...

Lēctiō IV

Lēctiō quārta: versūs 218–299

Exercitium 10

Exempla:

Dīdō Aenēam ōrat ut suī misereātur: "Miserēre meī!" Aenēās: "Profectō tuī misereor, Dīdō." Aenēās Dīdōnis miserēbātur, sed tamen eam relīquit.

Hostēs: "Victī sumus. Miserēre nostrī, victor!" Victor: "Ego vestrī nōn misereor!" Victor hostium victōrum nōn miserētur.

genetīvus
1. meī   nostrī
2. tuī   vestrī
3. suī

miserērī, oblīvīscī,
  meminisse + *gen*
amor, memoria, imāgō
  + *gen*

1. Dīdō: "Nōlī me_____ oblīvīscī!" Dīdō timet nē Aenēās su_____ oblīvīscātur.
2. Aenēās: "Numquam tu_____ oblīvīscar. Semper tu_____ meminerō. Sed amor tu_____ mē hīc tenēre nōn potest."
3. Nautae: "Miserēminī nostr_____, pīrātae!" Pīrātae: "Nōs vestr_____ nōn miserēmur." Pīrātae naut_____ nōn miserentur.
4. Ariadna: "Sōla dēserta sum. Nēmō me_____ miserētur!" Bacchus: "Equidem tu_____ misereor, Ariadna. Ob amōrem tu_____ tē hinc mēcum dūcam."
5. Dīdō: "Utinam īnfantem dē tē habērem, quī memoriam tu_____ referret mihi!" Fīlius memoriam patr_____ referre potest.
6. Syra: "Nōlō in speculō imāginem aspicere me_____!"
7. Dīdō: *"Vīxī et quem dederat cursum fortūna perēgī et nunc magna me_____ sub terrās ībit imāgō."*

Exercitium 11

1. Dīdō cum Aenēam abīre vidēret "_____ [= ō], Iuppiter!" ait "Abībit _____ [< advenīre]?"
2. Dīdō intellegit Aenēam sibi _____ [= sē ēlūsisse].
3. Iūnōnem et Furiās _____ [*f* < ultor] invocat.
4. Precātur ut Aenēās in bellō cadat _____ [: sine fūnere] atque ut aliquī ultor _____ [= oriātur] quī Trōiānōs persequātur.
5. Oculōs _____ [< sanguis] volvēns rogum cōnscendit et nōtō _____ [= lectō, torō] incubuit.
6. _____ [= ultima] eius verba fuērunt: *"Sīc iuvat īre sub umbrās!"*
7. In Siciliā, cum annus _____ ex fūnere Anchīsae, Aenēās lūdōs magnificōs appārāvit.

advena
colōnus
cubīle
dēbellāre
exorīrī
fortitūdō
iaculum
illūdere
impōnere
īnsepultus
mementō!

8. _____ est pīlum quod procul iacitur.
9. Imperātor _____ [< fortis] mīlitum laudat.
10. Vir quī patriam relinquit ut novam terram incolat _____ dīcitur.
11. Hic liber ad _____ [< ūtī] discipulōrum scrīptus est.
12. *Tū regere imperiō populōs, Rōmāne, _____ [< meminisse]!*
    Hae tibi erunt artēs: pācisque _____ mōrem,
    parcere subiectīs et _____ superbōs.

verba *impersōnālia*
 pudet, taedet, paenitet
 + *acc* + *īnf/gen*

verbum *im-persōnāle*
= *cui dēsunt persōnae*
praeter 3 sing, ut licet,
oportet, pudet

Exercitium 12

Exemplum: Pud<u>et</u> <u>eum</u> ita fēc<u>isse</u> = Pudet eum factī su<u>ī</u>.

1. Dīdō: "Taedet mē vīv_____" = "Taedet mē vīt_____."
2. Dīdōn_____ vīv_____ taedēbat = Dīdōn_____ vīt_____ taedēbat.
3. Mīlitēs Rōmānī fūgērunt! Mīlit_____ Rōmān_____ fūg_____
   pudet = Mīlit_____ Rōmān_____ fug_____ su_____ pudet.
4. Cōnsul iniūriam fēcit. Cōnsul_____ paenitet iniūriam fēc_____
   = Cōnsul_____ paenitet iniūri_____ su_____.
5. Discipulus prāvē scrīpsit (mendum fēcit). Discipul_____ prāvē scrīps_____
   pudet; discipulus, qu_____ mend_____ su_____ pudet, sē excūsat.
6. Fēmin_____ Trōiān_____ longē err_____ taedēbat. Fēminae, qu_____
   long_____ errōr_____ taedēbat, nāvēs incendērunt.
7. Fēminae in Siciliā relictae sunt, etsī e_____ male fēc_____ paenitēbat
   = ... etsī e_____ malefici_____ su_____ paenitēbat.

Exercitium 13

1. Unde Dīdō prōspexit classem Trōiānōrum prōcēdentem? ...
2. Num quid fēcit ut nāvēs cursū prohibēret? ...
3. Quid rēgīna sē facere potuisse dīxit? ...
4. Quās deās Dīdō invocāvit? ...
5. Quod fātum optābat Aenēae? ...
6. Quid posterōs suōs Karthāginiēnsēs hortāta est? ...
7. Quid fēcit Dīdō postquam rogum ascendit? ...
8. Novissima verba eius quae fuērunt? ...
9. Quōmodo comitēs mortem rēgīnae lūxērunt? ...
10. Aenēās Karthāginem respiciēns quid vīdit? ...
11. Quō nāvēs Trōiānae inde vectae sunt? ...
12. Ā quō Trōiānī in Siciliā exceptī sunt? ...
13. Quid Aenēās in Siciliā apparāvit? ...
14. Cūr plēraeque fēminae Trōiānae in Siciliā relictae sunt? ...
15. Quō Aenēās inde profectus est? ...
16. Quō Sibylla vātēs eum dūxit? ...
17. Quid pater Anchīsēs fīliō suō ostendit apud Īnferōs? ...

Lēctiō grammatica

Exercitium 14

Dā imperātīvum et vocātīvum!

imperātīvus
vocātīvus

Singulāris	*Plūrālis*
1. Val___, m___ marīt___!	Val_____, meī līberī!
2. Heu fug___, nāt___ deā!	Fug_____, Trōiānī!
3. Tac___ et aud___, Sext___!	Tac_____ et aud_____, discipulī!
4. Tū sequ___ mē, serv___!	Sequ_____ mē, servī!
5. Ag___! curr___, Mārc___!	Ag_____, ō tēctīs, iuvenēs, succēd_____ nostrīs!
6. Intu___ caelum, nauta!	Intu_____ caelum, nautae!

novissimus
praeterīre
prō!
sanguineus
ultrīx
ūsus

7. Man___! nōl___ abīre, Iūl___!   Man_____! nōl_____ abīre, sociī!
8. Serv___ mē, Neptūn___!   Dī immortālēs, serv_____ nōs!
9. Part___ mēcum, Lūc___!   Part_____ praedam, mīlitēs!
10. Laet___, Tit___, m___ fīl___!   Laet_____, cīvēs meī!
11. *Fer* mihi vīnum, Dāv___!   Arma, virī, fer_____ arma!
12. *Dīc* quid cēnseās, Cornēl___!   Dīc_____ quid cēnseātis, amīcī!
13. Domin___! salvum mē *fac*!   Impetum fac_____, mīlitēs!
14. *Dūc* puerum hūc, Achāt___!   Subdūc_____ nāvēs, Trōiānī!
15. Aequō animō *es*, Aenē___!   Es_____ clēmentēs, victōrēs!

Exercitium 15

persōna: 1, 2, 3

numerus: sg, pl

tempus: praes, imperf, fut, perf, plūsqperf, fut perf

modus: ind, coni

genus: āct, pass, dēp

Quae persōna (1/2/3)? uter numerus (sg/pl)? quod tempus (praes/imperf/fut/ perf/plusqperf/fut perf)? uter modus (ind/coni)? quod genus (āct/pass/dēp)?
Exempla: dīcis *2 sg praes ind āct*; agerentur *3 pl imperf coni pass.*

1. (v. 2) flagrat ...   26. (v. 120) vidērer ...
2. (v. 7) successit ...   27. (v. 125) loquar ...
3. (v. 8) nātus sit ...   28. (v. 133) vīdī ...
4. (v. 10) nārrābat ...   29. (v. 146) dabis ...
5. (v. 12) potuī ...   30. (v. 154) cōnferunt ...
6. (v. 14) agnōscō ...   31. (v. 156) afficiēbātur ...
7. (v. 15) velim ...   32. (v. 158) vidēret ...
8. (v. 15) dēvoret ...   33. (v. 162) doceat ...
9. (v. 19) habeat ...   34. (v. 172) terrent ...
10. (v. 21) agēs ...   35. (v. 176) reddat ...
11. (v. 22) nōveris ...   36. (v. 181) periī ...
12. (v. 24) dīmīsistī ...   37. (v. 182) volō ...
13. (v. 24) repugnābis ...   38. (v. 193) comitābor ...
14. (v. 25) cingant ...   39. (v. 197) merita es ...
15. (v. 27) minātur ...   40. (v. 201) potes ...
16. (v. 27) reor ..   41. (v. 206) vidēbis ...
17. (v. 30) coniūnxeris ...   42. (v. 208) attigerit ...
18. (v. 80) nāviget ...   43. (v. 215) pāreāmus ...
19. (v. 91) morāris ...   44. (v. 221) abībit ...
20. (v. 96) agat ...   45. (v. 222) illūserit ...
21. (v. 100) ōrnent, parent ...   46. (v. 223) capient ...
22. (v. 109) ōrnās, properās ...   47. (v. 231) tulissem ...
23. (v. 113) ōdērunt ...   48. (v. 238) implōret ...
24. (v. 115) exstīnxī ..   49. (v. 244) exoriātur ...
25. (v. 118) habērem ...   50. (v. 246) dabuntur ...

Exercitium 16

1. concumbere, con_____isse
2. ēvānēscere, ē_____isse

ex-cipiō -iunt

3. excipere, ex_____isse, ex_____um esse
4. fallere, _____isse, _____um esse
5. flectere, _____isse, _____um esse
6. illūdere, il_____isse
7. merērī, _____um esse
8. nectere, _____isse, _____um esse
9. obmūtēscere, ob_____isse
10. refellere, re_____isse

sub-iciō -iunt

11. subicere, sub_____isse, sub_____um esse
12. succumbere, suc_____isse

CAPITVLVM VNVM ET QVADRAGESIMVM

Cap. XLI

Lēctiō prīma: versūs 1-68

Lēctiō I

Exercitium 1

1. _____ [= certum est] Trōiānōs ōlim in Latium vēnisse.
2. Rēx Aborīginum inter _____ [= prīncipēs] prōcessit et Aenēam ad colloquium _____.
3. Latīnus _____ [< nōbilis] Aenēae admīrātus amīcitiam et _____ [< socius] cum Trōiānīs fēcit.
4. Rēx Aenēae fīliam suam Lāvīniam in _____ dedit.
5. Ex eō mātrimōniō brevī _____ [: fīlius] _____ [< vir] fuit.
6. Ante _____ [< advenīre] Aenēae Lāvīnia Turnō, rēgī Rutulōrum, _____ fuerat.
7. Turnus _____ patiēbātur advenam sibi praelātum esse.
8. Itaque Latīnō Aenēaeque _____ [↔ cōnfīdēbat] iīsque bellum _____.
9. Rutulīs victīs et Latīnō interfectō, Aenēās animōs Aborīginum sibi _____ utramque gentem 'Latīnōs' appellandō.
10. Mezentius, rēx Etrūscōrum, quī Caere, in _____ [< opēs] tum oppidō, rēgnābat, _____ Latīnōrum nimium crēscere cēnsēbat.
11. Ille societātem cum Rutulīs _____ et Latīnīs bellum intulit.
12. Aenēās _____ suās in aciem ēdūxit.
13. Post proelium Latīnīs _____ [= secundum] Aenēās _____ [= nūllō locō] appāruit.
14. Cum Ascanius sīve Iūlus, fīlius Aenēae, nōndum _____ [= mātūrus] aetāte, esset, Lāvīnia prō puerō rēgnāvit.
15. Nec tamen inter rēgnum _____ [< mulier] et Ascaniī _____ [< puer] ūlla gēns _____ [< fīnis] Latīnīs bellum intulit.
16. Ascaniō alterum nōmen est 'Iūlus': gēns 'Iūlia' Iūlum _____ nōminis suī esse putat.
17. Fīlius Aenēae novam urbem condidit, quae ab _____ [= locō ubi sita erat] in longō monte Albānō 'Alba Longa' appellāta est.

Exercitium 2

1. *Vīv_____, mea Lesbia, atque am_____!*
2. Aenēās: "Quaecumque es, s____ nōbīs fēlīx et doce____ nōs quō sub caelō et quibus in ōrīs versēmur."
3. Aenēās: "Dī tibi praemia digna fer_____!"
4. Dīdō: *"Ille meōs, prīmus quī mē sibi iūnxit, amōrēs abstulit, ille habe_____ sēcum serv_____que sepulcrō!"*
5. Iuppiter: "Nāvig_____! Hoc est mandātum nostrum!"
6. Aenēās: "Imperium deī ovantēs pare_____!"
7. Dīdō: "Sī necesse est virum impium Italiam attingere, at bellō ex fīnibus suīs pulsus auxilium implōr_____ vide_____que indigna suōrum fūnera!"
8. "Nec in pāce rēgnō fru_____, sed ipse ante diem cad_____ īnsepultus!"

Exercitium 3

1. Ubi postrēmō ēgressī sunt Trōiānī profugī? ...
2. Quōmodo rēx Latīnus Trōiānōs excēpit? ...
3. Quid Latīnus Aenēam interrogāvit? ...
4. Quid fēcit Latīnus cum respōnsum Aenēae audīvisset? ...
5. Cui Lāvīnia, fīlia Latīnī, spōnsa erat? ...

Glossary (right margin):

adventus
auctor
conciliāre
cōnstat
cōpiae
ēvocāre
diffīdere
fīnitimus
īnferre
iungere, societātem i.
mātrimōnium
molestē patī
muliebris
nusquam
nōbilitās
opēs
opulentus
prīmōrēs
prosperus
pūbēs
pueritia
situs
societās
spōnsus
stirps
virīlis

coniūnctīvus <u>*hortātīvus*</u>

6. Num Turnus Lāvīniam uxōrem dūxit? ...
7. Quid fēcit Turnus cum Lāvīnia Aenēae in mātrimōnium data esset? ...
8. Cūr victōrēs Latīnī ex eō proeliō nōn laetī abiērunt? ...
9. Aenēās sōlus rēx factus quōmodo animōs Aborīginum sibi conciliāvit? ...
10. Turnus Rutulīque victī ad quem cōnfūgērunt? ...
11. Quōrum rēx erat Mezentius? ...
12. Num Etrūscī Latīnōs proeliō vīcērunt? ...
13. In eō proeliō quid Aenēae accidit? ...
14. Quis rēgnāvit inter pueritiam Ascaniī? ...
15. Utra māter Ascaniī erat, Creūsane an Lāvīnia? ...
16. Ubi Ascanius rēx novam urbem condidit? ...
17. Quī fīnis erat inter Latīnōs et Etrūscōs? ...

Lēctiō secunda: versūs 69–137

Exercitium 4

1. Ascanius _____ [= genuit] Silvium, quī ita nōminātus est quia _____ [= forte] in silvīs nātus erat.
2. Omnibus rēgibus Albānīs 'Silvius' cognōmen erat, ut Rōmulō Silviō, quī post Agrippam Silvium rēgnum _____ est [= accēpit].
3. Rōmulus Silvius, fulmine _____ [= percussus], Aventīnō rēgnum _____ [= relīquit].
4. Amūlius frātrem Numitōrem rēgnō pepulit, filium eius _____ [= interfēcit] et fīliam eius Ream Silviam virginem Vestālem _____ [= ēlēgit].
5. Ita perpetuā _____ [< virgō] spem _____ [< parere] eī adēmit.
6. Vestālis, cum geminōs fīliōs peperisset, 'sē ā deō Mārte vī _____ esse' affirmāvit.
7. Amūlius īnfantēs in fluvium mittī iussit: tanta fuit rēgis _____ [< crūdēlis]!
8. Nec vērō periērunt puerī quī _____ [< iubēre] rēgis expositī erant.
9. _____ enim, in quō puerī expositī erant, aquā recēdente in siccō relictus est.
10. Tum _____ [f < lupus] _____ [< sitis] ad _____ [< vāgīre] _____ [< puer] cursum flexit.
11. Lupa tam _____ [↔ ferōx] fuisse dīcitur ut īnfantibus ūbera sua _____ [= offerret] eōsque linguā _____.
12. _____ [= duo simul] puerī ā Faustulō, pāstōre rēgiō, inventī sunt.
13. Ut _____ [= adulēscentēs fuērunt] in _____ [= silvīs montium] vēnābantur, neque _____ [= pigrī] domī manēbant.
14. Etiam in _____ praedam ferentēs impetūs faciēbant et praedam iīs ēripuērunt.
15. Sed latrōnēs ex _____ [= locō occultō] Remum cēpērunt atque _____ [↔ vērē] accūsāvērunt 'eum ex agrīs Numitōris praedās agere _____ [< hostis] in modum!'
16. Itaque Remus Numitōrī ad supplicium _____ [= trāditus] est.
17. Numitor, quī Remum in _____ [< cūstōs] habēbat, cum geminōs esse frātrēs audīvisset, nepōtēs suōs servātōs esse _____ [= crēdere incipiēbat], et Remō rem aperuit.
18. Item Faustulus _____ [< necesse] coāctus Rōmulō rem aperuit.
19. Haud _____ [< servus] ingenium erat Rōmulō et Remō.

Lēctiō II

adipīscī
adolēscere
alveus
ambō
avus
cāsū
comprimere
concilium
crūdēlitās
cūstōdia
dēdere
falsō adv
grātulārī
hostīlis
īcere
īnsidiae
interimere
iussū
lambere
latrō
lēgāre
legere
lupa
mītis
necessitās
partus
praebēre
prōcreāre
puerīlis
saltūs
sēgnis
servīlis
sitīre
sōlitūdō
stabulum
suspicārī
vāgītus

20. Amūliō occīsō, geminī Numitōrem, _____ suum, _____
    [↔ cōnsōlantēs] appellant eumque 'rēgem' salūtant.
21. Ille _____ advocātō scelera frātris et orīginem nepōtum ostendit.
22. Ōlim circā montem Palātīnum vāstae _____ [< sōlus] erant.
23. Sāturnī templum _____ [= vetus] est.
24. _____ est casa pecoris.

vetustus
virginitās

Exercitium 5

Dē participiō perfectī

participium perfectī

1. Dīdō: "In lītus _____ [< ēicere] tē excēpī, classem _____
   [< āmittere] restituī..." Haec _____ [< loquī] sermōnem abrumpit.
2. Famulae eam _____ [< collābī] suscipiunt.
3. Latīnus nōbilitātem virī _____ [< admīrārī] amīcitiam cum
   Aenēā fēcit.
4. Ita sōlus rēx duārum gentium _____ [< fierī] Aenēās utramque
   gentem 'Latīnōs' appellāvit.
5. Alba condita est xxx ferē annō post Lāvīnium _____ [< condere].
6. Ascaniī fīlius, cāsū in silvīs _____ [< nāscī], 'Silvius' vocātus est.
7. Rōmulus Silvius fulmine _____ [< īcere] Aventīnō rēgnum lēgāvit.
8. Aventīnus _____ [< sepelīre] in eō colle quī nunc pars urbis Rōmae
   est nōmen collī dedit.
9. Virgō Vestālis vī _____ [< comprimere] geminōs fīliōs peperit.
10. Ita _____ [< gignere] et _____ [< ēducāre] puerī adolēvērunt.
11. Latrōnēs ob praedam _____ [< āmittere] īrātī Remum cēpērunt.
12. Cum Remus _____ [< capere] Numitōrī dēditus esset, Faustulus
    metū _____ [< cōgere] Rōmulō rem aperuit.
13. Rōmulus Albam _____ [< proficīscī] rēgiam oppugnat.
14. Frātrēs in medium _____ [< prōgredī] avum suum 'rēgem'
    salūtāvērunt.
15. Līvius scrīpsit CXLII librōs *Ab urbe* _____ [< condere].
16. Augustus mortuus est annō XIV post Chrīstum _____ [< nāscī].

Exercitium 6

1. Cūr rēgibus Albānīs cognōmen fuit 'Silvius'? ...
2. Uter ē duōbus Procae fīliīs rēgnum accēpit? ...
3. Quōmodo rēx factus est Amūlius? ...
4. Quid fēcit Amūlius nē posterī Numitōris rēgnārent? ...
5. Quid Reae Silviae virginī Vestālī accidit? ...
6. Quid Amūlius geminīs Reae Silviae fierī iussit? ...
7. Ubi servī rēgis geminōs exposuērunt? ...
8. Geminīne in flūmine submersī sunt? ...
9. Cūr nōn fame periērunt geminī expositī? ...
10. Quis lupam īnfantēs alentem et lambentem invēnit? ...
11. Quid pāstor rēgius dē geminīs fēcit? ...
12. Rōmulus et Remus adulēscentēs quid agēbant? ...
13. Ā quibus Remus captus est et rēgī dēditus? ...
14. Quid latrōnēs Rōmulum et Remum accūsāvērumt? ...
15. Num Numitor Remum sibi dēditum pūnīvit? ...
16. Quamobrem Faustulus crēdēbat sē fīliōs rēgiōs ēducāre? ...
17. Cum orīginem suam cognōvissent, quid geminī fēcērunt? ...
18. Amūliō occīsō quis rēx factus est? ...

Lēctiō III	*Lēctiō tertia: versūs 138–196*

Exercitium 7

abdere
abigere
armentum
auspicārī
auspicium
clāva
conditor
cōnfūsus
cōnsulere
convenīre
discrīmen
duplex
eximius
facinus
inde
interīre
molestē ferre
mūgīre
rītus
sacrum
trānsilīre
trepidāre
vultur

1. Cum geminī urbem condere vellent, necesse fuit deōs _____, uter rēgnāret; nec enim aetātis _____ inter eōs fierī poterat.
2. Inter frātrēs _____ [= statūtum est] ut Rōmulus in Palātiō, Remus in Aventīnō _____ [= avēs aspiceret].
3. Remus prior sex _____ aspexit; sed ut hoc _____ nūntiātum est, _____ [= bis tantus] numerus Rōmulō appāruit.
4. Rōmulus igitur in Palātiō urbem condidit; quod cum Remus molestē _____ [= paterētur], novōs mūrōs humilēs _____!
5. _____ [= itaque] Rōmulus frātrem interfēcit atque sōlus rēgnāvit in novā urbe, quae 'Rōma' appellāta est ā nōmine _____ [< condere].
6. Rōmulus _____ [= sacrificia] fēcit nōn sōlum _____ [= modō] Albānō, sed etiam rītū Graecō, ut ab Euandrō Herculī deō īnstitūta erant.
7. Herculēs ōlim cum _____ [= bōbus] ad Tiberim vēnerat.
8. Dum Herculēs quiēscit, latrō Cācus aliquot bovēs eius āversās in spēluncam suam trāxit ibique _____ [= cēlāvit].
9. Herculēs bovēs suās quaerēns, cum vestīgia forās versa vidēret, incertus atque _____ [= turbātus] cēterās bovēs inde _____ coepit.
10. Sed cum bovēs quae abigēbantur _____ [= 'mū' facerent], bovēs in spēluncā inclūsae vōcem reddidērunt, quā audītā Herculēs revertit.
11. Cācus, cum eī resisteret, ictus _____ Herculis _____ [= periit].
12. Euander, postquam _____ [= maleficium] Cācī audīvit, Herculem salvēre iussit eīque ut Iovis fīliō āram vōvit.
13. Bove _____ [= ēgregiā] occīsā, sacrum Herculī factum est.
14. Quī trepidus est _____ dīcitur.

Exercitium 8

-cumque:

quī-cumque = quisquis
quae-cumque
quod-cumque = quid-
    quid
quō-cumque = quōquō
quō-cumque tempore
    = quandō-cumque
quō-cumque locō
    = ubi-cumque

1. Aliquis iānuam pulsat. Quī_____ [= quisquis] est, admitte eum!
2. Quod_____ [= quidquid] accidit, bonum animum habēte!
3. "Esne dea an aliqua Nympha? Quae_____ es, sīs nōbīs fēlīx!"
4. "Hinc tollite mē! In quās_____ terrās mē abdūcite!"
5. Quō_____ [= quōquō] modō Dīdō implōrābat, Aenēās nōn movēbātur.
6. Dīdō: "Exoriātur aliquis nostrīs ex ossibus ultor quī Dardaniōs persequātur colōnōs nunc, ōlim, quō_____ tempore dabuntur vīrēs!"
7. Ascanius, ubi_____ et quā_____ mātre nātus, fīlius Aenēae fuit.
8. Rōmulus: "Sīc deinde pereat quī_____ trānsiliet moenia mea!"

Exercitium 9

1. Ubi Rōmulus et Remus urbem condere cōnstituērunt?...
2. Quod certāmen inter frātrēs geminōs ortum est? ...
3. Quōmodo geminī deōs cōnsuluērunt? ...
4. Quod auspicium Remō vēnit? ...
5. Cūr diī Rōmulō favēre vīsī sunt? ...
6. Quō diē Rōmulus urbem condidit? ...
7. Quōmodo Remus opus frātris dērīsit? ...
8. Quid tum fēcit Rōmulus? ...
9. Cui deō Rōmulus Graecō rītū sacrificāvit? ...
10. Quōmodo Herculēs cum armentō suō Tiberim trānsiit?

11. Quid accidit dum Herculēs dormit? ...
12. Cūr Cācus aversās bovēs caudīs in spēluncam suam trāxit? ...
13. Quōmodo Herculēs bovēs abditās repperit? ...
14. Quid Herculēs fēcit Cācō? ...
15. Quis Herculem ibi salvēre iussit? ...
16. Quid Herculēs prōmīsit? ...

Lēctiō quārta: versūs 197–231

Exercitium 10

1. Amūlius _____ [= frāter patris] Reae Silviae fuit.
2. Illō rēgnante Silvia geminōs fīliōs partū _____ [= peperit].
3. Iussū rēgis servī geminōs expōnunt: opus _____ [< lacrima]!
4. Servus dīxit 'sē suspicārī _____ [= aliquem] deum in geminīs esse, sed alterum plūs _____ [= vīrium] habēre.'
5. Nisi Mārs fīliīs suīs _____ [= auxilium] tulisset, Silvia eōdem diē māter et _____ [: sine līberīs] facta esset.
6. _____ [= geminīs parvulīs] expositīs, servī _____ [= ūmidīs] genīs rediērunt.
7. Aquā fluviī _____ [: recēdente] alveus in _____ [= terrā ūmidā mollī] sēdit in silvā _____ [: sine sōle].
8. Lupa _____ [= quae nūper pepererat] gemellōs _____ [= aluit].
9. _____ est nāvicula levis.
10. Fluvius quī _____ [= tumidus est] lātē super rīpas funditur.
11. Vultū _____ [= dēmōnstrātur] nōbilitās generis.

Exercitium 11

Accūsātīvus cum īnfīnītīvō

1. <u>Nōtum est</u> veter_____ Rōmān_____ crūdēl_____ fu_____.
2. Ignis Vestae Rōm_____ urb_____ aetern_____ es_____ <u>significat</u>.
3. Augustus <u>glōriātus est</u> 'marmoream s_____ relinqu_____ urbem...'
4. Venus <u>prōmīsit</u> 's_____ ips_____ fīlium tūtum ad līmen domūs patriae duct_____ es_____.'
5. Creūsa: "Nōn <u>fās est</u> t_____ hinc comitem port_____ Creūsam."
6. Anchīsēs terr_____ ill_____ longinqu_____ quaerend_____ es_____ <u>cēnsuit</u>.
7. Vir Graecus: "<u>Fateor</u> '_____ Īlium bellō petīv_____.'"
8. Achātēs: "<u>Vidēsne</u> omn_____ tūta es_____ et class_____ soci_____que servāt_____, ita ut dīxit mater tua?"
9. Fāma <u>nārrābat</u> 'Aenē_____ Trōiā vēn_____ et cum Dīdōne concubu_____; e_____ nunc rēgnī oblīt_____ in luxū vīv_____ turpī cupīdine capt_____.'
10. Fāma rēgīnae <u>dētulit</u> 'arm_____ class_____ curs_____que par_____.'
11. Anna: "<u>Crēdisne</u> ciner_____ aut Mān_____ sepult_____ fidem nostram cūr_____? Ego <u>reor</u> nūmine deōrum Trōiān_____ hūc vēn_____."
12. Aenēās: "Numquam <u>negābō</u> 't_____ bene merit_____ es_____ dē mē' ... Neque ego <u>spērāvī</u> h_____ fug_____ cēlārī pos_____."
13. Anna nōn <u>intellegit</u> sorōr_____ furent_____ fūnus par_____.
14. <u>Cōnstat</u> Aenē_____ domō profug_____ prīmō in Macedoniam vēn_____, inde in Siciliam dēlāt_____ es_____, ab Siciliā ad Latium tenu_____.
15. Turnus <u>molestē ferēbat</u> adven_____ sibi praelāt_____ es_____.
16. Mezentius <u>rēbātur</u> op_____ Latīnōrum nimis crēsc_____.

Lēctiō IV

arguere
dēficere
ēdere, partū ē.
fētus
gemellus
lacrimōsus
līmus
linter
nescioquis
nūtrīre
opācus
opem
orbus
patruus
tumēre
ūdus
vigor

nōm + ind:
veterēs Rōmānī
  crūdēlēs fuērunt
Rōma urbs aeterna *est*
"marmoream relinquō
  urbem"
"ip*sa* fīlium... dūc*am*"

terra illa longinqu*a*
  quaerenda *est*
"Īlium bellō petīvī"
omn*ia* tūta *sunt* et classis sociīque servātī
"Aenēās... vēnit et ...
  concubu*it*; nunc rēgnī
  oblītī... vīvunt... captī"
"armātur classis cursus-
  que parātur"
"num cinerēs aut Mānēs
  fidem nostram cūr*ant*?"
...Trōiānī hūc vēnērunt
"tū bene merita *es* dē
  mē" neque h*aec* fuga
  cēlārī pot*est*
soror furēns fūnus par*at*
Aenēās...profug*us...vē-
n*it*... dēlāt*us est...tenuit*

37

advena *mihi* praelāt*us est*
oppid*um...* nimis crēsc*it*
rēgia stirp*s* apud *mē*
    ēduc*ātur...* iussū rēgis
    īnfant*ēs* exposit*ī sunt*
"Mār*s* pat*er est*"

gemin*ī sunt* frātr*ēs:* ne-
    pōt*ēs meī* servāt*ī sunt*
pars gregis abes*t*

"fātum implē*bō*
"tū ... augē*bis* tibique
    āra hīc dic*ābitur*"
puerīs nōn noc*uit* fera!
Ven*us* dea pulcherrima
    est

17. Faustulō <u>spēs erat</u> rēgi_____ stirp_____ apud sē ēduc_____, nam iussū
    rēgis īnfant_____ exposit_____ es_____ <u>sciēbat</u>."
18. Silvia Vestālis, cum geminōs fīliōs peperisset, 'Mārt_____ patr_____
    es_____' <u>affirmāvit</u>.
19. Numitor, cum <u>audīvisset</u> gemin_____ es_____ frātr_____,
    nepōt_____ _____ servāt_____ es_____ <u>suspicābātur</u>.
20. Herculēs, cum part_____ gregis abes_____ <u>sēnsisset</u>, pergit ad proximam
    spēluncam.
21. Herculēs '_____ fātum implēt_____ es_____' <u>ait</u>.
22. Euander: "Māter mea 't_____ deōrum numerum auct_____ es_____'
    <u>cecinit</u> 'tibique ār_____ hīc dicāt_____ _____.'"
23. *Quis <u>crēdat</u> puerīs nōn nocu   fer   ?*
24. Paris Vener_____ de_____ pulcherrim_____ es_____ <u>iūdicāvit</u>.

Exercitium 12

1. Cūr gemellī Reae Silviae 'caelestia sēmina' appellantur? ...
2. Quid servī rēgis Amūliī facere iussī sunt? ...
3. Num servī laetī īnfantēs ferēbant? ...
4. Ā cuius nōmine fluvius Albula 'Tiberis' nōminātus est? ...
5. Quid tunc vidērēs eō locō ubi nunc forum Rōmānum est? ...
6. Cūr servī ad ipsum fluviī cursum prōcēdere nōn potuērunt? ...
7. Quid dīxit alter servus cum geminōs comparāret? ...
8. Vultūs īnfantium aspiciēns quid suspicābātur? ...
9. Tacitīne fuērunt geminī cum expōnerentur? ...
10. Cūr ūmidīs genīs rediērunt servī? ...
11. Quō appulsus est alveus cum puerīs? ...
12. Quae bēstia fera prīmum geminōs expositōs invēnit? ...
13. Num lupa puerīs nocuit? ...

Lēctiō grammatica

Exercitium 13

Lēctiō grammatica

> *Quī cāsus (<u>nōm/acc/gen/dat/abl/voc</u>)? uter numerus (<u>sg/pl</u>)?*
> *quae dēclīnātiō (<u>1/2/3/4/5</u>)? quod genus (<u>m/f/n</u>)?*
> *Exemplum:* agrum *acc sg 2 m* < ager; gentium *gen pl 3 f* < gēns.

cāsus: *nōm, acc, gen,*
    dat, abl, voc

numerus: *sg, pl*

dēclīnātiō: *1,2,3,4,5*

genus: *m, f*

1. (v. 4) classe ...	16. (v. 21) spem ...
2. (v. 5) agrum ...	17. (v. 23) uxōris ...
3. (v. 6) arma ...	18. (v. 24) stirps ...
4. (v. 6) nāvēs ...	19. (v. 27) adventum ...
5. (v. 7) rēx ...	20. (v. 30) certāmine ...
6. (v. 8) advenārum ...	21. (v. 35) rēbus ...
7. (v. 10) aciēs ...	22. (v. 39) opēs ...
8. (v. 10) signum ...	23. (v. 45) cōpiās ...
9. (v. 11) ducem ...	24. (v. 60) sitū ...
10. (v. 15) Trōiānōs ...	25. (v. 76) flūminī ...
11. (v. 16) sēdem ...	26. (v. 86) fīliae ...
12. (v. 17) gentis ...	27. (v. 88) partūs ...
13. (v. 18) bellō ...	28. (v. 105) frātribus ...
14. (v. 18) dextrā ..	29. (v. 107) pecus ...
15. (v. 20) societātem ...	30. (v. 187) nāte ...

Exercitium 14

1. abdere, ab______isse, ab______um esse
2. abigere, ab______isse, ab______um esse
3. adipīscī, ad______um esse
4. adolēscere, ______isse
5. arcessere, ______isse, ______um esse
6. comprimere, com______isse, com______um esse
7. crēscere, ______isse
8. cōgere, co______isse, co______um esse
9. cōnfundere, cōn______isse, cōn______um esse
10. cōnsulere, cōn______isse, cōn______um esse
11. dēdere, dē______isse, dē______um esse
12. īcere, ______isse, ______um esse — īciō -iunt
13. īnferre, ______isse, ______um esse
14. īnstituere, īn______isse, īn______um esse
15. interimere, inter______isse, inter______um esse
16. manēre, ______isse
17. opprimere, op______isse, op______um esse
18. recumbere, re______isse
19. spondēre, ______isse, ______um esse
20. trānsilīre, ______isse

CAPITVLVM ALTERVM ET QVADRAGESIMVM

Cap. XLII

Lēctiō prīma: versūs 1–84

Lēctiō I

Exercitium 1

... quī + *coni. (fīnālis)*

Exemplum: Hostēs lēgātōs mīsērunt, quī (= ut) pācem peterent.

1. Caesar pontem fēcit, quō Rhēnum trānsī______.
2. Rōmulus mūrōs aedificāvit, quibus nova urbs dēfend______.
3. Līctōrēs sūmpsit, quī fascēs et secūrēs ger______ rēgīque anteī______.
4. Lēgātōs ad vīcīnās gentēs mīsit, quī societātem novō populō pet______.
5. Rōmulus Sabīnōs Rōmam vocāvit, quī lūdōs spectā______.
6. Aenēās ad nāvēs praemittit Achātēn, quī Ascaniō haec nūnti____ eumque in urbem dūc____.
7. Amūlius geminōs auferrī iussit, quī in Tiberim expōn______.
8. Mēdus dominō pecūniam surripuit, quā amīcae suae dōnum em______.
9. Senex serit arborēs, quae alterī saeculō prō______.

Exercitium 2

1. Postquam rēs dīvīnās ______ [= bonō rītū] fēcit, Rōmulus ______ [= lēgēs] dedit; neque enim hominēs ______ [< ager] sine lēgibus in ūnum populum ______ poterant.
2. Rōmulus rēx duodecim ______ sūmpsit, quī cum ______ et ______ rēgī ______ [= ante rēgem īrent], et centum senātōrēs ______ [= lēgit].
3. Fascēs et secūrēs sunt ______ imperiī.
4. Sub monte Capitōlīnō Rōmulus ______ aperuit, quō ______ vir, sīve līber sīve servus, ______ [= cōnfugere] poterat.
5. ______ līberī ______ servī [= et l. et s.] multī Rōmam perfūgērunt.

admodum
aegrē
agrestis
anteīre
asȳlum
blandus
cīvitās
coalēscere
concitāre
creāre
cum.. tum

decus
dēsignāre
discurrere
ēscendere
fascis
fugāre
hospitālis
indignātiō
īnsigne
iūra
lēgātiō
lentus
līctor
lūdicrum
mītigāre
occāsiō
opīma, spolia o.
perfugere
profugere
proinde
quercus
quīlibet
rīte
secūris
spectāculum
spernere
spolia
spoliāre
vānus
vīcīnus

6. Ita _____ [< cīvis] aucta est, sed cīvibus mulierēs deerant, neque iīs cōnūbium erat cum _____ [= fīnitimīs] gentibus.

7. Cum fīnitimī Rōmānōs _____ [= dēspicerent], _____ Rōmānōrum haud bene ab iīs recepta est.

8. Rōmānī id _____ passī sunt, sed Rōmulus fīnitimōs ad _____ [= lūdōs] invītāvit eōsque _____ [< hospes] recēpit.

9. Dum omnium oculī ad _____ [< spectāre] conversī sunt, iuvenēs Rōmānī ad virginēs rapiendās _____.

10. Parentēs virginum īrātī _____ [= aufūgērunt].

11. Rōmulus _____ [= īram] virginum _____ [= molliēbat] verbīs _____ [= conciliantibus]:

12. "Vōs cum virīs Rōmānīs in mātrimōniō eritis, in societāte fortūnārum omnium et līberōrum; _____ [= ergō] mollīte īram...!"

13. Cum animī raptārum _____ [= plānē] mītigātī essent, parentēs eārum cīvitātēs _____ [↔ mītigābant].

14. Dum cēterae gentēs _____ [= tardē] agunt et _____ [= tempus idōneum] exspectant, Caenīnēnsēs in agrum Rōmānum impetum faciunt.

15. At _____ [= frūstrā facta] est īra sine vīribus: Rōmulus exercitum eōrum _____ [= in fugam vertit] atque ipse ducem eōrum occīdit et _____.

16. Post proelium in Capitōlium _____ [= ascendit] _____ ducis hostium occīsī prae sē gerēns.

17. Ibi spolia ad _____ sacram dēposuit atque fīnēs templō Iovis Feretriī _____ [= statuit].

18. Spolia quae ad Iovem Feretrium feruntur 'spolia _____' appellantur; trēs tantum ducēs Rōmānī id _____ [= eum honōrem] adeptī sunt.

Exercitium 3
1. Rōmulus rēx quae īnsignia sūmpsit? ...
2. Quās rēs gerunt līctōrēs? ...
3. Quid fēcit Rōmulus ut novōs cīvēs alliceret? ...
4. Quot senātōrēs creāvit Rōmulus? ...
5. Cūr cīvibus Rōmānīs uxōrēs deerant? ...
6. Quōmodo Rōmānī societātem et cōnūbium cum fīnitimīs petīvērunt? ...
7. Cūr aliae gentēs lēgātiōnem Rōmānōrum dīmīsērunt? ...
8 Quārē magnus numerus fīnitimōrum Rōmam vēnērunt? ...
9. Quid fīnitimī Rōmae mīrābantur? ...
10. Dum hospitēs lūdōs spectant, quid fēcērunt iuvenēs Rōmānī? ...
11. Num parentēs fīliās suās dēfendere potuērunt? ...
12. Quōmodo Rōmulus animōs virginum mītigābat? ...
13. Parentēs virginum raptārum quid faciēbant? ...
14. Quī populus prīmum impetum fēcit in agrum Rōmānum? ...
15. Quid fuit exitus eius proeliī? ...
16. Quid fēcit Rōmulus cum ducem hostium occīdisset et spoliāvisset? ...
17. Cui deō Rōmulus tum templum vōvit? ...
18. Ā Rōmulō ad Augustum quotiēs spolia opīma capta sunt? ...

Lēctiō secunda: versūs 85–173   *Lēctiō II*

Exercitium 4

1. Ab advenā ignōtō quaeritur '_____ nātus sit, _____ veniat, _____ eat?'
2. Aenēās: "Mihi patria erat Trōia. Ill_____ nātus sum, ill_____ fugiō, neque ill_____ redīre possum. Nunc dī mē h_____ abīre iubent et Italiam petere. _____ [= illīc] mihi rēgnum parātum est et rēgia coniūnx."
3. Dīdō īrā accēnsa Aenēam intuētur h_____ ill_____ volvēns oculōs.
4. Rōmulus asÿlum aperuit. _____ [= illūc] quīlibet homō perfugere poterat.
5. Rōmulus: "Iuppiter!" H_____ in Palātiō prīma urbī fundāmenta iēcī. Arcem iam Sabīnī habent, _____ [= illinc] h_____ armātī tendunt. At tū, pater deum hominumque, h_____ saltem arcē hostēs! H_____ ego tibi templum voveō."

adverbia locī

ubi?   hīc   ibi = illīc
quō?   hūc   eō = illūc
unde?   hinc inde = illinc

Exercitium 5

1. Caenīnēnsibus victīs, Antemnātēs et Crustumīnī in fīnēs Rōmānōrum _____, sed facile victī sunt atque oppida eōrum capta.
2. Post hās _____ [↔ victōriās] parentēs et frātrēs raptārum Rōmam _____ [= habitātum iērunt].
3. Tarpēia virgō arcem Rōmānam Sabīnīs _____ [= hostibus trādidit], cum Sabīnī eī aureās _____ prōmīsissent; nec vērō id _____ [= sine poenā] fēcit, nam ā Sabīnīs necāta est!
4. Rōmānī montem subiērunt, ut arcem _____ [= rūrsus caperent], sed _____ [↔ aequō] locō pugnantēs fugātī sunt.
5. Mettius, dux Sabīnōrum, _____ [= sparsōs] ēgit Rōmānōs.
6. Rōmulus Iovem precātus est ut Rōmānīs terrōrem _____ [= adimeret] et fugam _____ .
7. Rōmānī _____ [= statim] pugnam _____ [= renovāvērunt] et Rōmulus ad prīmōrēs _____ [: properāvit quasi volāns].
8. Mettius _____ [= clāmābat]: "Vīcimus _____ [↔ bellicōsōs] hostēs!" sed Rōmulus cum _____ [= turbā] mīlitum eum pepulit.
9. Mettius _____ [= vix] ē perīculō _____ .
10. Iam Rōmānī Sabīnōs _____ [= turbāre ac fugāre] coepērunt.
11. Tum Sabīnae, quās cōnūbiī cum Rōmānīs nōn _____ [= taedēbat], sē inter aciēs _____ coniēcērunt patrēs ac virōs ōrantēs 'nē sanguine _____ [= īnfandō] sē _____ [= aspergerent]!'
12. Mulierēs Sabīnae id quod ōrābant _____ [= adeptae sunt].
13. Ducēs ad _____ faciendum _____ [= prōcessērunt].
14. Rēgnum _____ [= commūne fēcērunt], nec sōlum commūne, sed etiam _____ [> concordia] fuit rēgnum duōbus rēgibus.
15. Rōmulus populum in trīgintā _____ dīvīsit et trēs _____ [< centum] equitum _____ .
16. Cīvēs Rōmānī '_____' appellantur ā Curibus, oppidō Sabīnōrum.

aegrē
armilla
centuria
clādēs
clāmitāre
concors
cōnfestim
cōnscrībere
cōnsociāre
cūria
dēmere
effūsus
ēvādere
foedus
fundere
globus
imbellis
impetrāre
impūne
īnfēstus
inīquus
invādere
iterāre
migrāre
nefandus
pigēre
prōdere
prōdīre
prōvolāre
Quirītēs
reciperāre
respergere
sistere

Exercitium 6

1. Oppidīs vīcīnīs captīs quō cīvēs migrāvērunt? ...
2. Num Sabīnī arcem Rōmānam vī cēpērunt? ...
3. Quod praemium Tarpēia ā Sabīnīs postulāvit, ut arcem prōderet? ...
4. Quid eī fēcērunt Sabīnī, postquam in arcem acceptī sunt? ...
5. Quā dē causā Rōmānī sub monte Capitōlīnō fugātī sunt? ...
6. Quid fēcit Rōmulus ut fugam Rōmānōrum sisteret? ...
7. Quid factum est post precēs Rōmulī? ...

8. Quis Mettium Curtium glōriantem pepulit? ...
9. Proeliō renovātō, utrī superiōrēs erant, Sabīnī an Rōmānī? ...
10. Quōmodo pāx facta est inter Sabīnōs et Rōmānōs? ...
11. Quod foedus ducēs Rōmulus et Tatius fēcērunt? ...
12. Quō nōmine cīvēs Rōmānī appellātī sunt? ...
13. Populō in trīgintā cūriās dīvīsō, quae nōmina Rōmulus cūriīs imposuit? ...
14. Quot equitum centuriās cōnscrīpsit Rōmulus? ...

Lēctiō III

Lēctiō tertia: versūs 174–253

Exercitium 7

priusquam/antequam
  + ind/coni

Exempla:
Imperātor mīlitēs hortātur, <u>priusquam/antequam</u> pugna commit<u>titur</u> (*ind.*).
Latīnus ad colloquium prōcessit, <u>priusquam/antequam</u> signum pugnandī
  da<u>rētur</u> [: nē prius signum pugnandī darētur] (*coni.*).
1. Rōmulus auspicātus est, priusquam/antequam Rōmam condid____.
2. Fidēnātēs, priusquam urbs Rōma validior es____, properāvērunt bellum facere.
3. Hostēs perterritī, priusquam equitēs impetum fac_____, terga vertērunt.
4. Paulō antequam sōl ortus ____, Trōiānī ōram Italiae cōnspexērunt.
5. Priusquam portae claud_____ [: claudī potuērunt], Rōmānī in oppidum irruērunt.

Exercitium 8

acceptus
aliquamdiū
arguere
concursus
cōntiō
convalēscere
coorīrī
dēlābī
dēnsus
dīmicāre
excīre
fānum
hodiernus
immittere
īnsidiae
īnspērātus
irrumpere
mīlitia
modicus
obvius
oppōnere
patrēs
percellere
plēbs
populārī
praesidium
sublīmis
vāstāre

1. Cum rēx Tatius Lāvīniī, _____ [< concurrere] factō, interfectus esset, pāx _____ [= nōn spērāta] fuit cum Lāviniō.
2. Sed bellum ortum est cum Fidēnātibus, quī Rōmam prope sē nimis _____ [= validam fierī] cēnsēbant.
3. Exercitum _____ [< in + mīsērunt], ut _____ [< vāstus] ager inter Rōmam ac Fidēnās.
4. Exercitus cum magnō pavōre agrestium _____ [= vāstābat].
5. Rōmulus partem exercitūs locīs occultīs in _____ locāvit, ipse ad portās Fidēnārum accēdēns hostēs ad pugnam _____ [= ēvocāvit].
6. Illī, cum numerum Rōmānōrum _____ [= nōn magnum] contemnerent, ērūpērunt ac Rōmānōs, quī fugam simulābant, persecūtī sunt.
7. Ut Rōmānī ex īnsidiīs exortī in latus eōrum impetum fēcērunt, māximō terrōre _____ [= percussī] terga vertērunt.
8. Rōmānī persequentēs priusquam portae _____ [= contrā pōnerentur] in oppidum _____ [↔ ērūpērunt].
9. Cum Vēientibus prosperē _____ [= pugnāvērunt] Rōmānī.
10. Hīs rēbus domī _____que gestīs, Rōmulus rēx populō et māximē mīlitibus _____ [= grātus] fuit.
11. Dum rēx _____ mīlitum in Campō habet, tempestās cum tonitrū _____ [= orta] est, quae eum _____ [↔ tenuī] nimbō operuit.
12. Post tempestātem, cum rēx nusquam appāruit, mīlitēs _____ [= aliquantum temporis] maestī siluērunt.
13. _____ [= senātōrēs] vērō 'rēgem _____ [= ad caelum] raptum esse' dīxērunt omnēsque eum 'deum deō nātum' salūtāvērunt.
14. Sed aliquī ex _____ [= plēbēiīs] 'eum ā senātōribus interēmptum esse' clam _____ [= accūsābant].

15. Tum senātor "Quirītēs!" inquit, "Rōmulus prīmā _____ [< hodiē]
lūce dē caelō repente _____ mihi _____ fuit [= obviam iit]."
16. _____ [= templum] in colle Quirīnālī Rōmulō deō dicātum est.
17. _____ dīcitur numerus mīlitum locātus ad dēfendendum locum.

Exercitium 9

cōnsilium, voluntās:
(1) ... ut + coni
(2) ... quī + coni
(3) ... ad + ger
(4) ... supīnum
(5) ... ger + causā

Lēgātī missī sunt...
1. ut pācem pet_____.
2. quī pācem pet_____.
3. ad pācem pet_____.
4. pācem pet_____.
5. pācis pet_____ causā.

Exercitium 10

1. Num Rōmulus mortem rēgis Tatiī lūgēbat? ...
2. Cūr Fīdēnātēs Rōmānīs bellum intulērunt? ...
3. Unde Rōmānī in latus Fīdēnātium impetum fēcērunt? ...
4. Quōmodo Rōmānī oppidum Fīdēnās cēpērunt? ...
5. Vēientibus victīs, cūr Rōmulus urbem eōrum nōn cēpit? ...
6. Quid Vēientēs post clādem fēcērunt? ...
7. Ā Rōmulī rēgnō quot annōs Rōma tūtam pācem habēbat? ...
8. Quī appellābantur equitēs quī corpus rēgis custōdiēbant? ...
9. Utrīs Rōmulus rēx grātior fuit, patriciīs an plēbēiīs? ...
10. Quid ēvēnit in Campō Mārtiō cum rēx cōntiōnem mīlitum habēret? ...
11. Cum sēdēs rēgia vacua esset, quid senātōrēs affirmābant? ...
12. Omnēsne hoc crēdēbant? ...
13. Quārē Proculus Iūlius fābulam nārrāvit 'Rōmulum sibi obvium fuisse'? ...
14. Quid Rōmulus Proculō imperāvit?
15. Ubi fānum Rōmulō deō dicātum est? ...
16. Quō nōmine appellātur Rōmulus deus? ...

Lēctiō quārta: versūs 254–353

Lēctiō IV

Exercitium 11

acc/gen/abl + gerun-dīvum adiectīvum

1. Aenēās cupidus cīvibus inclūsīs auxili____ ferend____ [= auxilium ferendī]
in rēgiam penetrāvit.
2. Dīdō puer____ intuend____ [= puerum intuendō] incenditur.
3. Aborīginēs ad arcend____ v____ advenārum concurrunt.
4. Sabīnī convēnērunt studiō nov____ urb____ vidend____ [= novam urbem
videndī].
5. Iuvenēs Rōmānī ad rapiend____ virgin____ discurrunt.
6. Bīna tantum spolia opīma capta sunt: adeō rāra fuit fortūna e____ decor____
adipīscend____ [= id decus adipīscendī].
7. Tatius aur____ pollicend____ [= aurum pollicendō] Tarpēiae persuāsit.
8. Rōmānī cupiditāte arc____ reciperand____ [= arcem reciperandī] accēnsī
montem subiērunt.
9. Patrēs populō iūs rēg____ creand____ [= rēgem creandī] dedērunt.
10. Numa cum deā Ēgeriā sermōnēs habuisse dīcitur dē sacr____ faciend____.
11. Tum Numa ad sacerdōt____ creand____ animum advertit.
12. Multitūdō omnis ā vī et armīs ad rēs dīvīn____ cūrand____ conversa est.
13. Fīnitimī urbem positam esse ad turband____ omnium pāc____ crēdiderant.
14. Iam vērō Rōmānōs dīligentissimōs in di____ colend____ et in pāc____
cōnservand____ vīdērunt.

Exercitium 12

adorīrī
aduncus
advertere
ancīle
assiduus
auctor fierī
augur
colere
concēdere
cōnservāre
dēcernere
deinceps
dīligentia
discrībere
externus
fāstus
faustus
flāmen
gener
imperitāre
indicāre
inicere
integrō, dē i.
interrēgnum
interrēx
lituus
mandāre
mīrāculum
monitū
nefāstus
nocturnus
peregrīnus
saltāre
sānctus
temperāre
uti
ūtilis
vēlāre
violāre

1. Interim certāmen fuit dē rēgnō, quia Sabīnī rēgem Sabīnum volēbant, veterēs Rōmānī rēgem _____ [: ex aliā patriā] nōlēbant.
2. Nē cīvitātem sine rēge hostēs _____ [↔ internī] _____ [= oppugnārent], senātōrēs imperium inter sē cōnsociāvērunt.
3. Dēnī _____ [= aliī post aliōs] quīnōs diēs _____ [= imperābant], quōrum prīncipēs _____ appellābantur et rēgnum eōrum _____.
4. Cum plēbs postulāret ut novus rēx ā sē creārētur, patrēs plēbī quidem _____ [= cessērunt], sed _____ [= statuērunt] ut, cum populus rēgem creāvisset, patrēs _____ fierent.
5. Interrēx: "Quod bonum, _____ fēlīxque sit, Quirītēs, rēgem creāte!"
6. Numa, cum rēx creātus esset, in arcem dēductus est ab _____, quī _____, id est baculum _____ [= curvum], tenēbat.
7. Augur capite _____ [= veste opertō] Iovem precātus est _____ [= ut] certīs signīs Numam rēgem esse _____ [= clārē ostenderet].
8. Numa rēx urbem, quam Rōmulus vī et armīs condiderat, dē _____ [= dēnuō] iūre lēgibusque condidit.
9. Iānō clausō pācem esse _____ [= nōtum fēcit].
10. Annum in XII mēnsēs _____ [= dīvisit] et diēs _____ [< fās] et _____ [< nefās] fēcit, aliāsque rēs _____ [< ūtī] īnstituit.
11. Sacra īnstituit, ut deōrum metum cīvibus _____ [< in + iaceret], et simulābat sē id facere _____ [< monēre] deae Ēgeriae, quācum _____ [< nox] sermōnēs habēre dīcēbātur.
12. Hōc dīvīnō _____ [= rē mīrābilī] animī cīvium permovēbantur.
13. Sacerdōs Iovis _____ [= semper praesēns] '_____ Diālis' appellātur.
14. Saliī, sacerdōtēs Mārtis, '_____', arma caelestia, ferentēs et dīvīna carmina canentēs per urbem _____ solent.
15. Numa Vestālēs lēgit, quās virginitāte _____ fēcit.
16. Deinde _____ suum [= marītum fīliae suae] pontificem lēgit, cui omnia sacra _____ [= cūranda trādidit].
17. Per omne Numae rēgnum pāx _____ [= servāta] est, nec enim fīnitimī fās putābant _____ [< vīs] cīvitātem quae tantā _____ [< dīligēns] deōs _____ [= rēs dīvīnās cūrāret].
18. Numa cīvitātem Rōmānam cum validam, tum bellī et pācis artibus _____ [↔ turbātam] relīquit.
19. Magister: "Animum _____ ad haec vocābula, discipule!"

Exercitium 13

1. Post Rōmulum quod certāmen fuit inter patrēs? ...
2. Quid patrēs timēbant? ...
3. Quī interim Rōmae imperitābant? ...
4. Quid tum plēbs postulābat? ...
5. Cum patrēs populō concēderent, quod iūs sibi retinēbant? ...
6. Post interrēgnum quis rēx creātus est? ...
7. Cūr senātōrēs rēgem peregrīnum probāvērunt? ...
8. Quō augur Numam dēdūxit ut deōs cōnsuleret? ...
9. Quōmodo Iānus bellum et pācem indicat? ...
10. Quotiēs et quandō post Numae rēgnum Iānus clausus est? ...
11. Quōmodo Numa Rōmānīs deōrum metum iniēcit? ..

12. Quōs mēnsēs annō addidit Numa? ...
13. Quis est flāmen Diālis? ...
14. Quem Numa pontificem lēgit? ...
15. Cūr fīnitimī populī Rōmam adortī nōn sunt? ...
16. Comparā duōs rēgēs, Rōmulum et Numam! ...

Lēctiō quīnta: versūs 354–393

Exercitium 14

1. *Respiciunt oculīsque* _____ *sibi quisque puellam.*
2. In mediō _____ [< plaudere] rēx populō signum dedit.
3. Iuvenēs Rōmānī prōtinus _____ [< ex + saliunt].
4. *Ut fugiunt aquilās, timidissima turba,* _____,
   utque fugit vīsōs _____ _____ [= parvula] *lupōs*
   sīc illae timuēre virōs sine lēge ruentēs,
   _____ [= mānsit] *in nūllā quī fuit ante color.*
5. *Nam timor ūnus erat,* _____ [= fōrma] *nōn ūna timōris:*
   pars _____ [= scindit] *crīnēs, pars sine mente sedet.*
6. *Dūcuntur raptae,* _____ [= iugālis] *praeda, puellae...*
7. *"Nōlī tenerōs ocellōs lacrimīs* _____ [= perdere]!"*
8. *Rōmule, mīlitibus scīstī dare* _____ [= bona] *sōlus!*
9. Ante proelium _____ lituō, id est tubā aduncā, canit.
10. Līberī, nātī et _____ [= fīliae], dīcuntur '_____ amōris'.
11. Homō supplex humī _____ [↔ recumbit].
12. _____ est pater uxōris.

Exercitium 15

1. Equō ligneō in lītor____ relictō, Graecī in īnsul____ propinqu____ abiērunt.
2. Lāocoōn hastam in lat____ equī mīsit, sed illa in fīrm____ rōbor____ stetit
   neque in part____ interiōr____ penetrāvit.
3. Anguēs in summ____ arc____ cōnfugiunt ibique sub clipe____ deae latent.
4. Rēgīna Cupīdinem in faci____ Ascaniī mūtātum in gremi____ su____ accipit,
   īnscia quantus deus in gremi____ (/super gremi____) sedeat.
5. Dīdō, quae super lect____ medi____ accubat, noctem variō sermōne trahit
   multa super Priam____ rogitāns, super Hector____ multa.
6. Magnō coortō imbre Dīdō et Aenēās, cum sub tēct____ concēdere nōn
   possent, in spēlunc____ cōnfugiunt.
7. Tarpēia ā Sabīnīs poposcit id quod in sinistr____ man____ habēbant; ergō
   Sabīnī scūta in e____ coniēcērunt! Hoc nārrātur super Tarpēi____.

Exercitium 16

1. Quis poēta scrīpsit librōs quibus titulus est *Ars amātōria*?
2. In illō spectāculō quō conversī erant oculī iuvenum Rōmānōrum? ...
3. Quandō Rōmulus signum praedae dedit? ...
4. Quid tum fēcērunt Rōmānī iuvenēs? ...
5. Mentēs virginum raptārum quae fuērunt? ...
6. Quibus verbīs iuvenēs virginēs cōnsōlābantur? ...
7. Quōmodo mulierēs Sabīnae inter patrēs virōsque pācem fēcērunt? ...
8. Quid mulierēs sēcum ferēbant? ...
9. Quid agēbant parvulī līberī Sabīnārum? ...
10. Remōtīs armīs quid fēcērunt socerī et generī? ...
11. Quī tunc ūsus fuit scūtōrum? ...

Lēctiō V

agna
columba
commodum
cōnstāre
corrumpere
exsilīre
faciēs
geniālis
laniāre
nāta
notāre
novellus
pignus
plausus
prōcumbere
socer
tubicen

in, sub, super
+ *abl/acc*

Lēctiō grammatica

praep + acc/abl

Lēctiō grammatica

Exercitium 17

Praepositiō + accūsātīvus (acc) an ablātīvus (abl)?

1. ā + ... : ā senāt _____
2. ab + ... : ab urb_____
3. ad + ... : ad vīll_____
4. adversus + ... : adversus ōr_____
5. ante + ... : ante templ_____
6. apud + ... : apud medic_____
7. circum + ... : circum coll_____
8. citrā/cis + ... : citrā Tiber_____
9. contrā + ... : contrā nātūr_____
10. cōram + ... cōram popul_____
11. cum + ... : cum uxōr_____
12. dē + ... : dē cael_____
13. ē + ... : ē castr_____
14. ergā + ... : ergā parent_____
15. ex + ... : ex urb_____
16. extrā + ... : extrā moen_____
17. in + ... /....... : *vidē ex. 15!*
18. īnfrā + ... : īnfrā lūn_____
19. inter + ... : inter man_____
20. intrā + ... : intrā vāll_____
21. iuxtā + ... : iuxtā vi_____
22. ob + ... : ob timōr_____
23. per + ... : per fenestr_____
24. post + ... : post terg_____
25. prae + ... : prae dolōr_____
26. praeter + ... : praeter ūn_____
27. prō + ... : prō patri_____
28. prope + ... : prope oppid_____
29. propter + ... : propter īr_____
30. secundum + ... : s. flūm_____
31. sine + ... : sine cūr_____
32. sub + ... /....... : *vidē ex. 15!*
33. super + ... /....... : *vidē ex. 15!*
34. suprā + ... : suprā terr_____
35. trāns + ... : trāns Rhēn_____
36. ultrā + ...: ultrā mar_____

~ēre (= ~ērunt)
ind perf pers 3 pl

Exercitium 18

-ēre/~ēre: *utrum īnf. praes. (īnf) an ind. perf. pers. 3 plūr. (perf)?*
Exemplum: tenēre *īnf,* vēnēre *perf* (= vēnērunt).

1. timēre: ....; timuēre: ....
2. necāvēre: ....; cavēre: ....
3. fēcēre: ....; decēre: ....
4. vīdēre: ....; rīdēre: ....
5. fūgēre: ....; augēre: ....
6. audēre: ....; dedēre: ....
7. tulēre: ....; dolēre: ....
8. movēre: ....; mōvēre: ....
9. ēgēre: ....; egēre: ....

co-orĭtur

Exercitium 19

1. cōnstāre, cōn_____isse
2. convalēscere, con_____isse
3. coorīrī, co_____um esse
4. dēcernere, dē_____isse, dē_____um esse
5. ēscendere, ē_____isse
6. fundere, _____isse, _____um esse
7. invādere, in_____isse, in_____um esse
8. percellere, per____isse, per_____um esse
9. prōcumbere, prō_____isse
10. prōdere, prō____isse, prō____um esse

CAPITVLVM QVADRAGESIMVM TERTIVM

Lēctiō prīma: versūs 1– 76

Exercitium 1

1. Tullus Hostīlius, rēx _____ [= ingeniō] ferōx, proximō rēgī _____ [↔ similis] fuit.
2. Cum nepōs esset Hostiī Hostīliī, ducis clārissimī, _____ [< avus] glōriā _____ [= incitābātur] ad bellum faciendum.
3. Cum Albānī praedās ex agrō Rōmānō ēgissent, lēgātī Rōmānī Albam missī sunt, ut rēs _____, sed superbē dīmissī sunt.
4. Ergō Albānīs bellum indīxērunt, et haec Tullō _____.
5. Eōdem tempore lēgātī Albānī rēs repetentēs Rōmae benignē exceptī sunt atque convīviō rēgis _____.
6. Interrogātī 'quid petītum vēnissent?' sē _____ [= excūsāre] coepērunt, 'cum _____ [= nōlentēs] aliquid quod Tullō _____ [↔ placēret] dictūrī essent.'
7. "Rēs repetītum vēnimus" inquiunt; "nisi redditae erunt, bellum vōbīs _____ iussī sumus."
8. Ergō _____ [= ab utrāque parte] bellum parābātur.
9. Hoc bellum inter populōs _____ [= ab eōdem ortōs] _____ [< cīvēs] bellō simile erat.
10. Inter Rōmam et (castra) _____ [< stāre] Albāna breve _____ erat.
11. Rēge Cluiliō mortuō Albānī Mettium _____ [< dictāre] creant.
12. Cōpiīs in aciem ēductīs ducēs prōcessērunt ad colloquium dē rē quae ad utrumque populum _____.
13. Mettius Tullum monuit 'exercitūs pugnantēs spectātum īrī ab Etrūscīs, ut eōs pugnā cōnfectōs _____ [= oppugnārent].'
14. Ergō frātrēs _____, ternī Horātiī Cūriātiīque, quī forte in utrōque exercitū erant, rogātī sunt ut prō suā utrīque patriā pugnārent.
15. Horātiī et Cūriātiī nec aetāte nec vīribus _____ [= imparēs] fuērunt.
16. Ante pugnam foedus _____ est hīs verbīs: "Is populus cuius cīvēs hōc certāmine vīcerit, alterī populō cum bonā pāce imperitābit."
17. Nōmen 'fossa Cluilia' vetustāte _____ [= ē memoriā exiit].
18. Quī senex fierī incipit _____ dīcitur.
19. _____ [= quantō] altiōrēs sunt mūrī, _____ [= tantō] facilius oppidum dēfenditur.

Exercitium 2

1. Domitiānus templum Iovis <u>tantīs</u> dīvitiīs exōrnāvit ____ nihil magnificentius fierī pos_____.
2. Domus Nerōnis <u>ita</u> aurō splendēbat ____ 'domus aurea' nōminā_____.
3. Nerō ipse domum suam perfectam <u>ita</u> probāvit ____ 'sē' dīc_____ 'quasi hominem tandem habitāre coepisse!'
4. Rēx Sāturnus <u>tantā</u> iūstitiā fuisse dīcitur ____ nēmō servī_____ sub illō.
5. Sōl flagrāns agrōs siccōs <u>adeō</u> torrēbat ____ nec herbam nec frūmentum ferre pos_____.
6. <u>Tanta</u> opibus Etrūria erat ____ tōtam Italiam fāmā nōminis suī implēv_____.
7. <u>Tantum</u> opēs Latīnōrum crēverant ____ nūllī fīnitimī arma movēre ausī s_____.
8. Lupa <u>adeō</u> mītis fuisse dīcitur ____ īnfantibus ūbera praebē_____.

aggredī
avītus
cīvīlis
cognātus
dictātor
dispār
displicēre
dissimilis
īcere, foedus ī.
indīcere
indolēs
interesse
invītus
obolēscere
pertinēre
pūrgāre
quō ... eō
renūntiāre
repetere, rēs r.
senēscere
spatium
statīva
stimulāre
trigeminī
utrimque

ut cōnsecūtīvum

9. Iam rēs Rōmāna adeō erat valida ____ cuilibet fīnitimārum cīvitātum bellō pār es_____.

10. Ā Rōmulō vīribus datīs tantum valuit urbs Roma ____ in XL deinde annōs tūtam pācem habē_____.

11. Tempestās tam dēnsō nimbō rēgem operuit ____ cōnspectum eius mīlitibus abstul_____.

12. Pāx ita convēnerat ____ Etrūscīs Latīnīsque fluvius Tiberis fīnis es_____.

13. Inter frātrēs convēnit ____ Rōmulus in Palātiō, Remus in Aventīnō auspicā_____.

14. Forte ēvēnit ____ agrestēs Rōmānī ex Albānō agrō, Albānī ex Rōmānō praedās ag_____.

15. Mōs Rōmānōrum est ____ Sāturnālibus servī cum dominīs accumb_____.

16. Venus nova cōnsilia in animō versat: ____ Cupīdō prō Ascaniō veni_____ atque rēgīnam amōre incend_____.

17. Patrēs populō concēdendum esse cēnsuērunt – ita tamen ____ nōn plūs iūris da_____ quam retinē_____.

18. Foedus ictum est inter Rōmānōs et Albānōs hīs lēgibus ____ cuius populī cīvēs eō certāmine vīcissent, is alterī populō imperitā_____.

Exercitium 3

1. Numā mortuō quem rēgem populus creāvit? ...
2. Cuius nepōs fuit Tullus Hostīlius? ...
3. Comparā rēgēs Numam et Tullum! ...
4. Quam causam bellī faciendī invēnit Tullus? ...
5. Quārē Rōmānī et Albānī inter sē lēgātōs mīsērunt? ...
6. Quōmodo lēgātī Albānī Rōmae exceptī sunt? ...
7. Uter populus prius lēgātōs rēs repetentēs dīmīsit? ...
8. Quid tum fēcērunt lēgātī Rōmānī? ...
9. Cūr bellum inter Rōmam et Albam simile fuit bellō cīvīlī? ...
10. Ubi locāta sunt castra Albāna? ...
11. Post mortem rēgis Cluiliī quis fuit dux Albānōrum? ...
12. Cōpiīs in aciem ēductīs, quid Mettius Tullō nūntiāvit? ...
13. In colloquiō ducum quid Mettius sē metuere dīxit? ...
14. Quōmodo Albānī et Rōmānī magnum proelium vītāvērunt? ...
15. Quibus condiciōnibus trigeminī dīmicāvērunt? ...

Lēctiō secunda: versūs 77–153

Exercitium 4

Lēctiō II

uter, *pl* utrī
neuter, *pl* neutrī
alter, *pl* alterī
uterque, *pl* utrīque
utrimque *adv*

1. _____ rēx bellicōsior fuit, Rōmulusne an Tullus?
2. _____ rēx bellicōsus fuit, _____ eōrum pācem servābat.
3. Discordia fuit inter Rōmānōs et Albānōs, cum _____ [: et Rōmānī et Albānī] praedās ex _____ agrīs ēgissent.
4. _____ [= ex utrāque parte] lēgātī ad rēs repetendās missī sunt.
5. Tullus: "Deōs faciō testēs _____ prius populus _____ populī lēgātōs rēs repetentēs superbē dīmīserit!"
6. Bellum _____ omnibus vīribus parābātur.
7. Ante pugnam Mettius "Ineāmus viam" inquit, "quā sine multō sanguine _____ populī dēcernī possit _____ _____ imperent."
8. In _____ exercitū erant trigeminī frātrēs, Horātiī Cūriātiīque; eōs rogant rēgēs 'ut _____ prō suā patriā dīmicent'.
9. _____ [: nec Horātiī nec Cūriātiī] recūsāvērunt.

48

10. Foedus ictum est hīs lēgibus 'ut populus cuius cīvēs eō certāmine vīcissent is _____ populō cum bonā pāce imperitāret."

11. Rōmānī et Albānī _____ suōs adhortābantur.

12. Cum singulī superessent, _____ incolumis fuit, _____ vulnerātus.

13. Post pugnam _____ suōs mortuōs sepeliunt.

Exercitium 5

1. Dum utrīque suōs _____ [= hortantur], ternī iuvenēs concurrunt.

2. Duo exercitūs _____ castrīs [= ante castra] stantēs illam pugnam dē pūblicō imperiō aut _____ [= servitūte] intentī spectant.

3. Arma _____ [= strepitum fēcērunt] nec tantum _____ [< movēre] corporum et _____ [< agitāre] _____ [= in utramque partem] gladiōrum, sed etiam vulnera spectābantur.

4. Tribus Albānīs vulnerātīs, duo Rōmānī _____ [= morientēs] concidērunt, ūnus vērō _____ [= incolumis] fuit.

5. Horātius, cum tribus Albānīs vulnerātīs _____ [= nūllō modō] pār esset, intellēxit pugnam dīvidendam esse, ut singulōs vinceret.

6. Ergō fugere coepit, et respiciēns vīdit trēs Albānōs vulnerātōs sē magnīs _____ [= spatiīs interiectīs] persequī.

7. Citō conversus proximum Albānum cecīdit, dum exercitus Albānus alterīs _____ [= clāmōre suādet] ut frātrī auxilium ferrent.

8. Victor gladiō _____ [= nōn tāctus] alterum Albānum interfēcit, priusquam tertius eum cōnsequī posset.

9. Iam tertius Albānus, quī vulnere et cursū fessus _____ [= caedem] frātrum vīderat, sōlus victōrī hostī _____ [= oppositus] est.

10. Horātius citō pugnā _____ est [= pugnam cōnfēcit]: Cūriātiō gladium in _____ dēfīxit eumque spoliāvit.

11. Horātiō spolia Cūriātiī prae sē gerentī obviam vēnit soror, quae Cūriātiō _____ [= spōnsa] fuerat.

12. Ut super frātris umerōs _____ [= pallium] spōnsī agnōvit, _____ [= cum flētū] eum mortuum lūget.

13. Incitātus _____ [< complōrāre] sorōris Horātius eam verbīs _____ atque gladiō _____!

14. Ob hoc facinus _____ [= crūdēle] Horātius ā _____ [= duōbus virīs] in iūs (in iūdicium) vocātus est.

15. Lēgis verba haec erant: "Duumvirī _____ [: scelus māximum] iūdicent. Sī vincent, caput _____ [= vēlātō]! Īnfēlīcī arborī _____ [= fūne] _____! Verberātō vel intrā vel extrā _____!"

16. In nōmine *Iuppiter* _____ [< geminus] littera *p*.

adhortārī
agitātiō
anceps
atrōx
complōrātiō
dēfungī
dēspondēre
duumvirī
exspīrāre
flēbilis
gemināre
inclāmāre
increpāre (*bis*)
intāctus
integer
intervāllum
iugulum
mōtus
nēquāquam
obicere
obnūbere
palūdāmentum
perduelliō
pōmērium
prō
restis
servitium
strāgēs
suspendere
trānsfīgere

Exercitium 6

1. Quid trigeminīs pugnantibus ob oculōs versābātur? ...

2. Post prīmum concursum quid spectāculō fuit? ...

3. Cūr exercitus Albānus gaudiō conclāmāvit? ...

4. Incolumēsne erant trēs Albānī? ...

5. Horātiusne vulnerātus erat? ...

6. Sōlusne Horātius simul cum tribus Albānīs pugnāvit? ...

7. Quōmodo pugnam eōrum dīvīsit? ...

8. Cūr facillimē victus est tertius Cūriātius? ...

9. Quōmodo Horātius victor ā Rōmānīs acceptus est? ...

10. Ubi sepultī sunt duo Horātiī et trēs Cūriātiī?

11. Quid Tullus Mettiō imperāvit? ...
12. Ā quibus hostibus Tullus bellum timēbat? ...
13. Quid Horātius victor rediēns prae sē gerēbat? ...
14. Quis Horātiō obviam iit ante portam Capēnam? ...
15. Quid fēcit Horātius cum soror eius mortem Cūriātiī lūgēret? ...
16. Populusne Rōmānus hoc facinus probāvit? ...
17. Quī iūdicēs perduelliōnem iūdicant? ...
18. Quid est pōmērium? ...

Lēctiō III

Lēctiō tertia: versūs 154–230

Exercitium 7

Mūtā ōrātiōnem <u>oblīquam</u> *('...') in* <u>rēctam</u> *("...") aut rēctam in oblīquam!*
Exemplum: Horātius dīxit 'sē ad populum prōvocāre': "Ad populum
    prōvocō."

ōrātiō <u>rēcta</u>: ipsa verba
  loquentis ("...")
↔ ōrātiō <u>oblīqua</u> ('...')

oblīquus -a -um:
  / līnea oblīqua
  | līnea rēcta

1. Hōrātius pater prōclāmāvit 'sē fīliam <u>suam</u> iūre caesam iūdicāre!':
   "_____ fīliam _____ iūre caesam iūdic__!"
2. Mettius Fidēnātibus 'sē ad <u>eōs</u> trānsitūrum esse' prōmīsit: "Ad _____
   trāns_____, Fidēnātēs!"
3. Eques nūntiat rēgī 'abīre Albānōs!': "Ab_____ Albān_____!"
4. Rēx eum 'redīre in proelium' iubet: "Red_____ in proelium!"
5. Tullus dīxit 'suō iūssū circumdūcī Albānum exercitum': "_____ iussū
   circumdūc_____ Albān_____ exercit_____."
6. Post proelium rēx dīxit 'iniussū _____ Albān_____ subi_____ ad
   montēs': "Iniussū <u>meō</u> Albānī subiēre ad montēs"
7. Latīnus Trōiānōs interrogāvit 'unde venī_____ et quid quaer_____':
   "Unde ven_____ et quid quaer_____?"
8. Trōiānī respondērunt 'sē Trōiā ven_____ et novam sēdem quaer_____':
   "Trōiā ven_____ et novam sēdem quaer_____."
9. Rōmulus: "Iuppiter! Dēm_____ terrōrem Rōmānīs fugamque foedam
   sist_____!" Rōmulus Iovem ōrāvit 'ut dēm_____ terrōrem Rōmānīs
   fugamque foedam sist_____!'

Exercitium 8

absolvere
circumdūcere
citātus
colligāre
condemnāre
cōnfluere
cornū
crīmen
cruciātus
decorāre
dēficere
dēfōrmis
dīrigere
foeditās
interclūdere
iūdex
laqueus
līberātor
palam

1. Duumvirī, _____ sevērissimī, Horātium _____ [= poenam
   meruisse iūdicāvērunt].
2. Līctor manūs eius _____ et collō _____ inicere iussus est.
3. Horātius vērō ad populum _____, ut novum iūdicium fieret.
4. _____ [< prōvocāre] factā, in eō iūdiciō pater Horātiī senex
   _____ [= pūblicē clāmāvit] 'fīliam suam iūre caesam esse'!
5. Pater fīlium suum, quem modo _____ [< decus] ovantemque
   victōriā vīderat, inter verbera et _____ [< cruciāre] vidēre nōluit,
   nec populus Rōmānus tam _____ [= foedum] spectāculum ferre potuit.
6. Ergō populus tam grave _____ neglēxit ac _____
   [< līberāre] urbis Rōmae _____ [↔ condemnāvit].
7. Virtūs Horātiī eum ā tantā _____ suppliciī [= ā tam foedō suppliciō]
   dēfendit.
8. Mettius, cum īram _____ [= populī] Albānī sentīret, prāvīs cōnsiliīs
   animōs _____ [= cīvium] sibi _____ temptāvit.
9. Quoniam bellum _____ [↔ clam] gerere nōn audēbat, clam
   _____ [< prōdere] parābat.
10. Persuāsit Fidēnātibus ut ā sociīs Rōmānīs _____ et cum Vēientibus
   bellum īnferrent Rōmānīs.

11. Tullus contrā hostēs dūcit et cum Mettiō et exercitū Albānō castra locat ubi
    Tiberis et Aniō fluviī _____.
12. In aciē Vēientēs dextrum _____ tenuērunt, sinistrum Fidēnātēs;
    Tullus Rōmānōs adversus Vēientēs _____, Albānōs contrā Fidēnātēs.
13. Mettius vērō exercitum suum _____ [= paulātim] ad montēs abdūxit!
14. Cum Rōmānī mīrārentur cūr Albānī abīrent, Tullus prōclāmāvit 'suō iussū
    _____ Albānum exercitum ut Fidēnātium terga invādat.'
15. Itaque Fidēnātēs, nē _____ ab oppidō, terga vertērunt.
16. Fidēnātibus fugātīs, Tullus in Vēientēs aliēnō pavōre ac _____
    [< trepidāre] perculsōs, impetum fēcit eōsque fūdit.
17. Equus _____ est quī citō currit.

Exercitium 9
1. Cūr duumvirī Horātium nōn absolvērunt? ...
2. Quid līctor iussus est? ...
3. Ā duumvirīs condemnātus quid fēcit Horātius? ...
4. Quis Horātium in eō iūdiciō dēfendit? ...
5. Quid pater Horātiī populum ōrābat? ...
6. Quid senex pater ostentāvit? ...
7. Cūr Horātius ā populō Rōmānō absolūtus est? ...
8. Quamobrem īrātum erat vulgus Albānum? ...
9. Quōmodo Mettius animōs cīvium reconciliāre cōnātus est? ...
10. Cūr Fidēnātēs ā sociīs Rōmānīs ad Vēientēs dēfēcērunt? ...
11. Ubi proelium cum Fidēnātibus Vēientibusque factum est? ...
12. In aciē contrā quōs īnstrūctī sunt Albānī? ...
13. Quid fēcit Mettius, cum palam ad hostēs trānsīre nōn audēret? ...
14. Quārē Fidēnātēs terga vertērunt? ...
15. Quid Vēientēs ab effūsā fugā arcēbat? ...
16. Inter hoc proelium quid fēcerat Mettius et exercitus Albānus? ...
17. Rōmulus: "Iuppiter! Dēm__ terrōrem Rōmānīs fugemque foedam sist____!"
    Rōmulus Iovem ōrāvit 'ut dēm_____ terrōrem Rōmānīs fugamque foedam
    sist_____.'

Lēctiō quārta: versūs 231–298

Exercitium 10
1. Anchīsēs: "Dī caelestēs, sī mē vītam prōdūcere volu_____, hanc patriam
   mihi servāv_____."
2. Īlioneus: "Sī rēgem et sociōs salvōs invēn_____, Italiam petēmus."
3. Dīdō: "Nisi certum mihi es_____ nūllī virō nūbere, amōrī Aenēae fortasse
   succumb_____."
4. Anna: "Quanta erit glōria tua, sī cum duce Trōiānōrum tē coniūnx____!"
5. Dīdō: "Sī īnfantem dē tē habē_____, sī quī parvulus Aenēās in aulā meā
   lūd_____, nōn omnīnō dēserta vidē_____."
6. Dīdō: "Etiam sī pugnae fortūna dubia fu_____, quem metuī moritūra? Facēs
   in castra tul_____, carīnās flammīs dēlēv_____, filium patremque
   cum genere exstīnx_____ – et ipsa mēmet super eōs iēc_____!"
7. Dīdō: "*Fēlīx, heu, nimium fēlīx* [essem] – *sī lītora tantum
   numquam Dardaniae tetig_____ nostra carīnae!*"
8. Gemitū et ululātū fēminārum tēcta resonant – nōn aliter quam sī omnis
   Karthāgō ab hostibus capta es_____ flammaeque furentēs per aedēs
   hominum atque deōrum volv_____.

populārēs
prōclāmāre
prōditiō
prōvocāre
prōvocātiō
reconciliāre
sēnsim
trepidātiō
vulgus

Lēctiō IV

sī/nisi

+ *fut perf*
  coni imperf
  coni plūsqperf

9. *"At sī quis vestrae deus es_____ orīginis auctor,
in tam praecipitī tempore fer_____ opem."*
10. *"Fer_____ opem certē, sī nōn ope māter egē_____."*
11. Haec precātus, velut sī sēns_____ audītās precēs, "Hinc" inquit Rōmulus, "Rōmānī, Iuppiter resistere atque iterāre pugnam iubet."
12. Interrēx: "Sī rēgem dignum creāv_____, patrēs auctōrēs fīent."
13. *Rōmule, mīlitibus scīstī dare commoda sōlus:
haec mihi sī ded_____ commoda, mīles erō!*
14. Horātius ā tribus Cūriātiīs victus _____, nisi fugā suā pugnam eōrum dīvīs_____.
15. Tullus: "Albānī ducem secūtī sunt, ut et vōs, sī ego inde agmen abdūcere volu_____, fēc_____."
16. Tullus: "Sī ipse discere pos_____ fidem ac foedera servāre, vīvum tē id docu_____ ."

Exercitium 11

at
centuriō
circumsistere
continēns
cōntiōnārī
culpa
dīmicātiō
dīruere
distrahere
dīversus
ductor
duplicāre
ēdīcere
effringere
grātulārī
hesternus
illūcēscere
iniussū
īnsānābilis
lacerāre
ligāre
maestitia
miserābilis
occupāre
passim
perfidia
pulvis
quadrīgae
ruīna
ruptor
saepīre
supplēre
trādūcere
turma
vagārī
violāre

1. Mettius, quī proelium spectāverat, Tullō dē victōriā _____ est
2. Ubi _____ [= lūcēre coepit], duo exercitūs ad cōntiōnem vocātī sunt.
3. Albānī proximī stābant, ut Tullum dē proeliō _____ [= herī factō] _____ [= prō cōntiōne loquentem] audīrent.
4. Mīlitēs Rōmānī Albānōs _____ [= circumdant] .
5. Ibi Tullus dīxit 'Albānōs _____ [↔ iussū] suō ad montēs abiisse!'
6. "Nec _____ omnium Albānōrum est" inquit; "ducem secūtī sunt: Mettius est _____ [< dūcere] itineris et foederis _____ [< rumpere]."
7. Tullus, quī nōn magis cum hostibus quam cum _____ [< perfidus] sociōrum dīmicāverat, hanc _____ [< dīmicāre] perīculōsiōrem esse cēnsēbat.
8. Dum _____ [< centuria] Mettium _____ [= cingunt], Tullus "Mettī Fūfētī!" inquit "Quoniam tuum ingenium _____ est [= sānārī nōn potest], _____ [= saltem] tū tuō suppliciō docē hūmānum genus ea sāncta crēdere quae ā tē _____ sunt!"
9. Cum Mettius ad duōs currūs _____ [= vīnctus] esset, _____ [= quaternī equī] in _____ [= contrāriās] partēs concitātī sunt: ita corpus eius _____ [= laniātum] est.
10. Ut Mettius animum inter Fidēnātēs Rōmānōsque ancipitem gesserat, ita corpus eius in duās partēs _____ est.
11. Tullō in animō erat populum Albānum Rōmam _____.
12. Post prōditiōnem Mettiī Alba _____ [= dēstrūcta] est.
13. Magna erat _____ [< maestus] Albānōrum, cum postrēmum per domōs suās _____ [= errārent].
14. Cum dīruerentur domūs, _____ velut nūbe omnia implēvit.
15. Agmen _____ [: sine intervāllō] migrantium _____ [< miserārī] urbem relīquit.
16. Rōmānī _____ [= ubīque] pūblica prīvātaque aedificia dīruērunt.
17. Templa ab armātīs _____ sunt, nec vērō dīruta, sīcut ab rēge _____ erat.
18. Numerus cīvium Rōmānōrum _____ [< duplex] est: ita Rōma crēscēbat Albae _____ [< ruere].
19. Tullus ex Albānīs decem equitum _____ lēgit.
20. Ut urbs expugnētur, necesse est portās _____ [< ex + frangere].
21. In hōc exercitiō vocābula quae dēsunt _____ sunt.

Exercitium 12

1. Posterō diē quō vocātī sunt exercitūs? ...
2. Quī rēgī Rōmānō proximī stābant in cōntiōne? ...
3. Quid dīxit Tullus dē dīmicātiōne hesternā?
4. Quem rēx Rōmānus prōditiōnis ac perfidiae accūsāvit? ...
5. Quid Tullō in animō erat facere populō Albānō? ...
6. Cūr iuvenēs Albānī ad haec silentium tenēbant? ...
7. Quid Tullus suppliciō Mettiī hūmanum genus docēre volēbat? ...
8. Quārē legiōnēs Rōmānae Albam missī sunt? ...
9. Num cīvēs Albānī tumultum fēcērunt? ...
10. Cūr cūnctī Albānī urbem suam relīquērunt? ...
11. Quid Tullus dē templīs Albānōrum ēdīxerat? ...
12. Quot annōs urbs Alba steterat? ...
13. Quantō māior factus est numerus cīvium Rōmānōrum? ...
14. Quī mōns urbī additus est? ...
15. Quō senātus ā Tullō Hostīliō auctus conveniēbat? ...
16. Quōmodo Tullus equitātum suum auxit? ...

Lēctiō quīnta: versūs 299–358

Exercitium 13

1. Eā _____ [= eō tempore] Sabīnī gēns opulentissima erat _____ [= post] Etrūscōs.
2. Equitātū auctō, Tullus bellum contrā Sabīnōs summā _____ [= omnibus vīribus] parābat.
3. Ad silvam Malitiōsam Sabīnōs _____ [= plānē vīcit], nam ab equitibus repente _____ turbātī sunt ōrdinēs Sabīnōrum.
4. Interim Albānī sacra Rōmāna _____ aut _____ [< colere] deōrum relīquerant.
5. Pestilentiā ortā, tamen rēx iuvenibus nūllam quiētem dabat ā _____ [= officium mīlitum], _____ [= quoad] ipse morbō affectus est.
6. Tum deōs colere coepit atque etiam populum _____ [= metū deōrum] implēvit.
7. Iam populus eum _____ rērum quī sub Numā fuerat dēsīderābat.
8. Postrēmō rēx Iovis fulmine ictus cum domō suā _____ [= flagrāvit].
9. 'Dē _____' est titulus artis _____ [< ōrātor] quam Cicerō adulēscēns scrīpsit dē inveniendīs _____ [< arguere].
10. In librō II huius operis Cicerō _____ Horātiī affert.
11. Cum Horātius, victīs Cūriātiīs, domum sē _____ [= redīret], soror eius _____ [= iterum iterumque] Cūriātium spōnsum nōmināvit cum _____ [= complōrātiōne]; is tum sorōrem suam occīdit – atque accūsātus est.
12. Verba crīminis, ut "Iniūriā sorōrem occīdistī", '_____' dīcitur.
13. _____ est respōnsum quō crīmen dēpellitur, ut "Iūre occīdī."
14. Quaeritur in iūdiciō 'Iūrene occīderit?' id quod '_____' dīcitur.
15. '_____' dīcitur causa quā factum dēfenditur, ut "Horātia enim hostium mortem lūgēbat, frātrum neglegēbat, meam victōriam molestē ferēbat."
16. '_____' est responsum quō ratiō īnfīrmātur, ut "Nec tamen eam ā frātre _____ [= nōn condemnātam] necārī oportuit."
17. '_____' [< iūdicāre] est 'cum Horātia frātrum mortem neglegeret, hostium lūgēret, frātris et populī Rōmānī victōriā nōn gaudēret, oportueritne eam ā frātre indemnātam occīdī?'

argūmentum
causa
cōnflagrāre
cultus
dēpulsiō
dēvincere
dōnec
identidem
indemnātus
īnfīrmātiō
intentiō
invehere
inventiō
iūdicātiō
lāmentātiō
mīlitia
ope, summā o.
ōrātōrius
quaestiō
ratiō
recipere sē
religiō
secundum
status
suscipere
tempestās

Exercitium 14

1. Exercitū auctō cui gentī Tullus bellum indīxit? ...
2. Quae causae huius bellī afferēbantur? ...
3. Cūr victī sunt Sabīnī ad silvam Malitiōsam? ...
4. Dēvictīs Sabīnīs, quid in monte Albānō factum esse nūntiātum est? ...
5. Quid vōx caelestis Albānōs monuisse dīcitur? ...
6. Cūr ita monendī erant Albānī? ...
7. Cūr iuvenēs Rōmānī mīlitiam recūsāre coepērunt? ...
8. Ubi rēx iuvenum corpora sāniōra esse rēbātur, domīne an mīlitiae? ...
9. Quid accidit cum rēx ipse quoque morbō affectus est? ...
10. Morbōne mortuus est rēx Tullus? ...
11. Quot annōs ille rēgnāvit? ...
12. In quō librō suō Cicerō causam Horātiī affert? ...
13. In eā causā quae est intentiō sīve crīmen? ...
14. Quae est dēpulsiō huius intentiōnis? ...
15. Quae igitur quaestiō est? ...
16. Tūne sorōrem Horātiī iūre caesam esse cēnsēs? ...

Lēctiō grammatica

Exercitium 15

Datur persōna 1 singulāris indicātīvī praesentis.
   Dā īnfīnītīvum praesentis!
Exempla: negō, neg**āre**; legō, leg**ere**; lēgō, lēg**āre**.

ind praes 1 sg	īnf praes
1. -ō, -or	-āre, -ārī
2. -eō, -eor	-ēre, -ērī
3. -ō, -or	-ere, -ī
-iō, -ior	-ere, -ī
4. -iō, -ior	-īre, -īrī
eō	īre
-eō	-īre

1. parō, par____; pariō, par____; reperiō, reper____.
2. dōnō, dōn____; pōnō, pōn____; pūniō, pūn____; cōnor, cōn____.
3. claudō, claud____; laudō, laud____; plaudō, plaud____; audiō, aud____.
4. sentiō, sent____; nūntiō, nūnti____; mentior, ment____.
5. redeō, red____; rīdeō, rīd____; reddō, redd____.
6. ēducō, ēduc____; ēdūcō, ēdūc____; doceō, doc____.
7. pāreō, pār____; pereō, per____; aperiō, aper____; prōcreō, prōcre____.
8. conciliō, concili____; dēsiliō, dēsil____; spoliō, spoli____.
9. cōnficiō, cōnfic____; cōnsociō, cōnsoci____; conveniō, conven____.
10. fugō, fug____; fugiō, fug____; vāgiō, vāg____.
11. servō, serv____; serviō, serv____; solvō, solv____.
12. orior, or____; morior, mor____; glōrior, glōri____; moror, mor____.
13. complector, complect____; comitor, comit____, potior, pot____.
14. cūstōdiō, cūstōd____; ōrdior, ōrd____; prōgredior, prōgred____.
15. nesciō, nesc____; nāscor, nāsc____; nōscō, nōsc____; secō, sec____.
16. abigo, abig____; nāvigō, nāvig____; corrigō, corrig____; ligō, lig____.
17. veniō, ven____; vēneō, vēn____; vēndō, vēnd____; vēnor, vēn____.
18. vincō, vinc____; vinciō, vinc____; cruciō, cruci____; efficiō, effic____.
19. vertō, vert____; certō, cert____; nūdō, nūd____; lūdō, lūd____.
20. indicō, indic____; indīcō, indīc____; dēdicō, dēdic____; necō, nec____.
21. appellō, appell____ /appell____; colligō, collig____/collig____.
22. trucīdō, trucīd____; occīdō, occīd____.

Exercitium 16

ag-gredior -iuntur

1. abolēscere, _____isse
2. aggredī, ag_____um esse
3. dēfungī, dē_____um esse
4. dēspondēre, dē_____isse, dē_____um esse
5. dīrigere, dī_____isse, dī_____um esse

  6. dīruere, dī_____isse, dī_____um esse
  7. effringere, ef_____isse, ef_____um cssc
  8. illūcēscere, il_____isse
  9. increpāre, in_____isse
10. rērī, _____um esse
11. saepīre, _____isse, _____um esse
12. senēscere, _____isse
13. supplēre, sup_____isse, sup_____um esse

CAPITVLVM QVADRAGESIMVM QVARTVM

Lēctiō prīma: versūs 1–90

Exercitium 1

1. Post mortem Tullī Hostīliī interrēx _____ [= concilium ad rēgem creandum] habuit et populus Ancum Mārcium rēgem creāvit.
2. Latīnī, cum novum rēgem ōtiōsum fore crēdēbant, _____ [< incurrere] in agrum Rōmānum fēcērunt.
3. Ancus iūs _____ scrīpsit quō rēs repetuntur et bellum indīcitur.
4. Lēgātus cum fīnēs hostium trānsit et cum oppidum et forum _____ [= intrat] _____ [< postulāre] peragit Iovem testem faciēns.
5. Sī nōn dēduntur quae _____ [= poscit], post XXXIII diēs bellum hīs _____ [= ferē] verbīs indīcit:
6. "Audī, Iuppiter, dīque omnēs caelestēs vōsque _____ [< terra] vōsque _____ [= īnferī], ego vōs _____ [= testēs faciō] hunc populum iniūstum esse neque iūs _____ [= solvere]!"
7. Tum _____ [= lēgātus dē iūre bellī] Rōmam redit ut _____ nātū [: patrēs] cōnsulat, quō _____ [= modō] iūs adipīscantur.
8. Rēx quemque senātōrem sententiam rogat: "Quid cēnsēs?" et ille: "Pūrō piōque _____ [= bellō] rēs quaerendās cēnseō itaque _____ _____que [= dēcernōque]."
9. Cum māior pars senātōrum in eandem sententiam ībat, fētiālis hastam _____ [= ferrō mūnītam] sanguineam ēmittēbat in fīnēs eōrum quī adversus populum Rōmānum _____ [= male fēcerant].
10. Hōc modō tum Latīnīs bellum indictum est, et id _____ [= eum mōrem] posterī accēpērunt.
11. Cūrā sacrōrum sacerdōtibus _____ [= mandātā], Ancus aliquot oppida Latīnōrum vī cēpit et cīvēs eōrum Rōmam trādūxit.
12. Postrēmō urbem Medulliam, quae magnīs _____ [< mūnīre] et praesidiō validō _____ [< fīrmus] erat, expugnāvit.
13. Latīnīs in Aventīnō et valle Murciā sēdēs datae sunt, et Iāniculum quoque urbī adiectum est, nē _____ [= nē umquam] ea arx hostium esset.
14. Ancus aedem Iovis Feretriī _____ [< amplus] atque Carcerem aedificāvit, ut cīvēs ā facinoribus _____ [< clam] dēterrērentur.
15. Imperium Rōmānōrum ūsque ad mare _____ [= extentum] est, Ōstia urbs condita et circā eam _____ [< sāl] factae.
16. Fētiālis dīcitur is quī _____ [= legatus mittitur] ad rēs repetendās et bellum indīcendum.
17. Homō āmēns suae mentis _____ nōn est.

Cap. XLIV

Lēctiō I

amplificāre
clandestīnus
comitia
compos
cōnscīscere
cōnsentīre
dēlinquere
dēmandāre
duellum
exposcere
fermē
ferrātus
fētiālis *adi*
fētiālis *m*
firmāre
incursiō
īnfernus
ingredī
īnstitūtum
lēgāre
māiōrēs nātū
mūnītiō
pactō, quō p.
persolvere
postulātum
prōferre
quandō
salīnae
terrestris
testārī

Exercitium 2

1. Mortuō Tullō Hostīliō quem rēgem populus Rōmānus creāvit? ...
2. Quis fuit avus Ancī Mārciī? ...
3. Ancusne mōrēs avī suī secūtus est? ...
4. Cūr Latīnī incursiōnem in agrum Rōmānum facere ausī sunt? ...
5. Quod iūs scrīpsit Ancus, ut bella rītū indīcerentur? ...
6. Quārē fētiālis mittēbātur ad fīnitimōs quī praedam fēcerant? ...
7. Quid faciēbat fētiālis sī rēs quās repetīverat nōn redditae erant? ...
8. Quibus verbīs rēx quemque senātōrem sententiam rogābat? ...
9. Quōmodo fētiālis bellum indīcēbat? ...
10. Quī cultum deōrum cūrābant dum Ancus bellum gerit? ...
11. Cūr difficile erat Medulliam capere? ...
12. Quōmodo Ancus bellō Latīnō rēs Rōmānās auxit? ...
13. Cūr Ancus Mārcius Carcerem aedificandum cūrāvit? ...
14. Quae aedēs ab Ancō amplificāta est? ...

Lēctiō secunda: versūs 91–158

Exercitium 3

1. Dēmarātus Corinthius ob _____ [= discordiam] cīvium Tarquiniōs _____ [= migrāvit]; ibi filiōs Lucumōnem et Arruntem genuit.
2. Patre mortuō Lucumō omnium bonōrum _____ fuit, nam Arrūns prior quam pater _____ [= mortuus erat], neque pater sciēbat _____ [= uxōrem filiī] gravidam esse.
3. Itaque Dēmarātus nepōtis in _____ suō oblītus erat, ac puerō egentī Egeriō (/Egerius) nōmen datum est.
4. Tanaquīl, uxor Lucumōnis summō _____ nāta, virum suum _____ [= decorātum] vidēre volēbat.
5. Cum Etrūscī Lucumōnem ut _____ [= profugō ē patriā] nātum spernerent, uxor eius Tanaquīl eam _____ [< indignus] aegrē ferēbat.
6. Ergō virō suō persuāsit ut cum omnibus _____ suīs Tarquiniīs ex patriā _____ [< māter] _____.
7. Rōma ad honōrem adipīscendum _____ [= idōnea] fuit, quia in novō populō locus est fortī ac _____ [= impigrō] virō.
8. Dum Lucumō cum uxōre _____ [= currū] Rōmam vehitur, aquila repente _____ eius rapuit superque eōs _____ [= hūc illūc volāns] rūrsus capitī aptē reposuit.
9. Tanaquīl, quae prōdigiōrum _____ [↔ ignāra] erat, 'eam _____ [< āla] _____ [*f* < nūntius] deōrum vēnisse' dīxit, et 'pilleum velut _____ [= ā diīs] virō redditum esse.'
10. Hoc _____ [= auspicium] animum Lucumōnis _____ [< cōgitāre] implēvit dē rēgnō adipīscendō.
11. Lūcium Tarquinium sē appellāvit, ac Rōmānōs, quibus ob _____ [< novus] et dīvitiās _____ [< cōnspicere] erat, _____ [= benignē] invītābat ac beneficiīs sibi conciliābat.
12. Amīcitiam iūnxit cum ipsō Ancō rēge, ac postrēmō _____ [< tuērī] rēgis līberīs īnstitūtus est.
13. Ancō mortuō L. Tarquinius magnō _____ [< cōnsentīre] populī rēx creātus est, postquam ōrātiōnem habuit ad conciliandum populum _____ [= aptē cōnfectam].
14. Numa Curibus Rōmam in rēgnum _____ [= arcessītus] est.
15. Multī Rōmānī nōbilēs cīvilibus officiīs _____.

Exercitium 4

Exempla: Pāstor "Gaudeō" inquit, "quia repperī ovem, quae aberrāvit."

Pāstor dīcit 'sē gaudēre, quia reppererit ovem, quae aberrāverit.'

Horātius: "Iūre sorōrem meam necāvī, quod hostem lūgēbat."

Horātius dīxit 'iūre sē sorōrem suam necāvisse, quod hostem lūgēret.'

1. Augustus "Marmoream relinqu_____ urbem" inquit, "quam latericiam accēp_____." Augustus glōriātus est 'marmoream _____ relinqu_____ urbem, quam latericiam accēp_____.'

2. Trōiānī: "Lāocoōn poenās meritās Minervae dedit, quod hastā scelerātā sacrum rōbur laesit." Trōiānī 'Lāocoont_____ poenās meritās Minervae ded_____' dīcunt, 'quod hastā scelerātā sacrum rōbur laes_____.'

3. Fāma nārrābat 'Aenē_____ Trōiā vēn_____, cum quō virō Dīdō concubu_____': "Aenēās Trōiā vēnit, cum quō virō Dīdō concubuit."

4. Numa dīxit 'Ēgeriae monitū _____ sacra quae dīs acceptissima es_____ īnstitu_____': "Ēgeriae monitū sacra quae dīs acceptissima sunt īnstituī."

5. P. Horātius pater cīvēs ōrābat 'nē _____, quem paulō ante cum ēgregiā stirpe cōnspex_____, orbum līberīs fac_____!': "Nōlīte mē, quem paulō ante cum ēgregiā stirpe cōnspexistis, orbum līberīs facere!"

6. "In novō populō" inquit Tanaquīl, "ubi omnis ex virtūte nōbilitās est, erit locus fortī ac strēnuō virō." Tanaquīl dīxit 'in novō populō, ubi omnis ex virtūte nōbilitās s_____, futūr_____ loc_____ fortī ac strēnuō virō.'

7. Tarquinius ōrsus est: "Nōn rem novam pet_____, quia duo iam peregrīnī Rōmae rēgnāv_____." Tarquinius dīxit '_____ nōn rem novam pet_____, quia duo iam peregrīnī Rōmae rēgnāv_____.'

8. "Māiōrem partem aetātis eius" inquit, "quā cīvīlibus officiīs funguntur hominēs, Rōmae quam in vetere patriā vīxī." Tarquinius dīxit 'māiōrem partem aetātis eius, quā cīvīlibus officiīs fung_____ hominēs, _____ Rōmae quam in vetere patriā vīx_____.'

Exercitium 5

1. Quamobrem Dēmarātus domō Tarquiniōs profūgerat? ...
2. Quot fīliī eī erat Tarquiniīs? ...
3. Uter fīlius prior mortuus est? ...
4. Cūr Dēmarātus nepōtis oblītus est in testāmentō? ...
5. Quae fuit uxor Lucumōnis? ...
6. Quārē Tanaquīl virō suō suāsit ut sēcum Rōmam migrāret? ...
7. Quid iīs accidit cum Rōmae appropinquārent? ...
8. Quid Tanaquīl id augurium significāre cēnsēbat? ...
9. Rōmae quās spēs Lucumō et Tanaquīl habēbant? ...
10. Nōmine mūtātō quem Lucumō sē appellāvit? ...
11. Quōmodo ille inter Rōmānōs fortūnam suam adiuvābat? ...
12. Quōcum L. Tarquinius in rēgiā amīcitiam iūnxit? ...
13. Quōmodo rēx Ancus L. Tarquiniō ūtēbātur? ...
14. Rēge mortuō quis līberīs eius tūtor fuit? ...
15. Quārē Tarquinius puerōs rēgiōs vēnātum dīmīsit? ...
16. Quōmodo Tarquinius plēbis animōs sibi conciliāvit? ...
17. Quem populus Rōmānus tum rēgnāre iussit? ...
18. Tarquiniusne prīmus rēx peregrīnus Rōmae rēgnāvit? ...

ōrātiō oblīqua:

acc + inf

coni post quī quae quod (*prōn rel*) *et* quia quod (*coniūnctiōnēs causālēs*)

Lēctiō tertia: versūs 159–246

Exercitium 6

1. Sabīnī nōn sōlum v____, sed etiam dol____ ūsī sunt.
2. Post bellum hominēs pāc____fruuntur
3. Rēx offici____ iūdicis fungēbātur.
4. Tarquinius Superbus rēgn____ vī potītus est.
5. Mīnōtaurus carn____ hūmān____ vescēbātur.

Exercitium 7

1. Tarquinius rēx prīmum Apiolās, oppidum Latīnōrum, vī cēpit atque inde praedam et _____ [= mīlitēs captōs] Rōmam _____.
2. Locum dēsignāvit Circō cum spectāculīs quae '_____' appellantur.
3. Mūrum _____ [< lapis] aedificāre parābat, sed hīs _____ [= operī coeptō] bellum Sabīnum _____.
4. Equitātū auctō Rōmānī _____ [= vī concurrērunt] cum Sabīnīs, quī Aniēnem trānsierant.
5. _____ [< praeter] quod Sabīnōs fugāvērunt, etiam fugam iīs _____ [= difficilem fēcērunt] ponte incēnsō.
6. Eō proeliō equitum glōria _____ [= prae aliīs magna] fuit, quī ab lateribus _____ [↔ excurrentēs] hostēs in fugam vertērunt.
7. Collātia dēdita est; ecce _____ [= verba] _____ [< dēdere]:
8. Lēgātī interrogantur: "Dēditisne vōs populumque Collātīnum, urbem, agrōs, aquam, _____, _____ [= templa], dīvīna hūmānaque omnia in populī Rōmānī _____?" Respondent: "Dēdimus."
9. Sabīnīs victīs Tarquinius nōnnūlla oppida Latīnōrum occupandō omne nōmen Latīnum _____ [= sibi pārēns fēcit].
10. Deinde pācis opera incohāvit, quōrum _____ [= initium] bellō Sabīnō turbātum erat: forum et _____ [= vallēs] inter collēs cloācīs siccāvit et aedis Iovis Capitōlīnī fundāmenta iēcit
11. 'Eō tempore puerō Serviō Tulliō caput ārsisse' _____ [= nārrant] 'nec prius flammam abiisse quam puer suā sponte _____ esset.'
12. Tanaquīl virō in (locum) _____ abductō dīxit 'illum puerum quondam Rōmānīs lūmen futūrum esse.'
13. Ergō puerum velut fīlium suum artibus _____ [= ēducāre] coepērunt, atque iuvenis _____ [= sē ostendit] vērē indolis rēgiae.
14. Incertum est num Servius Tullius _____ [= ancillā] nātus esset.

Exercitium 8

1. Quārē Tarquinius rēx centum novōs senātōrēs lēgit? ...
2. Quibuscum prīmum bellum gessit? ...
3. Quid fēcit praedā quam Apiolīs revēxerat? ...
4. Quid prohibuit nē rēx mūrō lapideō urbem circumdaret? ...
5. Quot equitibus adiectīs Tarquinius equitātum suum auxit? ...
6. Quōmodo Rōmānī Sabīnīs fūsīs fugam impedīvērunt? ...
7. Quārē Sabīnī lēgātōs ad Rōmānōs mīsērunt? ...
8. Quod oppidum Sabīnōrum Rōmānīs dēditum est? ...
9. Quid interrogātī sunt lēgātī quī Collātium dēditum vēnerant? ...
10. Quōmodo Tarquinius omne nōmen Latīnum domuit? ...
11. Quōmodo ille rēx īnfima urbis loca siccāvit? ...
12. Cuius templī fundāmenta iēcit Tarquinius Prīscus? ...
13. Quod prōdigium noctū in rēgiā vīsum est? ...
14. Cūr rēx et rēgīna Servium Tullium fīliī locō habuērunt? ...

15. Cui Tarquinius fīliam suam dēspondit? ...
16. Tūne putās Servium Tullium servā nātum esse? ...

Lēctiō quārta: versūs 247–333   *Lēctiō IV*

Exercitium 9

1. Alter secūr_____ in caput rēgis dēiēcit!
2. Post triumphum dux hostium secūr_____ percussus est.
3. Ariōn in pupp_____ ascendit ut caneret, tum dē pupp_____ dēsiluit.
4. Dīdō ex summā turr_____ classem Trōiānam proficīscentem prōspexit.
5. Hostēs oppidum oppugnantēs altam turr_____ dēstrūxērunt.
6. Quī aquā caret sit_____ patitur, atque postrēmō sit_____ perībit.
7. <u>Febris</u> est nimius calor corporis. Quī aegrōtat febr_____ habet; homō sānus febr_____ caret.
8. Iāniculum ultrā Tiber_____ situm est.
9. In mediō Tiber_____ flūmine parva īnsula est.
10. Multae nāvēs in Charybd_____ merguntur.

dēcl III: -is, gen -is,
acc -im, abl -ī:

febris
puppis
secūris
sitis
turris
Tiberis
Charybdis

Exercitium 10

1. Ancī fīliī, quī aegrē ferēbant sē _____ [= dolō] tūtōris rēgnō prohibitōs esse, Tarquiniō īnsidiās parābant.
2. Duōs pāstōrēs dēlēgērunt, quī in rēgiā _____ [= pugnam] simulant.
3. Ad rēgem vocātī clāmitābant, sed ā lictōre _____ [= prohibitī] sunt.
4. Alter rem ex _____ [= ut convēnerat] ōrdītur, et dum rēx in eum intentus sē āvertit, alter secūrim in caput rēgis _____!
5. Tanaquīl, cum rēgem paene _____ [= mortuum] vidēret, rēgiam claudī iussit, _____ [= testēs] ēiēcit, Servium _____ [= celeriter] accīvit.
6. "Tuum est" inquit, "Servī, sī vir es, rēgnum... Ērige tē deōsque ducēs sequere, quī clārum hoc fore caput dīvīnō igne _____."
7. Tum populum alloquitur: "_____ est rēx subitō _____ [< īcere]; iam ad sē rediit; brevī ipsum vidēbitis."
8. Iubet populum Serviō Tulliō _____ _____ esse [=oboedīre].
9. "Is" inquit "iūra dabit aliīsque rēgis _____ [= officiīs] fungētur."
10. Morte rēgis patefactā, Ancī fīliī _____ [< exsul] iērunt.
11. Servius, ingentī hostium exercitū fūsō, rēx omnibus _____ erat.
12. _____ [< cēnsēre] īnstituit, ut mūnera bellī nōn _____ [< vir], sed prō _____ [= statū] pecūniae _____ [= discrīberentur].
13. Postquam omnēs cīvēs _____, populum ex cēnsū in V _____ et in CXCIII _____ distribuit.
14. Singulae classēs in _____ [< senex] et _____ dīvīsae sunt.
15. Ita exercitus _____ [< pēs] distribūtus est.
16. Adiectae sunt XVIII centuriae equitum, atque ūna centuria pauperum quī mīlitiā _____ erant (_____ [< prōlēs] appellātī).
17. Servius urbem in IV regiōnēs dīvīsit quae _____ appellātae sunt.
18. Quī cornū canit _____ dīcitur.

arbiter
cēnsēre
cēnsus
centuria
classis
coercēre
compositō, ex c.
cornicen
dēicere
dictō audiēns esse
distribuere
exsanguis
exsulāre
fraus
habitus
ictus
immūnis
iūnior
mūnus
pedester
portendere
probātus
prōlētāriī
properē
rīxa
senior
sōpīre
tribus
virītim

Exercitium 11

1. Cūr Ancī Mārciī fīliī Serviō Tulliō īnsidiās parāvērunt? ...
2. Num ipsī rēgem aggressī sunt? ...
3. Quōs ad necandum rēgem dēlēgērunt? ...
4. Cūr pāstōrēs ad rēgem vocātī sunt? ...
5. Quōmodo Servius occīsus est? ...

6. Cūr Tanaquīl rēgiam claudī iussit? ...
7. Quid rēgīna populō dīxit? ...
8. Quōmodo Servius potestātem suam fīrmāvit? ...
9. Quōmodo mors Tarquiniī populō patefacta est? ...
10. Quō Ancī fīliī ierant? ...
11. Quibus Servius Tullius fīliās suās in mātrimōnium dedit? ...
12. Quod pācis opus māximum perfēcit Servius? ...
13. In quot classēs et in quot centuriās distribūtus est populus Rōmānus? ...
14. Quot equitum centuriae factae sunt? ...
15. Quae appellantur regiōnēs quattuor in quās Servius urbem dīvīsit? ...

Lēctiō V

Lēctiō quīnta: versūs 334–406

Exercitium 12

1. Cēnsū perfectō Servius lūstrum _____: exercitum in campō
   Mārtiō īnstrūctum _____ [< sūs, ovis, taurus] _____.
2. Eō _____ cēnsa sunt LXXX mīlia cīvium (eōrum quī arma ferre
   possent, ut adicit _____ [< scrībere] antīquissimus Fabius Pictor).
3. Servius collēs Quirīnālem et Vīminālem urbī addidit, itemque Ēsquiliās,
   ubi ipse habitābat, ut locō _____ [< dignus] fieret.
4. Urbem _____ [= vāllō], fossīs, mūrō circumdedit.
5. Cum prīmōribus Latīnīs pūblicē et _____ [↔ pūblicē] _____
   [< hospes] amīcitiāsque iūnxit, iīsque memorābat 'fānum _____
   [= illūstre] Diānae Ephesī ā cīvitātibus Asiae commūniter factum esse.'
6. Haec saepe iterandō Latīnōs _____, ut cum Rōmānīs fānum Diānae
   in Aventīnō aedificārent.
7. Ea erat _____ [= cōnfitērī] Latīnōrum 'Rōmam caput rērum esse.'
8. Gener Serviī, L. Tarquinius, dīcēbat 'eum iniussū populī rēgnāre' atque ipse
   rēgnum _____ [= petēbat].
9. Iuvenis animī _____ [< ārdēre] erat, et Tullia, uxor ferōx, virum
   _____ [= incitābat] ac suā _____ [= audāciā] implēbat.
10. L. Tarquinius Tulliam, rēgis fīliam māiōrem, uxōrem dūxerat, postquam
    duōbus _____ [< parricīda] domum novīs _____ [< nūbere]
    vacuam fēcit.
11. Cum Tanaquīl duo rēgna _____ [= sine intervāllō] virō ac generō
    dedisset, Tullia _____ [= quiēscere] nōn poterat priusquam suō
    virō rēgnum daret.
12. Ergō virum admonēbat ut _____ [= sē armāret] ad solium
    _____ [= rēgium] occupandum.
13. "Sī ad haec parum est animī, _____ hinc Tarquiniōs aut
    Corinthum!" inquit Tullia virō suō.
14. Hōc muliebrī _____ [< furere] _____ [= īnstigātus]
    Tarquinius rēgem _____ [= dictīs indignīs] crīminibusque increpuit.
15. Ita Serviī Tulliī _____ [< senex] in diēs īnfēstior fiēbat.
16. Rēs _____ est quae sine pretiō vel mercēde datur.
17. Quī uxōrī falsa prōmittit eam _____ [< frūstrā].

accingere
affectāre
agger
ārdēns
condere, lūstrum c.
cōnfessiō
conquiēscere
continuus
contumēlia
dignitās
facessere
frūstrārī
furor
grātuītus
hospitium
inclutus
īnstigāre
īnstīnctus
lūstrāre
lūstrum
nūptiae
parricīdium
perpellere
prīvātim
rēgālis
scrīptor
senectūs
suovetaurīlia
temeritās

Exercitium 13

Exempla: Hostēs ex omnibus partibus dēcurr**ere** [= dēcurrunt], tēla in vāllum conic**ere** [= coniciunt]; nostrī fortiter repugn**āre** [= repugnant] neque ūllum frūstrā tēlum mitt**ere** [= mittunt].

1. Ferōx Tullia alterum Tarquinium admīr_____ [= admīrātur], 'eum virum esse' dīc_____ [= dīcit]; spern_____ [= spern**it**] sorōrem.
2. Nūllīs verbōrum contumēliīs parc_____ [= parcit] dē virō ad frātrem.
3. Iam ab scelere ad aliud scelus spect_____ [= spectat] mulier.
4. Nec nocte nec interdiū virum conquiēscere p at_____ [= patitur].
5. Hōc muliebrī furōre īnstīnctus Tarquinius circum_____ [= circumit] et concili_____ [= conciliat] sibi patrēs.
6. Admon_____ [= admonet] Tarquiniī Prīscī beneficiī ac prō eō grātiam repet_____ [= repetit]; allic_____ [= allicit] dōnīs iuvenēs.

Exercitium 14

Exemplum: Fīli<u>ō</u> Aenēae nōmen est Ascani<u>ō</u> (/Ascani<u>us</u>).

1. Puer_____ egent_____ post avī mortem nāt_____ 'Egeri_____' (/'Egeri<u>us</u>') nōmen datum est.
2. Rōmae Lucumō dīxit 'sibi nōmen esse Tarquini_____ (/Tarquinium).'
3. Puerō dormientī, c_____ Servi_____ Tulli_____ (/Servi<u>us</u> Tulli<u>us</u>) fuit nōmen, caput ārsisse ferunt.
4. Ultim_____ rēg_____ Rōmān_____ 'Superb_____' (/'Superb<u>us</u>') cognōmen datum est.
5. Mercurius: "Iovis iussū veniō. Nōmen Mercuri_____ (/Mercuri<u>us</u>) est mihi."

Exercitium 15

1. Suovetaurīlibus quae hostiae immolantur? ...
2. Quot mīlia cīvium illō prīmō lūstrō cēnsa sunt? ...
3. Quis fuit Fabius Pictor? ...
4. Quōs collēs Servius Tullius urbī addidit? ...
5. Ubi rēx ipse habitābat? ...
6. Quōmodo rēx Latīnōs perpulit ut Rōmae fānum cum Rōmānīs facerent? ...
7. Cui deae in monte Aventīnō fānum aedificātum est? ...
8. Ubi situm est inclutum fānum Diānae? ...
9. Cūr Servius ad populum rettulit 'iubērentne sē rēgnāre'? ...
10. Quam uxōrem L. Tarquinius dūxit priōre uxōre interfectā? ...
11. Quālis fēmina erat Tullia māior? ...
12. Num Tullia māior virum suum priōrem amābat? ...
13. Quid Tullia ferōx virum suum novum hortāta est? ...
14. Quibus virīs Tanaquīl rēgnum dederat? ...
15. Quōmodo L. Tarquinius patrēs sibi conciliāvit? ...

Lēctiō sexta: versūs 407–473

Exercitium 16

1. Iam rēs Rōmāna adeō erat valida ut cuilibet fīnitimārum cīvitātum bell_____ pār esset.
2. Tullus cum indol_____ tum sp_____ victōriae Mettiō ferōcior erat
3. Forte in duōbus tum exercitibus erant trigeminī frātrēs, Horātiī Curiātiīque, nec aetāt_____ nec vīr_____ disparēs.
4. Iamque singulī supererant, sed nec sp_____ nec vīr_____ parēs.
5. Rēgnāvit Ancus annōs XXIV, cuilibet superiōrum rēgum glōri_____ pār.
6. Nec quisquam iuventūtis Rōmānae ull_____ art_____ cum Serviō cōnferrī potuit.

7. Duae Tulliae, rēgis fīliae, longē disparēs mōr____ erant.
8. Tarquinius, multō et aetāt____ et vīr____ validior, medium arripit Servium eumque per gradūs dēiēcit!

Exercitium 17

abhorrēre
admonitū
amārus
arripere
comitātus
corripere
fautor
fertur
gradus
intervenīre
iūmentum
lēgitimus
licentia
maledīcere
paternus
pietās
potior
praecō
praeparāre
profundere
rota
sanguinulentus
sīdere
suffrāgium
tingere
vehiculum

1. L. Tarquinius armātīs cīnctus in rēgiā sēde _____ [= cōnsēdit] et per _____ patrēs, quī ad hoc _____ [= ante parātī] erant, in Cūriam convenīre iussit 'ad rēgem Tarquinium!'
2. Ibi Tarquinius Serviō _____ [= contumēliās dīcere] ōrsus est: 'Servum servā nātum nōn comitiīs habitīs, nōn per _____ populī, nōn auctōribus patribus, rēgnum occupāvisse!'
3. Servius huic ōrātiōnī _____ [= inter hanc ōrātiōnem vēnit] et generum _____ [= reprehendere] coepit, at ille respondit 'sē fīlium rēgis multō _____ rēgnī hērēdem esse quam servum!'
4. Tumultū factō utrīusque _____ [< favēre] clāmābant, cum Tarquinius Servium _____ [< ad + rapuit] et per _____ dēiēcit!
5. Rēx prope exsanguis, cum domum sē reciperet sine rēgiō _____ [< comitārī], necātus est, id quod _____ [< admonēre] Tulliae factum esse crēditur; nec enim hoc ā cēterō eius scelere _____.
6. Cum Tullia carpentō domum veherētur, aurīga lacrimās _____ [= effundēns] restitit ante corpus rēgis trucīdātī in viā iacēns.
7. Tum Tullia carpentum per patris corpus _____ [= sanguineum] ēgisse _____ [= nārrātur]!
8. Illa fīlia sine _____ [< pius] _____ [= patriō] sanguine manūs suās _____ [= ūmidās fēcit].
9. Cum Serviō Tulliō, quī XLIV annōs rēgnāvit, iūsta ac _____ [< lēx] rēgna occidērunt ac rēgia _____ [< licēre] orta est.
10. Serviī senectūs nōn dulcis, sed _____ [= acerba] fuit.
11. Carpentum est _____ [< vehere] duārum _____, quod duōbus _____ [: equīs] vehitur.

Exercitium 18

1. Quid iussit L. Tarquinius in sēde rēgiā sedēns? ...
2. Cūr senātōrēs extemplō ad Tarquinium convēnērunt? ...
3. Quibus verbīs Tarquinius Serviō maledīxit? ...
4. Quōmodo Servium rēgnum occupāvisse dīxit? ...
5. Quis huic ōrātiōnī intervēnit? ...
6. Quid Tarquinius Serviō mīrantī respondit? ...
7. Inter tumultum in Cūriā factum quid fēcit Tarquinius? ...
8. Num rēx Servius salvus domum rediit? ...
9. Cūr admonitū Tulliae rēx necātus esse crēditur? ...
10. Cum Tullia domum redīret, cūr aurīga pavidus restitit? ...
11. Quod scelus foedum impiumque tum Tullia fēcisse nārrātur? ...
12. Quot annōs rēgnāvit Servius Tullius? ...
13. Cūr Ovidius coniugium Tulliae 'sceleris mercēdem' appellat? ...

Lēctiō grammatica

Lēctiō grammatica

Exercitium 19

Adiectīva.

Quī cāsus (<u>nōm</u>/<u>acc</u>/<u>gen</u>/<u>dat</u>/<u>abl</u>)? uter numerus (<u>sg</u>/<u>pl</u>)? quod genus?
   (<u>m</u>/<u>f</u>/<u>n</u>)? quae dēclīnātiō? (<u>1</u>/<u>2</u>/<u>3</u>)?
Exemplum: bonam <u>acc sg f 1</u> < *bonus.*

1. (v. 7) avītae ...
2. (v. 8) proximus ...
3. (v. 9) pūblica ...
4. (v. 11) cupidīs...
5. (v. 16) ōtiōsum ...
6. (v. 18) medium ...
7. (v. 19) necessāriam ...
8. (v. 20) ferōcī ...
9. (v. 31) compotem ...
10. (v. 33) paucīs ...
11. (v. 36) caelestēs ...
12. (v. 37) īnfernī ...
13. (v. 38) iniūstum ...
14. (v. 40) nostrum ...
15. (v. 47) pūrō, piō ...
16. (v. 49) māior ...
17. (v. 53) praesentibus ...
18. (v. 67) priōrum ...
19. (v. 68) omnem ...
20. (v. 69) veterum ...
21. (v. 71) novae ...
22. (v. 73) variā ...
23. (v. 76) ingentī ...
24. (v. 76) potēns ...
25. (v. 92) impiger ...
26. (v. 93) omnibus ...
27. (v. 95) magnī ...
28. (v. 107) humiliōrem ...
29. (v. 112) aptissima ...
30. (v. 114) fortī ...
31. (v. 115) cupidō ...
32. (v. 137) prīvātīs ...

Exercitium 20

1. arripere, ar_____isse, ar_____um esse   ar-ripiō -iunt
2. colere, _____isse, _____um esse
3. cōnflīgere, cōn_____isse, cōn_____um esse
4. cōnscīscere, cōn_____isse, cōn_____um esse
5. cōnsulere, cōn_____isse, cōn_____um esse
6. dēicere, dē_____isse, dē_____um esse   dē-icere -iunt
7. dēligere, dē_____isse, dē_____um esse
8. dēlinquere, dē_____isse, dē_____um esse
9. distribuere, dis_____isse, dis_____um esse
10. domāre, _____isse, _____um esse
11. expergīscī, ex_____um esse
12. fungī, _____um esse
13. incurrere, in_____isse
14. ingredī, in_____um esse   in-gredī -iuntur
15. īnstīgāre, īn_____isse, īn_____um/īn_____um esse
16. nūbere, _____isse, _____um esse
17. perpellere, per_____isse, per_____um esse
18. portendere, _____isse, _____um esse
19. retinēre, re_____isse, re_____um esse
20. sīdere, _____isse
21. sinere, _____isse, _____um esse
22. solēre, _____um esse
23. tingere, _____isse, _____um esse

CAPITVLVM QVADRAGESIMVM QVINTVM

Lēctiō prīma: versūs 1–89

datīvus *fīnālis*
  +datīvus *commodī*

Exercitium 1

Exempla: Ariadna Thēseō auxiliō vēnit: fīlum eī dōnō dedit [= dōnāvit], quod eī salūtī fuit ('eī', *datīvus commodī, indicat* cui *aliquid* bonō *sit*).

1. Castor et Pollūx saepe Rōmān____ in proeliīs auxili____ vēnērunt.
2. Cum victōria Horāti____ honōr____ atque glōri____ esset, nex sorōris e____ crīmin____ fuit.
3. Rapīna virginum Sabīnārum iuven____ Rōmān____ magnō fuit gaudi____, at magnō dolōr____ fuit parent____, quibus fortūna fīliārum cord____ erat.
4. Iūnō est dea c____ coniugia cūr____ sunt [= quae coniugia cūrat].
5. Mettius: "Memor estō hās duās aciēs spectācul____ fore Etrūsc____."
6. Lucumō ob dīvitiīs cīv____ invidi____ erat [= cīvēs Lucumōnī invidēbant].
7. Tarquinius postulābat ut quam prīmum comitia rēg____ creand____ fierent.
8. Servius cēnsum īnstituit, id quod r____ pūblic____ magn____ ūs____ [= ūtilissimum] erat et rēg____ magn____ honōr____.
9. Tarquinius Superbus Latīnīs dīxit 'moram suam hesternam salūt____ s____ atque ill____ fuisse.'
10. Turnus minās in rēgem iactāre ausus erat, ea rēs e____ crīmin____ fuit.
11. Mīnōtaurus odi____ erat Athēniēns____ [= Athēniēnsēs Mīnōtaurum ōderant], Daedalus i____ admīrātiōn____ erat [= Daedalum admīrābantur].
12. Dīdō Aenēae ēnsem mūner____ (= dōn____) dederat.

Exercitium 2

administrāre
auctōritās
collaudāre
contēmptus
crātis
dictitāre
difficulter
enimvērō
eōdem
exsilium
hospitium
iactāre
imminuere
īnsolēns
īnsōns
invehere in
invidia
invīsus
māchinārī
manifēstus
manipulus
minae
nūptum dare
paucitās
prōtrahere
quicquam

1. L. Tarquinius rēx Serviī fautōrēs aliōsque _____ [= quōs ōderat] interfēcit aut in _____ [< exsul] ēgit.
2. Servium sepelīrī vetuit, cum 'Rōmulum quoque īnsepultum periisse' _____ [= dīceret].
3. Patrum numerum _____ [= minuit], ut senātōrum _____ [< paucī] senātus _____ [= contemnendus] esset.
4. Senātum dē rē pūblicā nōn cōnsulēbat, sed suīs cōnsiliīs rem pūblicam _____ [= regēbat].
5. Cum Tarquinius Octāviō Mamiliō, prīncipī Latīnōrum, fīliam _____ dedisset, _____ [= potentia] eius magna erat inter Latīnōs.
6. Latīnī, cum iussū rēgis prīmā lūce ad concilium convēnissent nec rēx ipse adesset, īrātī in rēgem _____ sunt [= rēgī maledīxērunt].
7. Turnus Herdōnius, vir _____ [= audāx et superbus], "Haud mīrum est" inquit "eī 'Superbō' datum cognōmen: an _____ [= quidquam] superbius est quam ēlūdere sīc omne nōmen Latīnum!"
8. Postrēmō paulō ante sōlis occāsum Tarquinius intervēnit – atque Latīnōs posterō diē _____ [= in eundem locum] convenīre iussit!
9. Turnus vērō, _____ [= īrā et odiō] commōtus, _____ [< minārī] in rēgem _____ [< iacere].
10. Itaque Tarquinius Turnō necem _____ est [= clam excōgitāvit].
11. Gladiīs multīs in _____ [< hospes] Turnī clam illātīs, rēx eum falsō accūsāvit 'necem sibi parāre.'
12. Cum gladiī abditī _____ [= prōferrentur], _____ [= profectō] rēs _____ [↔ dubia] vīsa est.
13. Itaque Turnus _____ [= quī nōn dēlīquerat] sine iūdiciō suppliciō novō affectus est: in aquam mersus _____ super iniectā.

14. _____ [= laudātīs] Latīnīs, Tarquinius haud _____
    [↔ facile] iīs persuāsit ut foedus cum Rōmānīs renovārent.
15. Legiō cōnstat ex decem cohortibus, cohors ex tribus _____.

Exercitium 3

1. Quod cognōmen L. Tarquiniō datum est? ...
2. Quid L. Tarquinius dictitābat quārē socerum sepelīrī vetāret? ...
3. Omnēsne rēgēs Rōmānī post mortem sepultī sunt? ...
4. Cūr L. Tarquinius Superbus sē cūstōdibus armātīs cīnxit? ...
5. Quōmodo cīvibus Rōmānīs terrōrem iniciēbat? ...
6. Quārē ille rēx senātōrum numerum minuit? ...
7. Num Tarquinius senātum dē rē pūblicā cōnsulēbat? ...
8. Quōmodo Latīnōs sibi conciliābat? ...
9. Cūr īrātī erant Latīnī ad concilium convocātī? ...
10. Quis ferōcissimē in absentem rēgem invectus est? ...
11. Quid Turnus Herdōnius Latīnōs hortātus est? ...
12. Quōmodo Tarquinius sē pūrgāvit quod tardē venīret? ...
13. Cūr Tarquinius Turnō necem māchinātus est? ...
14. Quid rēx Turnum falsō accūsāvit? ...
15. Quōmodo culpam Turnī dēmōnstrāre cōnātus est? ...
16. Quō suppliciō Turnus affectus est? ...
17. Foedere inter Rōmānōs et Latīnōs renovātō, uter populus superior erat? ...

Lēctiō secunda. versūs 90–167

Lēctiō II

Exercitium 4

genetīvus quālitātis

1. C. Octāviānus adulēscēns ūn_____ et vīgintī ann_____ Brūtum et
   Cassium vīcit.
2. Frātrēs geminī e_____dem aetāt_____ sunt.
3. Aqua Appia habet longitūdinem passuum ūndecim mīl_____ centum
   nōnāgintā (ex eō suprā terram est opus arcuātum pass_____ sexāgintā).
4. Trōiānī profugī classem vīgintī nāv_____ aedificāvērunt.
5. In asȳlum Rōmulī cōnfūgērunt virī omn_____ gener_____.
6. Sabīnī aureās armillās magn_____ ponder_____ bracchiō laevō gerēbant.
7. Ecce ānulus aureus gemmātus; eius mod_____ [= eius generis, tālis] ānulus
   magn_____ preti_____ est.

modus : genus; rēs <u>eius</u>
<u>modī</u> = rēs eius
generis, tālis rēs

8. Magister: "Foedae sunt litterae tuae. H_____ mod_____ [= huius generis]
   litterae legere nōn possum." Discipulus: "Ars scrībend_____ difficilis est!"
9. Tullus Hostīlius fuit rēx ingeni_____ bellicōs_____.
10. Ūnā hōrā quadringent_____ ann_____ opus, quibus Alba steterat,
    funditus dēlētum est.
11. Servius Tullius iuvenis ēvāsit vērē indol_____ rēgi_____.
12. Cīvēs prīm_____ class_____ sunt quī cēnsum centum mīl_____ habent.
13. Cīvēs īnfim_____ ōrdin_____ 'prōlētāriī' appellantur.
14. Serviō Tulliō erant duae fīliae, quārum altera ferōc_____ anim_____ erat,
    altera mīt_____ ingeni_____.
15. Tarquinius Superbus mōrem senātum dē rē publicā consulend_____ solvit.
16. Nūntius Sextī dubi_____ fid_____ vidēbātur.
17. Plēbs indignābātur quod ad opera labōr_____ māiōr_____ trādūcēbantur.
18. *Tant_____ mōl_____ erat Rōmānam condere gentem.*

Exercitium 5

aequāre
assentīre
assūmere
dēcutere
dēlīberāre
imperfectus
inambulāre
indignārī
obīre
operārius
papāver
pererrāre
praecipere
praedārī
prōmptus
prōtegere
prūdentia
rebellāre
saevitia
scīscitārī
talentum
tolerāre
trānsfugere
ultimum, ad u.
usquam

1. Arte bellandī L. Tarquinius superiōrēs rēgēs _____ [< aequus].
2. Oppidō Volscōrum captō vēndendā praedā XL _____ argentī fēcit.
3. Cum Gabiōs vī capere nōn posset, Sextum fīlium Gabiōs _____ [= ad hostem fugere] iussit patris in sē _____ [= saevus] querentem.
4. "Rēx" inquit Sextus Tarquinius "iam etiam līberīs suīs īnsidiās parat; ego quidem inter tēla patris ēlāpsus nihil _____ [= ūllō locō] mihi tūtum crēdidī nisi apud hostēs L. Tarquiniī!"
5. Gabīnōs ōrāvit ut sē ā patris crūdēlitāte _____ [= tuērentur].
6. Ā Gabīnīs bene exceptus, Sextus dīxit 'dē aliīs rēbus sē iīs _____ [= cum iīs cōnsentīre]', sed eōs ad _____ [= bellum renovandum] incitābat.
7. In eō bellō sibi _____ māximam _____ [= sē prūdentissimum esse affirmāvit].
8. Prīmō Sextus cum _____ [= parātissimīs] iuvenum _____ [< praeda] ībat.
9. Ad _____ [= postrēmō] dux bellī lēctus, pariter cum mīlitibus perīcula _____ [= adībat] ac labōrēs _____ [= patiēbātur].
10. Cum Sextus Gabiīs tam potēns esset quam pater eius Rōmae, nūntium ad patrem mīsit _____ [= quaesītum] 'quid sibi faciendum esset?'
11. Rēx nūntiō nihil respondit, sed _____ [= cōgitāre] vidēbātur.
12. In hortō _____ [= hūc illūc ambulāns] summa _____ capita _____.
13. Nūntius rē _____ sē redīre putābat, sed Sextus intellēxit quid pater tacitus _____: 'prīmōrēs Gabīnōrum interficiendōs esse!'
14. Rōmae _____ [< opus] _____ [= indignum putābant] quod opera māximī labōris iīs facienda erant.
15. Aenēās omnia maria _____ [= per omnia maria errābat].

Exercitium 6

1. Quālis dux bellī fuit Tarquinius Superbus? ...
2. Quod oppidum ex Volscīs cēpit? ...
3. Quantam pecūniam fēcit praedā vēndendā? ...
4. Num Tarquinius Gabiōs vī cēpit? ...
5. Quārē Sextus Tarquinius ad Gabīnōs trānsfūgit? ...
6. Quās fābulās Sextus Gabīnīs nārrāvit? ..
7. Quōmodo Sextus ā Gabīnīs exceptus est? ...
8. Quōmodo effēcit ut Gabīnīs dux bellī fieret? ...
9. Quid fēcit ut mīlitibus cārus esset? ...
10. Quārē Sextus Tarquinius nūntium Rōmam mīsit? ...
11. Cūr rēx huic nūntiō nihil respondit? ...
12. Quid fēcit rēx Tarquinius prō respōnsō? ...
13. Hōc audītō quid Sextus Tarquinius intellēxit? ...
14. Omnēsne prīmōrēs Gabīnī interēmptī sunt? ...
15. Cūr Gabiī sine dīmicātiōne Rōmānīs dēditī sunt? ...
16. Quod monumentum Tarquinius tum exstruere coepit? ...
17. Quid plēbs Rōmāna indignābātur? ...

Lēctiō tertia: versūs 168–228   Lēctiō III

Exercitium 7

Exemplum: Solō vir summā sapientiā [= summae sapientiae, sapientissimus]   *ablātīvus quālitātis*
     fuit.

1. Praedones tant____ audāci____ [= tam audācēs] erant ut portūs Italiae
   oppugnārent.
2. Rēx Sāturnus tant____ iūstiti____ fuisse dīcitur ut nēmō sub illō servīret.
3. Herculēs bovēs mīr____ speci____ sēcum in Latium ēgisse nārrātur.
4. Apud mīlitēs Sextus māxim____ cāritāt____ [= cārissimus] erat.
5. Tanaquīl populum iubet bon____ anim____ esse.
6. Graecī equum ligneum ingent____ magnitūdin____ fēcērunt.
7. Tullia, fīlia impia atque inhūmān____ crūdēlitāt____, carpentum per patris
   corpus ēgit!
8. Venus est dea mīrābil____ pulchritūdin____.

Exercitium 8

1. Cum anguis ex columnā ligneā ēlāpsus esset, id _____ [< portendere] rēgis animum cūrīs _____ [= timidīs] implēvit.	aequālis
2. Itaque duōs fīliōs cum Brūtō Delphōs ad inclutum _____ mīsit.	aliō *adv*
3. In eō ōrāculō fātum dīvīnitus praedīcitur ex īnfimō _____.	ānxius
4. Brūtus _____ [< stultus] simulābat, nē rēgī timendus esset.	āvolāre
5. Eum comitem vel potius _____ [< lūdere] Tarquiniī sēcum dūxērunt.	castitās
6. Respōnsō ōrāculī dē mātre ōsculandā audītō, Tarquiniī _____ permīsērunt uter prior mātrī ōsculum daret.	castus
7. Brūtus vērō respōnsum nōn ad mātrem hūmānam, sed _____ [= ad aliam rem] spectāre ratus, terram ōsculō tetigit.	dītāre
	expers
8. Tarquinius Rutulīs, gentī _____ [= valdē potentī], bellum indīxit.	incalēscere
9. Ita rēx _____ [= dīves fierī] cupiēbat, nam aerārium _____ [< magnificus] pūblicōrum operum exhaustum erat.	invīsere
	iuvenālis
10. Simul praedā animōs cīvium _____ [= mītigāre] volēbat.	iuventa
11. Cum Ardeam nēquīquam vī adortus esset, urbem _____ [< ob + sedēre] coepit.	lēnīre
	libīdō
12. In statīvīs rēgiī iuvenēs convīviīs et lūdīs _____ [< iuvenis] ōtium _____ [= cōnsūmēbant].	lūdibrium
	magnificentia
13. Dum cēnant apud Sextum et vīnō _____ [= calidī factī erant], dē uxōribus _____ facta est [= uxōrēs memorātae sunt].	mentiō
	obsidēre
14. 'Suam' quisque '_____ [= pudīcissimam] esse' dīxit.	ōrāculum
15. Certāmine ortō Tarquinius Collātīnus, quī aderat, 'suam Lucrētiam cēterīs _____ [= meliōrem esse]' dīxit.	penes
	portentum
16. "Quīn, sī vigor _____ [= iuventūtī] inest, cōnscendimus equōs _____que [= īnspicimusque] praesentēs nostrārum ingenia?"	praepotēns
	praestāre
17. Iuvenēs citātīs equīs Rōmam _____ [= āvehuntur quasi volantēs].	sērus
18. Ibi nurūs rēgis in convīviō luxūque cum _____ [< aequus] vīdērunt.	sors
	specus
19. Nocte _____ [= tardā] Collātiam vēnērunt, ubi Lucrētiam dēditam lānae inter ancillās sedentem invēnērunt.	stultitia
20. Ergō praemium certāminis dē _____ [< castus] uxōrum _____ [= apud] Lucrētiam fuit.	stuprāre
	terere
21. Ibi Sextum Tarquinium cēpit mala _____ [= cupīdō] Lucrētiae _____ [= violandae].	
22. In rēgnō Tarquiniī Superbī senātus populusque Rōmānus _____ imperiī [= sine imperiō] erat.	

Exercitium 9

1. Quod portentum in rēgiā vīsum est? ...
2. Hōc portentō territus quid rēx fēcit? ...
3. Quis fīliīs rēgis comes datus est? ...
4. Nōmen 'Brūtus' quid significat? ...
5. Quid ēgit Brūtus cum frātrem suum ā rēge interfectum cognōvisset? ...
6. Quid iuvenēs rēgiī ex ōrāculō scīscitātī sunt? ...
7. Quod respōnsum iīs redditum est? ...
8. Quid Brūtus fēcit cum respōnsum ōrāculī audīvisset? ...
9. Quārē Tarquinius Rutulīs bellum fēcit? ...
10. Quamobrem exhaustum erat aerārium? ...
11. Cūr necesse fuit Ardeam obsidēre? ...
12. Quōmodo iuvenēs rēgiī in statīvīs tempus terēbant? ...
13. Quod certāmen inter iuvenēs pōtantēs ortum est? ...
14. Quōmodo iuvenēs uxōrēs suās experīrī cōnstituērunt? ...
15. Rōmae quid agentēs nurūs rēgiās invēnērunt? ...
16. Num Lucrētia in convīviō inventa est? ...
17. Quae libīdō ibi Sextum Tarquinium cēpit? ...

Lēctiō IV

Lēctiō quārta: versūs 229–287

Exercitium 10

abl abs cum nōmine (subst/adi)

1. Multī Trōiānī duc_____ Aenē_____ ē patriā profectī sunt.
2. Ascani_____ puer_____ Lāvīnia rēgnāvit.
3. Rōmul_____ rēg_____ numerus cīvium Rōmānōrum duplicātus est.
4. Tarquinius Superbus nōn auctōr_____ patr_____ rēgnāvit.
5. Brūtus d_____ test_____ iūrāvit 'sē rēgem exāctūrum esse.'
6. T. Mānli_____ cōnsul_____ post prīmum bellum Pūnicum Iānus clausus est
7. Geminīs expositīs, servī rēgis ūd_____ gen_____ rediērunt.
8. Cum Sabīnīs prīmō dubi_____ victōri_____, magn_____ utrimque caed_____ pugnātum est.
9. Servius: "Quā tū audāciā, m_____ vīv_____, ausus es in sēde cōnsīdere meā?"
10. Sextus dict_____ fact_____que omn_____ ad fallendum apt_____ Gabīnōs sibi conciliāvit, īnsci_____ multitūdin_____ quid agerētur.
11. Nūntius Sextī, ut r_____ imperfect_____, Gabiōs rediit.
12. Sextus Tarquinius, īnsci_____ Collātīn_____, Collātiam vēnit.
13. Patr_____ et vir_____ praesent_____ Lucrētia cultrum in corde dēfīxit.

Exercitium 11

adulter
adulterium
dēdecus
dēlictum
dextera
exsequī
extrahere
fīdēlis
hospitālis
impudīcus
incidere
inclīnāre
iugulāre

1. Posteā, cum Sex. Tarquinius Collātiae benignē exceptus esset, noctū ex _____ [< hospes] cubiculō ad dormientem Lucrētiam penetrāvit.
2. Strictō gladiō mulierī _____ [= castae] mortem minātus est, sed illa nec minīs nec precibus ā castitāte _____ [= vertī] potuit.
3. Tum Sex. Tarquinius ad metum addit _____ [↔ decus]:
4. "Tēcum mortuā" inquit "_____ [= trucīdātum] servum nūdum pōnam, ut in sordidō _____ [↔ coniugiō] necāta dīcāris!"
5. Tantō terrōre perterrita mulier _____ [= fīrma, cōnstāns] postrēmō vī victa est.
6. Tarquiniō profectō, Lucrētia maesta nūntium ad patrem et ad virum mīsit 'ut cum singulīs _____ [= fīdīs] amīcīs venīrent: opus esse _____ [= properātō], rem atrōcem _____ [= accidisse].'
7. Adventū virī et patris lacrimae _____ [= ortae] sunt.

8. Virō quaerentī "_____ [= satisne] salvē?" respondit "Minimē!
   Quid enim salvī cst mulicrī āmissā _____ [= castitāte]?"

9. Virōs hortāta est ut _____ [= dextrās] fidemque darent 'haud
   impūne fore _____ [> adulterium]!'

10. Virī mulierem miseram cōnsōlātī sunt, cum _____ [= culpam] ā
    coāctā in auctōrem _____ [< dēlinquere] āverterent.

11. "Mēns _____ [= dēlinquit]" inquiunt, "nōn corpus, et unde
    cōnsilium āfuit, inde culpa abest."

12. Lucrētia: "Ego mē etsī _____ [< peccāre] absolvō, suppliciō nōn
    līberō; nec ūlla deinde _____ [↔ pudīca] Lucrētiae exemplō vīvet!"

13. Cultrum in corde dēfīxit _____que in vulnus moribunda cecidit.

14. Cēterīs conclāmantibus, Brūtus cultrum cruōre _____
    [= cruentum] ē vulnere _____ prae sē tenuit.

15. Brūtus per sanguinem Lucrētiae _____ [= dīs testibus affirmāvit]
    'sē L. Tarquinium cum coniuge et līberīs vī _____
    [= persecūtūrum] esse nec quemquam rēgnāre Rōmae passūrum!'

16. Mala libīdō quae pudīcitiam mulieris vī et terrōre vincit vix _____
    [f < victor] dīcī potest.

17. Morbus _____ est quī _____ [= mortem] fert.

| iūrāre |
| mānāre |
| mātūrāre |
| noxa |
| oborīrī |
| obstinātus |
| peccat |
| peccātum |
| pestifer |
| pestis |
| prōlābī |
| pudīcitia |
| pudīcus |
| satin' |
| victrīx |

Exercitium 12

1. Quārē Sextus Tarquinius Collātiam revertit? ...
2. Quō ille post cēnam dēductus est? ...
3. Cēterīs dormientibus quid ēgit Sex. Tarquinius? ...
4. Quō terrōre Lucrētiae minātus est? ...
5. Sex. Tarquiniō profectō quōs Lucrētia advocāvit? ...
6. Quem Collātīnus sēcum dūxit? ...
7. Quōmodo virī Lucrētiam cōnsōlābantur? ...
8. Quid Lucrētia sub veste abditum habēbat? ...
9. Quid tum fēcit mulier violāta? ...
10. Quid iūrāvit Brūtus cultrum Lucrētiae prae sē tenēns? ...

Lēctiō quīnta: versūs 288–343

Lēctiō V

Exercitium 13

passīvum impersōnāle

Exemplum: Ā nostrīs fortissimē pugnā<u>tum est</u> [= nostrī f. pugnāvērunt].

1. Apud aedēs Priamī ācerrimē pugnā_____ [= ācerrima pugna erat].
2. Cum Sabīnīs prīmō dubiā victōriā pugnāt_____ _____.
3. Bellō Latīnō nusquam dē ūniversā rē dīmicāt_____ _____, sed
   Tarquinius singula oppida occupandō omne nōmen Latīnum domuit.
4. Latīnī cum Rōmānīs fānum Diānae fēcērunt; ea erat cōnfessiō caput rērum
   Rōmam esse, dē quō totiēs armīs certāt_____ _____ [= certāmen
   fuerat].
5. Iuvenēs Delphōs profectī sunt. Quō postquam vent_____ _____
   [= vēnērunt], ōrāculum petīvērunt.
6. Redit_____ _____ [= rediērunt] inde Rōmam.
7. Ex omnibus locīs urbis in forum curr_____ [= hominēs currunt]; quō
   simul ac vent_____ _____ [= vēnērunt], praecō populum ad Brūtum
   advocāvit
8. Rēgnāt_____ _____ [= rēgnāvērunt rēgēs] Rōmae annōs CCXLIV.
9. Nunc _____ bibend_____! Dormiend_____ nōn _____!

abrogāre
bellātor
castīgāre
centuriātus
comprimere
conciēre
exigere
exsecrārī
iners
magistrātus
miseria
mōtus
opifex
orbitās
praefectus
quācumque
rapīna
simultās
stuprum
tribūnus Celerum
ultrō
voluntārius

Exercitium 14

1. Corpore Lucrētiae in forum dēlātō hominēs ad lacrimās et querēllās
   _____ [= concitantur] .
2. Brūtus lacrimās atque _____ [= sēgnēs] querēllās _____
   [= reprehendit] suāsitque ut iuvenēs cum armīs _____ [↔ coāctī]
   adessent.
3. Armāta multitūdō pavōrem fēcit _____ [= ubicumque] prōcēdēbat.
4. Rōmae praecō populum advocāvit ad _____ Celerum (nam in
   eō _____ [= officiō pūblicō] Brūtus erat).
5. In forō Rōmānō Brūtus ōrātiōnem habuit dē _____ [> stuprāre]
   Lucrētiae īnfandō, dē _____ [< orbus] Sp. Lucrētiī itemque dē
   _____ [< miser] et labōribus plēbis.
6. "Rōmānī hominēs" inquit "_____ [= operāriī] prō _____
   [< bellāre] factī sunt!"
7. Hāc ōrātiōne Brūtus populum perpulit ut imperium rēgī _____
   [= adimeret].
8. Cum iuvenibus armātīs quī _____ [= suā sponte] nōmina dabant
   Brūtus Ardeam profectus est, Lucrētiō _____ [< praeficere] Rōmae
   relictō.
9. Intereā Tullia domō profūgit dum omnēs eam _____ [= eī poenās
   deōrum optant].
10. Rēx Rōmam perrēxit, ut _____ [< movēre] _____
    [< con- + premere], sed ille cum līberīs suīs Rōmā _____ est.
11. Sex. Tarquinius ā Gabīnīs interfectus est ob _____ [↔ amīcitiam]
    quam sibi caedibus et _____ [< rapere] concīverat.
12. Deinde duo cōnsulēs comitiīs _____ [< centuria] creātī sunt.

Exercitium 15

1. Quō corpus Lucrētiae dēlātum est? ...
2. Hāc rē atrōcī concitātī quid hominēs querēbantur? ...
3. Brūtōne placēbant lacrimae et querēllae hominum ? ...
4. Quid Brūtus castīgātor lacrimārum effēcit? ...
5. Quō Brūtus cum armātā multitūdine profectus est? ...
6. Quālem ōrātiōnem Brūtus habuit in forō Rōmānō? ...
7. Quae facinora nefanda memorāvit? ...
8. Quid dīxit dē miseriīs et labōribus plēbis? ...
9. Quōs deōs invocāvit? ...
10. Quid fēcit populus Rōmānus hāc ōrātiōne incēnsus? ...
11. Tulliane Rōmae mānsit inter hunc tumultum? ...
12. Quārē Brūtus Rōmā Ardeam in castra profectus est? ...
13. Quis eōdem ferē tempore Ardeā Rōmam vēnit? ...
14. Quōmodo Brūtus cāvit nē rēgī obvius fieret? ...
15. Quōmodo Tarquinius Rōmae acceptus est? ...
16. Quid līberīs rēgis factum est? ...
17. Cūr Sex. Tarquinius ā Gabīnīs interfectus est? ...
18. Quot annōs Rōmae rēgnātum est? ...
19. Quī prīmī cōnsulēs creātī sunt? ...

Lēctiō sexta: versūs 344–413

Exercitium 16

1. Sōle occidente Sextus Tarquinius portā ____________ [= aere opertā] Collātiam ingressus est et domum Lucrētiae petīvit.
2. Lucrētia īnscia ____________ parābat hostī suō: tantum animō ____________ [< errāre] erat!
3. Noctū Sextus Tarquinius surgit et in thalamum Lucrētiae, ____________ [< nūbere] ____________ [= castae], venit.
4. Lucrētia ____________ [= pavida est] ut parva agna ____________ [= prehēnsa] cum iacet sub lupō ____________ [= ad necem parātō].
5. Effugere nōn potest, nam pectora ____________ [= manibus] ____________ [= premuntur].
6. Lucrētia violāta coniugem et patrem ____________ [= senem] advocat.
7. Ut eam lūgentem vident, "Quae causa est lūctūs?" inquiunt, "cui ____________ [= fūnus] parās?"
8. *Illa diū* ____________ [= tacet] ____________ *que* [< pudēre] *cēlat amictū ōra, fluunt lacrimae mōre* ____________ *aquae* [= ut aqua semper fluēns].
9. Lucrētia, ter frūstrā loquī cōnāta, tandem dēdecus suum ____________ ausa est, dum ____________ [< mātrōna] genae ērubēscunt.
10. Pater et coniūnx eī coāctae ____________ dant [= ignōscunt], sed illa pectus suum cultrō trānsfīgit!
11. Dum vir paterque commūne ____________ [= iactūram] gemunt, Brūtus cultrum ____________ [< genus] sanguine ____________ tenēns iūrāvit 'sē Tarquinium cum scelerātā coniuge et ____________ [= stirpe] Rōmā exāctūrum esse!'
12. Lucrētia ____________ [= nec vīva nec mortua] comā ____________ haec verba ____________ [↔ pavida] probāre vīsa est.
13. In forō Brūtus vulnus Lucrētiae ____________ [= vacuum] patefēcit et rēgis facta nefanda referēns populum concitāvit.
14. Brūtus et Collātīnus, virī ____________ [< honōs], cōnsulēs creātī sunt iīsque ____________ [< annus] imperium datum est.

Lēctiō VI

aerātus
annuus
concutere
damnum
dēprehendere
ēloquī
epulae
error
exsequiae
generōsus
grandaevus
honestus
impavidus
inānis
īnfēstus
mātrōnālis
nūpta
palma
pavēre
perennis
prōlēs
pudibundus
pudīcus
reticēre
sēmianimis
stīllāre
urgēre
veniam dare

Exercitium 17

1. Quō Sextus Tarquinius sōle occidente vēnit? ...
2. Quōmodo ille domī Collātīnī exceptus est? ...
3. Cūr hospes Collātīnī 'hostis' vocātur? ...
4. Num Sextus Tarquinius suspectus fuit Lucrētiae? ...
5. Quārē noctū ē lectō surrēxit Tarquinius atque ēnsem strīnxit? ...
6. Quō fīlius rēgis penetrāvit? ...
7. Quid lectō Lucrētiae incumbēns dīxit? ...
8. Cūr Lucrētia neque clāmāvit neque repugnāvit neque effūgit? ...
9. Num Sextus Tarquinius eam precibus aut praemiīs movēre potuit? ...
10. Quid tum Tarquinius sē factūrum esse dīxit? ...
11. Quō metū perterrita tandem succubuit mulier? ...
12. Quālem pater et marītus fīliam et uxōrem suam invēnērunt? ...
13. Quid interrogāvērunt cum eam ita lūgentem vidērent? ...
14. Cūr Lucrētia prīmō nihil respondit? ...
15. Num vir et pater mulierem violātam accūsāvērunt? ...
16. Num Lucrētia ipsa sibi veniam dedit? ...
17. Cum Lucrētia sē interfēcisset, quid fēcit Brūtus? ...
18. Quōmodo Brūtus populum Rōmānum concitāvit? ...
19. Cūr ille diēs rēgnō suprēmus fuit? ...

Lēctiō grammatica

Lēctiō grammatica

Exercitium 18

Datur adiectīvum (m.). Dā adverbium: -ē/-ō/-iter/-ter/-e/-im/-ius/-iēs.

adi -us (-r)-a -um
adv -ē (-ō, -im)

adi -is -e (-r -ris -re, -x, -ns)
adv -iter (-nter, -e)

adi (comp) -ior -ius
adv -ius

numerus quīnque...
adv -iēs (×)

1. superbus, *adv* superb_____.
2. iūstus, *adv* iūst_____.
3. levis, *adv* lev_____.
4. celer, *adv* celer_____.
5. pulcher, *adv* pulchr_____.
6. ācer, *adv* ācr_____.
7. subitus, *adv* subit_____.
8. benignus, *adv* benign_____.
9. cōmis, *adv* cōm_____.
10. falsus, *adv* fals_____.
11. pār, *adv* par_____.
12. sapiēns, *adv* sapien_____.
13. pūblicus, *adv* pūblic_____.
14. prīvātus, *adv* prīvāt_____.
15. postrēmus, *adv* postrēm_____.
16. ferōx, *adv* ferōc_____.
17. libēns, *adv* liben_____.
18. facilis, *adv* facil_____.
19. difficilis, *adv* difficul_____.
20. gravior, *adv* grav_____.
21. fortissimus, *adv* fortissim_____.
22. melior, *adv* mel_____.
23. prior, *adv* pr_____.
24. malus, *adv* mal_____.
25. bonus, *adv* _____.
26. quīnque, *adv* quīnqu_____ (5×).
27. sex, *adv* sex_____ (6×).
28. decem, *adv* dec_____ (10×).

Exercitium 19

con-cutiō -iunt
dē-cutiō -iunt

1. conciēre, con_____isse, con_____um esse
2. concutere, con_____isse, con_____um esse
3. dēcutere, dē_____isse, dē_____um esse
4. dēprēndere, dē_____isse, dē_____um esse
5. ērubēscere, ē_____isse
6. exigere, ex_____isse, ex_____um esse
7. favēre, _____isse
8. incalēscere, in_____isse
9. obsidēre, ob_____isse, ob_____um esse
10. opprimere, op_____isse, op_____um esse
11. praestāre, prae_____isse
12. prōlābī, prō_____um esse

Cap. XLVI

CAPITVLVM QVADRAGESIMVM SEXTVM

Lēctiō I

Lēctiō prīma: versūs 1–123

Exercitium 1

coercēre
collēga
commovēre
cōnsenēscere
cōnsulāris
cōnsulātus
contendere
damnāre
decemvirī
dēprecātiō
dictātor
dictātūra
dītissimus

1. Annō _____ quadrāgēsimō quīntō [CCXLV] ab urbe conditā prō ūnō rēge duo cōnsulēs creātī sunt, ut alter alterum _____.
2. Senātuī _____ ut annuum imperium habērent, nē _____ [< diūturnus] imperiī eōs īnsolentēs _____ [= faceret].
3. Cōnsulēs sciēbant sē post annum _____ [= sine magistrātū] fore.
4. Prīmī cōnsulēs fuērunt Brūtus et Collātīnus, sed Collātīnus coāctus est ex urbe migrāre cum omnī _____ suō [= bonīs patris].
5. Brūtus P. Valerium Pūblicolam _____ sibi fēcit.
6. Tarquinius bellum Rōmānīs _____ [= mōvit], ut in rēgnum _____ [= rūrsus īnstituerētur].
7. In prīmō proeliō Brūtus cōnsul et Arrūns, Tarquiniī fīlius, _____ sē [= alter alterum] occīdērunt.
8. Tarquinius victus Tūsculum sē contulit ibique _____ [< senex].

9. Cum gener Tarquiniī bellum parāret, ut clādem socerī _____
   [= ulcīscerētur], _____ Rōmae factus est T. Lārcius.

10. _____ [< dictātor] dignitās māior est quam _____
    [< cōnsul].

11. _____ equitum dictātōrī _____ [= oboedit].

12. XVI annō post rēgēs exāctōs plēbs Rōmāna, sēditiōne factā, _____
    plēbis sibi creāvit, quī plēbēiōs ā patriciīs dēfenderent.

13. Cn. Mārcius, Rōmā expulsus, ad Volscōs _____ [= properāvit] et
    exercitum adversus Rōmam dūxit ūsque ad quīntum _____.

14. Lēgātōs pācem petentēs _____ [= dīmīsit], sed mātris et uxōris
    flētū et _____ [< dēprecārī] superātus exercitum remōvit.

15. Ex magnā familiā Fabiā ūnus _omnino_ [< omnis] ex proeliō superfuit.

16. L. Cincinnātus, quī agrum VII _iugerum_ possidēbat, arāns dictātor
    factus est; _sudore_ dētersō togam _praetextam_ accēpit.

17. Annō _trecentesimo_ alterō [CCCII] ab urbe conditā prō cōnsulibus
    decemviri creātī sunt, quī lēgēs scrīberent.

18. Annō post decemvir, quī virginem nōbilem violāre voluit, _damnatus_
    [= condemnātus] est, et imperium _consulares_ [< cōnsul] restitūtum.

19. Annō CCCXV ab urbe conditā Fidēnae et Vēiī rebellāvērunt, sed ambae
    cīvitātēs victae sunt atque Fidēnae captae et _excisae_ [= dēlētae].

20. Camillus Vēiōs cēpit, urbem Italiae _ditissimam_ [= dīvitissimam].

21. Gallī, cum Capitōlium obsidērent et Rōmānī fame _laborarent_, aurō
    acceptō _regressi_ [↔ prōgressī] sunt.

22. Posteā Camillus Gallīs _____ eōsque bis vīcit.

Exercitium 2

1. Rōmulus asȳlum aperuit, _____ vāna urbis magnitūdō es_____.
2. Sabīnī Tarpēiam necāvērunt, _____ quis impūne patriam suam prōd_____.
3. Numa, _____ rēge absente sacra negleg_____, sacerdōtēs fēcit.
4. Iāniculum urbī adiectum est, _____ quandō ea arx hostium es_____.
5. Rēx, _____ ipse rem tam trīstem iūdicā____, duumvirōs creāvit.
6. Cum rēx pergeret Rōmam, flexit viam Brūtus, _____ obvius fi_____.
7. Pater Verginiam occīdit, _____ stuprum ā decemvirō sustinē_____.
8. Gallī aurum accēpērunt, _____ Capitōlium obsidē_____.
9. Placuit _____ cōnsulēs longius quam annuum imperium habē_____,
   _____ per diūturnitātem potestātis īnsolentiōrēs redd_____.
10. Horātius pater cīvēs ōrābat '_____ sē orbum līberīs fac_____!'
11. Tanaquīl Servium ōrat '_____ inultam mortem socerī esse sin_____!'

Exercitium 3

1. Quārē prō ūnō rēge perpetuō duo cōnsulēs annuī creātī sunt? ...
2. Cūr L. Tarquiniō Collātīnō cōnsulātus abrogātus est? ...
3. Quis prīmum novīs cōnsulibus bellum intulit? ...
4. Uter cōnsul in eō bellō occīsus est? ...
5. Cūr prīmus annus quīnque cōnsulēs habuit? ..
6. Quō Tarquinius Superbus victus sē contulit? ...
7. Quae dignitās māior est quam cōnsulātus? ...
8. Quōs plēbs, sēditiōne factā, dēfēnsōrēs sibi creāvit? ...
9. Quis Rōmānus exercitum adversus patriam suam dūxit? ...
10. Quōmodo L. Quīnctius Cincinnātus dictātor factus est? ...
11. Annō CCCII quī prō cōnsulibus creātī sunt ad lēgēs scrībendās? ... _decemviri creati sunt._
12. Cūr decemvirīs potestās sublāta est? ... _decemviris potestas ipseque damnatus sunt._

Right margin word list:

diūturnitās
ducentēsimus
excīdere
invicem
iūgerum
labōrāre
magister equitum
mīliārium
obsequī
occupāre   _entirely / on the whole_
omnīnō
patrimōnium
placēre
praetextus
prīvātus
reddere
regredī
repudiāre
restituere
sūdor
supervenīre
trecentēsimus
tribūnus plēbis
vindicāre

nē (= ut nē) + *coni*

13. Cūr Camillō, cum Vēiōs et Faleriōs cēpisset, commōta est invidia? ...
14. Quī hostēs urbem Rōmam praeter Capitōlium occupāvērunt? ...
15. Cūr Camillus tertium triumphāvit et 'alter Rōmulus' vocātus est? ...

Lēctiō II

amplius
cēnsor
corvus
honor
iugum
lēgātus
meritum
perdomāre
persevērāre
praesūmere
prōvocāre
quadriennium
sexāgēsimus
singulāris
sternere
subigere
tīrō
torquis
tribūnus mīlitāris
tribūnus mīlitum
triennium
unguis

Lēctiō secunda: versūs 124–214

Exercitium 4

1. Annō trecentēsimō _____ quīntō [CCCLXV] ab urbe conditā prō duōbus cōnsulibus creātī sunt _____ mīlitārēs cōnsulārī potestāte.
2. Nec diū _____ [= mānsērunt] tribūnī mīlitārēs, et _____ [= IV annōs] nūlla potestās in urbe fuit.
3. Tribūnī mīlitārēs iterum potestātem _____ [= prae aliīs sūmpsērunt] et _____ [= trēs annōs] persevērāvērunt.
4. Camillō mortuō māximus _____ [= honōs] dēlātus est.
5. T. Mānlius 'Torquātus' vocātus est quod in _____ [< singulī] certāmine Gallum occīdit et _____ eius aureum collō suō imposuit.
6. _____ [= novīs mīlitibus] lēctīs x legiōnēs factae sunt, id est _____ [= plūs (quam)] sexāgintā mīlia mīlitum.
7. L. Fūrius 'Corvīnus' dictus est quod _____ eum in pugnā adversus Gallum adiūvit ālīs et _____ acūtīs Gallī oculōs verberāns.
8. Itaque Fūrius Gallum, quī eum ad pugnam _____, occīdit et ob hoc _____ [< merēre] adulēscēns cōnsul factus est.
9. Latīnī, quī ā Rōmānīs _____ [= sub imperium coāctī] erant, rebellāvērunt, sed superātī sunt et _____ [= funditus domitī].
10. T. Veturiō Sp. Postumiō cōnsulibus Samnītēs Rōmānōs vīcērunt et sub _____ mīsērunt, sed ipsī posteā ā L. Papīriō cōnsule victī sunt.
11. Eō tempore Ap. Claudius _____ [< cēnsēre] aquam Appiam indūxit et viam Appiam _____.
12. Singulīs legiōnibus sēnī _____ mīlitum praefectī sunt.
13. _____ est praefectus mīlitum quī imperātōrem adiuvat.

Exercitium 5

1. Quōmodo dignitātēs mūtātae sunt annō CCCLXV a. u. c.? ...
2. Quot cīvitātēs Camillus eō annō occupāvit et quot triumphōs ēgit? ...
3. Cūr T. Mānlius sibi et posterīs suīs cognōmen Torquātī accēpit? ...
4. Tīrōnibus lēctīs quot legiōnēs Rōmānae factae sunt? ...
5. Quōmodo M. Valerius Gallum prōvocantem vīcit? ...
6. Quod cognōmen eī datum est? ...
7. Quam urbem Alexander condidit eō annō quō Latīnī dēvictī sunt? ...
8. Cūr Q. Fabius Māximus ā dictātōre capitis damnātus est? ...
9. Quō dēdecore Samnītēs excercitum Rōmānum victum affēcērunt? ...
10. Ā quō via Appia strāta est? ...
11. Quis Q. Fabiō Māximō lēgātus datus est? ...
12. Quī cōnsulēs Samnītēs dēvīcērunt? ...
13. Quot annōs bellum cum Samnītibus gestum est? ...

Lēctiō tertia: versūs 215–305

Exercitium 6

1. Urbs Rōma condita est ante di____ ūndecim_____ kalend____ Māi____
   (a. d. XI kal. Māi.) annō septingent_____ quīnquāg_____
   terti____ (DCCLIII) ante Chrīstum nātum (a. C. n.).

2. Annō ducent_____ quadrāg_____ quīnt____ (CCXLV) ab urbe
   conditā (a. u. c.) sīve annō quīngent_____ nōn____ (DIX) ante Chrīstum
   nātum (a. C. n.) rēgēs Rōmā exāctī sunt.

3. _____ _____ (XVI) annō post rēgēs exāctōs tribūnī plēbis
   creātī sunt.

4. Annō a. u. c. trecent_____ sexāg_____ quārt____ (CCCLXIV)
   Rōma ā Gallīs capta est.

5. L. Genūci____ Q. Servīli____ cōnsul_____ mortuus est Camillus.

6. T. Veturi____ Sp. Postumi____ cōnsul_____, annō quadringent_____
   _____ _____ (CCCCXXXIII) a. u. c., exercitus Rōmānus apud
   Caudium victus sub iugum missus est.

7. Ap. Claudi____ M. Fulvi____ cōnsul_____, annō a. u. c. _____
   _____ (CCCCXC), bellum prīmum contrā Poenōs susceptum est.

8. Poenī classe dēvictī sunt ante di____ quārt____ īd____ Mārti____ (a. d. IV
   īd. Mārt.) annō _____ _____ _____ (DXIII) a. u. c.,
   Q. Lutāti____ A. Mānli____ cōnsul_____.

9. C. Iūlius Caesar interfectus est īd_____ Mārti____ annō _____
   _____ (XLIV) a. C. n., id est annō a. u. c. septingent_____
   decim____ (DCCX).

10. M. Tullius Cicerō nātus est ante _____ _____ nōn____
    Iānuāri____ (a. d. III nōn. Iān.) annō sescent_____
    duodēquīnquāg_____ (DCXLVIII) a. u. c. sīve cent_____ sext____
    (CVI) a. C. n.

Exercitium 7

1. Pyrrhus fuit prīmus hostis Rōmānōrum _____ [< trāns mare].
2. Prīmō proeliō Pyrrhus vīcit auxiliō _____, nam eās bēstiās
   _____ [= ignōtās] Rōmānī expāvērunt.
3. Quam ob causam Pyrrhō victōria _____ [= data est].
4. Pyrrhus captīvōs Rōmānōs _____ [< honōs] _____
   atque eōs sine pretiō Rōmam remīsit.
5. Senātus captīvōs Rōmānōs quī redditī erant _____ [= indignōs]
   habērī iussit.
6. Pyrrhus, cum Fabricium pauperem esse _____ [= cognōvisset],
   magnīs prōmissīs eum _____ [= incitāvit], ut ad sē trānsīret.
7. Pyrrhus lēgātum mīsit quī pācem _____ condiciōnibus peteret,
   sed rēgī _____ [= renūntiātum] est, ut ex Italiā recēderet.
8. Medicus Pyrrhī Fabriciō prōmīsit 'sē rēgem _____ necātūrum
   esse, sī Fabricius sibi praemium dedisset', sed Fabricius eum vīnctum remīsit.
9. Hoc admīrātus Pyrrhus dīxit 'illum Fabricium difficilius ab _____
   [< honestus] quam sōl ā cursū suō āvertī posse!'
10. Lēgātīs Rōmam missīs Ptolomaeus amīcitiam quam petīverat _____
    [= adeptus est].
11. Annō _____ septimō [CCCCLXXVII] a. u. c.
    cēnsus habitus est.
12. Mīlitēs Rōmānī elephantōs _____ [= elephantīs territī sunt].

Lēctiō III

quō annō?
annō -(ēsim)ō
ab urbe conditā: a. u. c.
(post rēgēs exāctōs)
ante Chrīstum nātum:
  a. C. n.
post Chrīstum nātum:
  p. C. n.
-ō -ō cōnsulibus (*abl
abs*)

quō diē?
kal./nōn./īd. Iān.–Dec.
  = kalendīs/nōnīs/īdibus
Iānuāriīs–Decembribus
a. d. III–XIX/prīdiē kal./
nōn./īd. Iān.–Dec. =
ante diem III–XIX/prīdiē
kalendās/nōnās/īdūs
Iānuāriās–Decembrēs

adversus
aequus
comperīre
contingere
elephantus
expavēscere
explōrātor
honestās
honōrificus
incognitus
īnfāmis
obtinēre
quadringentēsimus
remandāre
septuāgēsimus
sollicitāre
tractāre
trānsmarīnus
trux
venēnum

13. Mīles Rōmānus _____ [= ferōcī] vultū adversus hostem prōcēdit.
14. Mīles fortis occīsus _____ vulnere iacet.
15. _____ est mīles quī hostium mōtūs explōrat.

Exercitium 8
1. Cūr Rōmānī Tarentīnīs bellum indīxērunt? ...
2. Ā quō Tarentīnī auxilium petīvērunt contrā Rōmānōs? ...
3. Quibus bēstiīs Pyrrhus ūsus est in proeliō? ...
4. Quōmodo Pyrrhus captīvōs Rōmānōs tractāvit? ...
5. Quam prope Rōmam perrēxit Pyrrhus? ...
6. Quārē lēgātī ad Pyrrhum missī sunt? ...
7. Quid rēx Fabriciō lēgātō prōmīsit, sī ad sē trānsiisset? ...
8. Quārē Pyrrhus Cineam lēgātum Rōmam mīsit? ...
9. Quid Cineās reversus Pyrrhō nārrāvit dē Rōmānīs? ...
10. Quid medicus Pyrrhī Fabriciō prōmīsit? ...
11. Quid Fabricius illī medicō fēcit? ...
12. Num Pyrrhus Rōmānōs contemnēbat? ...
13. Quis Pyrrhum dēvīcit et dē eō triumphāvit? ...
14. Quō fugātus est Pyrrhus? ...
15. Unde lēgātī annō a. u. c. CCCCLXXXI Rōmam vēnērunt? ...
16. P. Semprōniō Ap. Claudiō cōnsulibus quās cīvitātēs Rōmānī condidērunt? ...

Lēctiō IV

Lēctiō quārta: versūs 306–477

Exercitium 9
Praenōmina Rōmāna

praenōmina

Exemplum: C. Iūlius Caesar = Gāius Iūlius Caesar.

1. A. = ...
2. Ap. = ...
3. C. = ...
4. Cn. = ...
5. D. = ...
6. K. = ...
7. L. = ...
8. M. = ...
9. M'. = ...
10. P. = ...
11. Q. = ...
12. Sex. = ...
13. Ser. = ...
14. Sp. = ...
15. T. = ...
16. Ti(b). = ...

Exercitium 10

calamitās
castellum
complexus
conicere
contingere
dēcipere
dēmergere
fidēs, in fidem accipere
fiscus
grandis
historicus
īnfīnītum
īnfringere
ingredī
īnsignis
modius

1. Quīntō annō bellī Pūnicī, parātīs nāvibus *rostratis* [= cum rōstrīs], cōnsul C. Duīlius proeliō *navali* [< nāvis] Carthāginiēnsēs vīcit.
2. Alter cōnsul ā Carthāginiēnsibus fraude *deceptus* est et captus.
3. Classis Carthāginiēnsium ā M. Atīliō Rēgulō victa _____ [= eō unde vēnerat] sē recēpit.
4. In Āfricā Rēgulus multās cīvitātēs in _____ [= dēditiōnem] accēpit et multa _____ [= loca mūnīta] vāstāvit.
5. Postrēmō victus est ultimā _____ [= strāge], nam MM tantum ex exercitū Rōmānō _____ [= retrō fūgērunt], Rēgulus captus in catēnās _____ est.
6. M. Aemilius Paulus CIV nāvēs hostium _____ [= submersit], XXX cum _____ [< pugnāre] cēpit.
7. Classis rediēns māximā tempestāte _____ passa est, nec animus Rōmānōrum hāc _____ [= clāde] _____ [= frāctus] est.
8. Metellus in Siciliā Poenōs superāvit et multōs elephantōs cēpit, quōs ingentī *pompa* [= agmine] in triumphō dūxit.

9. Carthāginiēnsēs Rēgulum, quem cēperant, Rōmam remīsit, ut pācem et
   permutationem [< permūtāre] captīvōrum obtinēret.
10. Rōmae ille _negavit_ 'sē Rōmānum esse [= dīxit 'sē R. nōn esse...']
   ex illō diē quō in potestātem Āfrōrum vēnisset.'
11. Itaque uxōrem ā _complexu_ [< complectī] remōvit et senātuī suāsit
   nē pāx cum Poenīs fieret.
12. Victōriā nāvālī ad Aegātēs īnsulās _infinitas_ [= immēnsa cōpia] aurī
   et argentī in potestātem Rōmānōrum _redactum_ est.
13. Bellum Pūnicum prīmum XXIII annōs _tractum_ [= prōductum] est.
14. Bellō _transacto_ [= perāctō] pāx Carthāginiēnsibus _tributa_
   [= data] est.
15. Permūtātī sunt captīvī ita ut captīvī quōs Rōmānī tenēbant pretiō ex
   fisco [= aerāriō] solūtō redimerentur.
16. Rēx Hierō CC mīlia _modiorum_ frūmentī populō Rōmānō praebuit.
17. _Triticum_ est frūmentum ex quō pānis albus fit.
18. Sardīs victīs Rōmānī ubīque pācem habuērunt, quod iīs semel tantum
   contigerat [= acciderat]; ergō Iānus iterum clausus est.
19. Fabius Pictor _____ [= scrīptor rērum] bellō Gallicō interfuit.
20. Gallīs victīs Mārcellus _____ [= magnam] praedam Rōmam vēxit.
21. Cum rēgem Gallōrum manū suā _____ [= interēmisset], spolia
   opīma _____ [= baculō crassō] imposita in Capitōlium tulit.
22. "Aspice ut _____ spoliīs Mārcellus opīmīs
   _____ [= graditur] victorque virōs _____ omnēs!"

Exercitium 11

1. Quibus cōnsulibus prīmum bellum Pūnicum coeptum est? ...
2. Ubi Rōmānī Carthāginiēnsēs cōpiīs terrestribus vīcērunt? _in Sicilia_
3. Quī dux Rōmānus Poenōs prīmō proeliō nāvālī vīcit? ...
4. Post illam victōriam quō trānslātum est bellum? ...
5. Quōmodo M. Atīlius Rēgulus in Āfricā rem gessit? ...
6. Carthāginiēnsēs in Āfricā victī ā quibus auxilium petīvērunt? ...
7. Quō duce exercitus Rēgulī victus est? ...
8. Quot nāvēs hostium Aemilius cōnsul nāvālī proeliō dēmersit? ...
9. Quid classī victrīcī redeuntī ēvēnit? ...
10. Num animus Rōmānōrum hāc calamitāte īnfrāctus est? ...
11. Ubi L. Caecilius Metellus ducem Poenōrum superāvit? ...
12. Quot elephantōs dux Poenōrum sēcum dūxit et quot Metellus cēpit? ...
13. Quārē Carthāginiēnsēs Rēgulum Rōmam mīsērunt? ...
14. Num Rēgulus Rōmānīs suāsit ut pācem cum Poenīs facerent? ...
15. Cūr ille, uxōre ā complexū remōtā, Carthāginem rediit? ...
16. Quid P. Claudiō Pulchrō contigit cum contrā auspicia pugnāret? ...
17. Annō bellī Pūnicī vīcēsimō tertiō cui bellum commissum est? ...
18. Quot nāvibus in marī contrā Lilybaeum pugnātum est? ...
19. Utra classis eō proeliō nāvālī victrīx fuit? ...
20. Carthāginiēnsibus dēvictīs quid captīvīs factum est? ... _a Carthaginienses redditi sunt._
21. Quārē Rōmānī lēgātōs ad Ptolomaeum mīsērunt? _Quia rex Syriae Antiochus bellum ei intulerat._
22. Quid rēx Siciliae Hierō populō Rōmānō dōnō dedit? _ducenta milia modiorum tritici populo donum praebuit._
23. Quōmodo Carthāginiēnsēs bellum renovāre temptābant? _Sardinienses ad rebellandum impellerunt_
24. Cūr annō a.u.c. quīngentēsimō ūndēvīcēsimō Iānus iterum clausus est? _Romani nullum bellum pugnerunt._ _(peace was made)_ _pax erat_
25. Cui bellō historicus Fabius Pictor interfuit? ...
26. Quis spolia opīma tertia tulit? ...

or 21. ut auxilia promitterent.

Right margin word list:
naufragium
nāvālis
negāre
perimere
permūtātiō
perniciēs
pompa
pugnātor
redigere
refugere
retrō
rōstrātus
stīpes
superēminēre
trahere
trānsigere
tribuere
trīticum

Lēctiō grammatica

Lēctiō grammatica

Exercitium 12

Datur nōminātīvus singulāris: -us.
Dā genetīvum singulāris: -ī/-oris/-eris/-ūs et genus: m/f/n!
Exemplum: annus -ī m, fūnus -eris n, sinus -ūs m.

nōm -us
gen -ī m
  -oris *n*
  -eris *n*
  -eris *n*
  -ūs *m/f*

1. pectus _____ ____; lectus _____ ____; flūctus _____ ____.
2. sonus _____ ____; onus _____ ____; genus _____ ____.
3. pontus _____ ____; pondus _____ ____; mundus _____ ____.
4. nīdus _____ ____; sīdus _____ ____; gradus _____ ____.
5. rītus _____ ____; lītus _____ ____; frīgus _____ ____.
6. latus _____ ____; status _____ ____; metus _____ ____.
7. lupus _____ ____; opus _____ ____; foedus _____ ____.
8. corpus _____ ____; hortus _____ ____; portus _____ ____.
9. tempus _____ ____; campus _____ ____; pignus _____ ____.
10. vultus _____ ____; vulnus _____ ____; mūnus _____ ____.
11. dolus _____ ____; holus _____ ____; scelus _____ ____.
12. facinus _____ ____; asinus _____ ____; manus _____ ____.
13. porticus _____ ____; dēdecus _____ ____; pecus _____ ____.
14. domus _____ ____; humus _____ ____; vulgus _____ ____.

Exercitium 13

1. cēdere, _____isse
2. comperīre, com_____isse, com_____um esse
3. cōnsenēscere, cōn_____isse
4. contemnere, con_____isse, con_____um esse
5. contendere, con_____isse
6. dēcipere, dē_____isse, dē_____um esse
7. excīdere, ex_____isse, ex_____um esse
8. expavēscere, ex_____isse
9. fluere, _____isse
10. īnfringere, īn_____isse, īn_____um esse
11. lūgēre, _____isse
12. pergere, per_____isse
13. perimere, per_____isse, per_____um esse
14. redigere, red_____isse, red_____um esse
15. referre, _____isse, re_____um esse
16. regredī, re_____um esse
17. subigere, sub_____isse, sub_____um esse
18. trānsigere, trāns_____isse, trāns_____um esse
19. tribuere, _____isse, _____um esse

dē-cipiō -iunt

re-gredior -iuntur

CAPITVLVM QVADRAGESIMVM SEPTIMVM

Lēctiō prīma: versūs 1–103

Exercitium 1

1. Hōc capitulō continētur _commentarius_ quō A. Gellius tempora comparat quibus Graecī Rōmānīque illūstrēs _flōruerint_ [< flōs].
2. Quod dīcit dē vītā clārōrum hominum _excerpsit_ [< ex + carpsit] ē librīs quī _chronici_ sīve _annales_ [< annus] appellantur.
3. Ita nōbīs _cōnspectum_ [< cōnspicere] aetātum antīquissimārum dedit, nē quid _incōnspectum_ ac prāvum super vītā hominum clārōrum _temere_ [> temerārius] dīcerēmus.
4. A. Gellius ā Solōne incipit, quī Athēniēnsibus lēgēs scrīpsit Tarquiniō Rōmae rēgnante, cui _cognōmentum_ [= cognōmen] Prīscus fuit.
5. Archilochus, poēta Graecus clārus, Tullō Hostīliō rēgnante _____ [= carmina] scrīpsit.
6. Miltiadēs, quī annō CCLX a.u.c. Persās vīcit apud Marathōnem, damnātus ab Athēniēnsibus in vinculīs mortem _____ [= mortuus est].
7. Aeschylus Athēnīs _____ [↔ cōmoediās] scrīpsit paulō antequam Coriolānus, ā tribūnīs plēbis _____ [= incitātus] ac _____ [= male tractātus], ā populō Rōmānō _____ [= dēfēcit].
8. Rōmae decemvirī lēgēs XII tabulārum _____ [= scrīpsērunt] eōdem tempore quō Empedoclēs in Siciliā _____ [< philosophus] _____ [< nātūra] studuit.
9. Sophoclēs et Euripidēs, poētae _____ [= quī tragoediās scrīpsērunt], ab Ahēniēnsibus _____ [< nōbilis] sunt.
10. Sōcratēs, _____ Graecus nōbilissimus, _____ [= damnātus] 'iuventūtem corrūpisse' in carcere venēnō necātus est
11. In _____ [< obsidēre] Capitōliī M. Mānlius Gallōs per ardua _____ [= clam ascendentēs] _____ .
12. Ex temporibus paucōrum hominum quī hīc memorantur haud difficile est _____ facere dē plūribus quī nōminātī nōn sunt.

Exercitium 2

1. Unde A. Gellius facta excerpsit dē vītā clārōrum hominum? ... *line 8 ex librīs quī 'chronici' appellantur.*
2. Cūr A. Gellius nōn ab Homērō, sed ā Solōne incipit? ... *quia inter omnēs scrīptōrēs cōnstitit Homerum ante Rōmam conditam vixisse.*
3. Quō rēge Rōmānō rēgnante Solō lēgēs Athēniēnsium scrīpsit? ... *line 29 - 29*
4. Ā quibus occīsus est Hipparchus tyrannus? ...
5. Ubi Persae ab Athēniēnsibus victī sunt Miltiade duce? ...
6. Cūr Cn. Mārcius Coriolānus ad Volscōs dēscīvit? ...
7. Quō duce classis Xerxis ab Athēniēnsibus victa est ad Salamīna? ...
8. Quī lēgēs duodecim tabulārum Rōmae scrīpsērunt? ...
9. Quis historicus bellum Peloponnēsiacum memoriae trādidit? ...
10. Aeschylus, Sophoclēs, Euripidēs quid scrīpsērunt? ...
11. Quōmodo mortuus est Sōcratēs philosophus? ...
12. Cūr M. Mānlius capitis damnātus est? ...

Lēctiō secunda: versūs 104–206

Exercitium 3

1. Decem mīlia sēsterti____ /numm____ [= sēstertiōrum/nummōrum].
2. "Ō Iuppiter! Pater de____ hominumque!"
3. Cincinnātus agrum quattuor iūger____ colēbat.
4. Sp. Carvīlius Rūga iūrāvit 'uxōrem sē habēre līber____ quaerundōrum causā'.

Cap. XLVII

Lēctiō I

annālis
chronicus
cognōmentum
commentārius
coniectūra
cōnscrībere
cōnspectus
convincere
dēpellere
dēscīscere
exagitāre
excerpere
flōrēre
incōnspectus
nātūrālis
nōbilitāre
obīre, mortem o.
obrēpere
obsidiō
philosophia
philosophus
poēma
temere
tragicus
tragoedia
vexāre

Lēctiō II

dēcl II
gen pl -um = -ōrum

celebrāre
circumvāllāre
cōmicus
condere
cōnfīdentia
cōnflīctāre
cōnstantia
dēiūrāre
dēlīrāre
dēsipere
deūrere
dīvortium
diūtinus
ecquid
edepol
exūrere
foculus
historia
hospita
iūs iūrandum
lībra
mecastor
mehercle
mercārī
nota
obtrectāre
orientālis
percontārī
pondō
prōdere
prōpōnere
quīndecimvirī
quīngentēsimus
sacrārium
scrīptum
sterilis
subinde
subscrībere
trānsgredī
vēnundāre

Exercitium 4

1. Alexander _____ est [= trānsiit] in Asiam et in partēs _____ [< oriēns].
2. Paulō post Rōmānī in bellō Samnīticō _____ [= diūturnō] ab hostibus _____ [< circum + vāllum] sunt ac sub iugum missī.
3. Cēnsōrēs ad nōmen P. Cornēliī Rūfīnī _____ apposuērunt et haec _____: "quod comperimus tē argentī factī cēnae grātiā decem _____ _____ habēre."
4. Quō tempore bellum Pūnicum prīmum coeptum est, Callimachus poēta Alexandrīae _____ [< celeber] est.
5. Annō a.u.c. _____ ūndēvīcēsimō [DXIX] Sp. Carvilius Rūga _____ cum uxōre fēcit 'quod _____ esset.'
6. Terentius, poēta _____ [↔ tragicus], vīxit post bellum Pūnicum secundum, quod A. Gellius fīnem _____ adnotātiunculīs suīs.
7. Lūcīlius aliōs poētās versibus _____ [= male tractāvit].
8. In librō suō prīmō A. Gellius _memoriam_ [= fābulam] _prōdit_ [= trādit] super librīs Sibyllīnīs.
9. Anus _advena_ [f < hospes] novem librōs ōrāculōrum rēgī Tarquiniō Superbō _vēnundāre_ [= vēndere] voluit.
10. Cum rēx pretium _____ esset [= quaesīvisset], anus tantum poposcit ut rēx eam aetāte _dēsipere_ [↔ sapere] putāret.
11. _____ cum igne appositō anus trēs librōs _exussit_ [= ussit] et _____ [= continuō post] idem pretium petīvit prō sex reliquīs.
12. Iam rēx rīdēns 'anum _____ [= dēmentem esse]' dīxit.
13. Mulier aliōs trēs librōs _____ [= deussit] et rēgem interrogāvit '_____ [= num] reliquōs trēs eōdem pretiō emere vellet?'
14. Tarquinius _cōnstantia_ [< cōnstāns] et _cōnfīdentia_ [< cōnfīdere] mulieris admīrātus trēs librōs _____ est [= ēmit] eōdem pretiō quod petītum erat prō novem.
15. Librī illī 'Sibyllīnī' in _____ [= locum sacrum] _____ [= dēpositī] sunt.
16. _____ [XV virī] librōs Sibyllīnōs quasi dīvīnum ōrāculum cōnsulunt cum rēs pūblica perīculīs _____ [= vexātur].
17. Virī et fēminae nōn per eōsdam deōs _____ [= iūrant], ut ex veteribus _____ [< scrībere] appāret.
18. _me-castor_ [= per Castorem!] est _____ _____ fēminārum, _me-hercule_ [= per Herculem!] virōrum.
19. _edepol_ [= per Pollūcem!] est iūs iūrandum virīs et fēminīs commūne.

Exercitium 5

1. Quis fuit pater Alexandrī Magnī? ...
2. Rēgnum adeptus quō Alexander trānsgressus est? ...
3. Quot annōs Alexander rēgnāvit? ...
4. Quī fuērunt Platō et Aristotelēs? ...
5. Quod bellum Rōmānī gerēbant cum Aristotelēs mortem obiit? ...
6. Quā dē causā cēnsōrēs P. Cornēlium Rūfīnum senātū mōvērunt? ...
7. Quibus cōnsulibus bellum Pūnicum prīmum coeptum est? ...
8. Cūr Sp. Carvilius Rūga dīvortium fēcit cum uxōre? ...
9. Quid Plautus et Terentius scrīpsērunt? ...
10. Quem fīnem commentāriī suī prōposuit A. Gellius? ...

11. Quid anus hospita rēgī Tarquiniō Superbō obtulit? ...
12. Cūr rēx nōn omnēs librōs novem ēmit? ...
13. Quid fēcit mulier cum rēx librōs emere recūsāvit? ...
14. Num rēx trēs librōs minōre pretiō mercātus est? ...
15. Ubi conditī sunt librī Sibyllīnī? ...
16. Cūr fēminae nōn iūrant per Herculem? ...
17. Quod iūs iūrandum fēminārum proprium est? ...

Lēctiō grammatica

Exercitium 6
Verba dēpōnentia

1. exīre = ēgred____; exit = ēgred_____; exeunt = ēgred_____;
   exiit = ē_____ _____; exī! = ēgred____!
2. timēre = verē____; timeō = vere____; timēmus = verē_____;
   timēbāmus = verē_____.
3. exspectāre = opperī____; exspectāte! = opperī_____!
4. occidere ↔ orī____; occidēns ↔ ori____.
5. temptāre = cōnā____; temptābat = cōnā_____;
   temptāvit = cōnā_____ _____; temptātūrus = cōnā_____.
6. cēnsēre = arbitrā____ = rē____ ; cēnseō = arbitr____ = re____;
   cēnsēbat = arbitrā_____ = rē_____.
7. ambulāre = grad____; ambulat = gradi_____; ambulābat = gradi_____.
8. āmittere ↔ adipīsc____; āmittit ↔ adipīsc_____;
   āmīsit ↔ ad_____ _____.
9. errāre = vagā____; errāns = vagā_____; errābam = vagā_____;
   errābō = vagā_____.
10. interrogāre = percontā____; interrogant = perconta_____;
    interrogāvērunt = percontā_____ _____.
11. ōrāre = precā____; ōrābit = precā_____; ōrēmus! = prec____!
12. emere = mercā____; emō = merc____; ēmī = mercā_____ _____.
13. prōmittere = pollicē____; prōmittō = pollice____; prōmittit = pollicē_____;
    prōmīsī = pollic_____ _____; prōmīsit = pollic_____ _____.
14. redīre = revert____; redeō = revert____; redeunt = revert_____;
    redībō = revert____; redībunt = revert_____; redīte! = revert_____!
15. dīvidere = partī____; dīvidit = partī_____; dīvide! = partī_____!
16. gaudēre = laetā____; gaudeō = laet____; gaudeāmus! = laet_____!
17. spectāre = intuē____; spectābat = intuē_____; spectā! = intuē____!
18. tolerāre = pat____; tolerō = pat____; tolerābam = pat_____;
    tolerāvī = _____ _____.

Exercitium 7
1. convincere, con_____isse, con_____um esse
2. dēpellere, dē_____isse, dē_____um esse
3. dēscīscere, dē_____isse
4. excerpere, ex_____isse, ex_____um esse
5. exūrere, ex_____isse, ex_____um esse
6. flōrēre, _____isse
7. trānsgredī, trāns_____um esse

Lēctiō grammatica

verba dēpōnentia

trāns-gredior -iuntur

Cap. XLVIII	**CAPITVLVM DVODEQVINQVAGESIMVM**
Lēctiō I	*Lēctiō prīma: versūs 1–90*

Exercitium 1

Cap. XLVIII glossary:
adigere
alveus
assēnsus
assentīrī
assuēscere/adsuēscere
blandīrī
cōnferre (arma)
differre
dīripere
dispōnere
exsuscitāre
habilis
haudquāquam
hīberna
impedītus
magistrātus
memorābilis
merēre (stipendia)
nītī
oppidānus
praetōrium
prōmovēre
succēdere
trāicere (*bis*)
ultrō
vixdum

1. Bellum _memorabile_ [< memorāre] est bellum Pūnicum secundum, quō duae māximae gentēs inter sē arma _contulerunt_.
2. Indignābantur Rōmānī quod Poenī victī victōribus _ultro_ [= sine causā] arma īnferrent, Poenī quod Rōmānī victīs superbē imperitāvissent.
3. Hannibal puer patrī Hamilcarī _blandiebatur_ [< blandē rogābat] ut cum exercitū in Hispāniam dūcerētur.
4. Tum Hamilcar, antequam excercitum in Hispāniam _traiceret_ [= trādūceret], fīlium iūre iūrandō _adegit_ [= ad iūs iūrandum coēgit] 'sē, cum prīmum posset, hostem fore populō Rōmānō.'
5. Mortuō Hamilcare gener eius Hasdrubal eī _successit_ [= in locum eius secūtus est]; is foedus cum Rōmānīs renovāvit, id quod bellum _distulit_ [= bellō moram attulit].
6. Hasdrubal Hannibalem _____ [= vix adhūc] pūberem ad sē arcessīvit, ut puer mīlitiae _____ [: mōrem nōsceret mīlitiae].
7. In senātū Carthāginiēnsī Hannō dīxit 'Hannibalem domī tenendum esse sub lēgibus, sub _____ [< magister], nē quandō parvus ille ignis incendium ingēns _____ [= excitāret/suscitāret]!
8. Paucī Hannōnī _____ [= assentiēbant], et Hannibal in Hispāniam missus est, ubi triennium sub Hasdrubale _____.
9. Ingenium Hannibalis _____ [= aptum] fuit ad omnēs rēs quae magnō futūrō ducī agendae erant.
10. Iuvenis Hannibal _____ [= labōrābat] ut exercituī cārus esset.
11. Ergō, Hasdrubale obtruncātō, Hannibal in _____ castrōrum dēlātus omnium _____ [< assentīre] 'imperātor' nōminātus est.
12. In Hispāniā Hannibal, postquam Cartalam, urbem Olcadum, expugnāvit et _diripit_ [< dis- + rapuit], exercitum in _hiberna_ dēdūxit.
13. Vēre in Vaccaeōs bellum _promovit_ [↔ remōvit] et Arbocalam oppidum cēpit, etsī ab _oppidanorum_ [= cīvibus oppidī] diū dēfēnsum est.
14. Carpētānōs Tagum flūmen _traicentes_ [= trānseuntēs] adortus est, elephantīs in rīpā _dispositis_ [= variīs locīs positīs].
15. Cum hostēs aquam ingressī essent, equitēs impetum fēcērunt in agmen _impeditum_ [= quod mōtū impediēbātur]; ita _haudquaquam_ [= nēquāquam] parī certāmine in mediō flūminis _alveo_ concurrērunt.

Exercitium 2

1. Quod bellum memorābile T. Līvius librīs xxi–xxx nārrat? ...
2. Ad quod iūs iūrandum Hamilcar Hannibalem puerum adēgit? ...
3. Quamobrem bellum cum Rōmānīs dīlātum est? ...
4. Quis in locum Hamilcaris successit? ...
5. Hasdrubalne nova bella gessit in Hispāniā? ...
6. Quod foedus populus Rōmānus fēcit cum Hasdrubale? ...
7. Quārē Hasdrubal Hannibalem vix pūberem ad sē arcessī voluit? ...
8. Quid Hannō dē eā rē cēnsuit in senātū Carthāginiēnsī? ...
9. Quōmodo Hannibal in Hispāniam missus ab exercitū exceptus est? ...
10. Hasdrubale occīsō quis imperātor nōminātus est? ...
11. Quibus Hannibal dux prīmum bellum intulit et quam urbem cēpit? ...
12. Cartalā captā et dīreptā, quō exercitus dēductus est? ...

13. Ubi Hannibal posterō annō proelium commīsit cum Carpētānīs? ... *in flumine Tago. line 75-77*
14. Carpētānīs superātīs, omnisne Hispānia Carthāginiēnsium erat? ... *non*
15. Cūr Saguntīnīs lībertās servābātur? ... *Never went over in class.*

Lēctiō secunda: versūs 91–179

	Lēctiō II

Exercitium 3

1. Lēgātīs Saguntīnīs _introductis_ [= inductīs], senātuī placuit 'lēgātōs Saguntum mittī, quī Hannibalī _denuntiarent_ [= imperārent] ut ā Saguntīnīs, sociīs Rōmānōrum, abstinēret!'
2. Lēgātiōne dēcrētā _____ [= nec adhūc] missā, Hannibal Saguntum aggressus est, agrīs circā _____ [= funditus vāstātīs].
3. Ubi duo mūrī iungēbantur _____ erat quī in _____ [= aequam] vallem _____ [= spectābat, versus erat].
4. Adversus eum Carthāginiēnsēs _____ [tēcta quibus prōteguntur mīlitēs] ēgērunt, sub quibus _____ [māchinās quibus mūrī feriuntur]. moenibus admōvērunt, nec vērō mūrum _____ [< quatere] potuērunt, nam hōc locō mūrus _____ [= firmē mūnītus] erat.
5. Saguntīnī fortiter _____ [= resistēbant] ac _____ [= tēlīs (missīs)] hostēs _____ [= remōvērunt].
6. In hōc certāmine _____ [< tumultus] ipse Hannibal, dum mūrum _____ [= temere] subit, _____ [= iaculō] ictus est.
7. Tum nōn multum aberat _____ dēsererētur _____ [< oppugnāre].
8. Nec vērō Poenī, quī urbem _____ [= circum obsidēbant], ab _____ [< apparāre] operum ac mūnītiōnum cessāvērunt.
9. Renovātā pugnā pars mūrī ita quassāta est ut _____ [< prō + caderet], sed oppidānī hostēs prōcurrentēs _____ [= retrō ēgērunt].
10. Lēgātī Rōmānī ab Hannibale dīmissī sunt, cum iīs respondēret 'nōn _____ [adv < tūtūs] eōs Saguntum aditūrōs esse.'
11. Hōc respōnsō _____ [= ad īram incitātī] lēgātī Carthāginem profectī sunt, ut Hannibalem _____ [= dēdī exposcerent].
12. Hannō ūnus in senātū Carthāginiēnsī Rōmānīs _____ [= grātum facere] temptāvit, cum 'Hannibalem Rōmānīs dēdendum esse!' cēnsēret.
13. Cum is _____ [= ōrātiōnis fīnem fēcisset], nēmō eī assēnsit.
14. Interim māior in _____ [= māior cotīdiē] fit _____ [↔ spēs] Saguntīnōrum ac minor _____ [< exspectāre] auxiliī, cum tam procul Rōma, _____ [= ūna et sōla] spēs, esset.
15. Hannibal _____ [= cīnctus] armīs et legiōnibus vīvēbat.
16. Dum Rōmānī _____ [= consulunt inter sē], Saguntum _____ [= dēlētum] est.

angulus
apparātus
ariēs
circumsedēre
cōnsultāre
dēnūntiāre
dēposcere
dēspērātiō
(in) diēs
ēmūnīre
exscindere
exspectātiō
grātificārī
incautus
intrōdūcere
irrītāre
missile
necdum
obsistere
oppugnātiō
perōrāre
pervāstāre
plānus
prōcidere
quassāre
(nōn multum abest) quīn
redigere
submovēre
succingere
trāgula
tumultuārius
tūtō *adv*
ūnicus
vergere
vīnea

Exercitium 4

1. Quārē Saguntīnī lēgātōs Rōmam mīsērunt? ...
2. Lēgātīs audītīs quid senātuī placuit? ... *oppugnari. J answer*
3. Quī nūntius Saguntō allātus est lēgātiōne dēcrētā necdum missā? ...
4. Rē iterum ad senātum relātā, omnēsne lēgātōs mittendōs cēnsēbant? ... *102-104 some missing*
5. Cūr haec sententia vīcit? *tutissima legibatur??*
6. Quōmodo Hannibal Saguntum aggressus est? ...
7. Quibus māchinīs mūrī quassārī possunt? ...
8. Prīmōne impetū Carthāginiēnsēs intrā mūrōs Saguntī penetrāvērunt? ...
9. Quid Hannibalī accidit in tumultuāriīs certāminibus? ...

10. Quid Hannibal lēgātīs quī Rōmā vēnērunt respondit? ...
11. Quō lēgātī dīmissī profectī sunt? ...
12. Quid Hannō in senātū Carthāginiēnsī cēnsuit? ...
13. Num senātus Carthāginiēnsis sententiam Hannōnis secūtus est? ...
14. Quid lēgātīs Rōmānīs respōnsum est? ...
15. Inopiā omnium crēscente quae Saguntīnīs erat ūnica spēs? ...

Lēctiō III

Lēctiō tertia: versūs 180–271

Exercitium 5

1. Alorcus ad _____ [= praefectum urbis] Saguntīnum dēductus pācis condiciōnēs dūrissimās Saguntīnīs attulit:
2. 'Hannibalem urbem iīs adēmptūrum esse et locum _____ in quō novam urbem aedificārent.'
3. Omnī aurō et argentō ad Hannibalem dēlātō, oppidānī inermēs ex urbe exīre iubēbantur; ita _____ [= incolumēs] servārī poterant.
4. Ut haec audīvērunt, prīmōrēs, aurō et argentō ex pūblicō _____que in ignem coniectō, plērīque _____ [= sē] ipsī eōdem praecipitāvērunt.
5. Ex hōc pavor et trepidātiō tōtam urbem _____.
6. Mox, cum turris prōcidisset et urbs _____ [< stāre] cūstōdiīsque solitīs nūdāta esset, exercitus Poenōrum omnibus vīribus impetum fēcit et urbem _____ [= brevissimō tempore] cēpit.
7. Saguntī _____ [< exscindere] nūntiātō, _____ [< maerēre] et īra metusque dē _____ rērum [= ūniversīs rēbus] senātōrēs cēpit.
8. Cōnsulēs prōvinciās _____ [< sors] sunt: Hispānia Cornēliō, Āfrica Semprōniō _____ [= sortibus mandāta est].
9. Utrīque magnae cōpiae pedestrēs et _____ [< equus] datae sunt, atque _____ [= praetereā] alterī nāvēs longae CLX, alterī LX _____ [< v + rēmus].
10. Hīs _____ [= parātīs] lēgātī Carthāginem missī sunt, quī bellum indīcerent 'sī pūblicō cōnsiliō Hannibal Saguntum oppugnāvisset.'
11. Senātus Carthāginiēnsis lēgātīs respondit 'foedus quod Hasdrubal sine _____ [< auctor] suā īcisset cum Rōmānīs, sē _____ [= officiō tenēre] nōn potuisse; ergō iūre oppugnātum esse Saguntum.'
12. "Proinde" inquit Poenus "_____ [= nōlīte] Saguntī _____ facere [= Saguntum memorāre], et quod diū _____ animus vester, aliquandō pariat!"
13. Postrēmō Rōmānus "Bellum vōbīs dō!" inquit, et omnēs Carthāginiēnsēs _____ [< sub + clāmāvērunt]: "Accipimus!"
14. Posterō annō Hannibal post _____ [< labor] _____ [< trānsīre] Alpium in Italiam dēscendit.
15. Breviārium librōrum Līviī '_____' appellantur.

Exercitium 6

1. Quem nūntium Alorcus Hispānus Saguntīnīs attulit? ...
2. Quid victor Hannibal Saguntīnīs imperāvit? ...
3. Quōmodo Saguntīnī corpora sua inviolāta servāre poterant? ...
4. Num Saguntīnī omne aurum et argentum suum Hannibalī dedērunt? ...
5. Saguntī excidiō nūntiātō quid Rōmānī sentiēbant? ...
6. Utrī cōnsulī Hispānia prōvincia et utrī Āfrica sortibus ēvēnit? ...
7. Quot legiōnēs in eum annum dēcrētae sunt? ...
8. Iuvenēsne lēgātī in Āfricam missī sunt? ...

Lēctiō III

assignāre
auctōritās
comparāre
equester
ēvenīre
excidium
īnsuper
inviolātus
labōriōsus
maeror
mentiōnem (facere)
mōmentum
obligāre
omittere
parturīre
Periochae
pervādere
praetor
prīvātum
quīnquerēmis
sēmet
sortīrī
statiō
succlāmāre
summa
trānsitus

9. Quid lēgātī Rōmānī Carthāginiēnsēs percontātī sunt? ...
10. Utrum iūre an iniūriā oppugnātum est Saguntum? ...
11. Utrum Carthāginiēnsēs voluērunt, pācemne an bellum? ...
12. Quō Hannibal, Saguntō captō, exercitum in hīberna dēdūxit? ...
13. Posterō annō quod flūmen Hispāniae Hannibal exercitum trādūxit? ...
14. Quōs montēs trānsgressus est ut in Italiam venīret? ...
15. Ubi Hannibal prīmum cum Rōmānīs cōnflīxit? ...
16. Quis dux Rōmānus in eō proeliō vulnerātus est? ...
17. Quid Cn. Cornēlius Scīpiō in Hispāniā ēgit? ...

Lēctiō quārta: versūs 272–388　　　　　　　　　　*Lēctiō IV*

Exercitium 7

1. In Etrūriae palūdibus Hannibal ob continuās _____ oculum āmīsit.
2. C. Flāminius cōnsul auspiciīs neglēctīs neque _____ [= hostiīs] immolātīs adversus Hannibalem profectus est.
3. Ad lacum Trasumennum Hannibal equitēs in īnsidiīs locāvit ad _____ [< angustus] inter montem et lacum.
4. Via interest _____ angusta [= valdē angusta], deinde lātior _____ [= patēns fit] campus, suprā quem montēs _____ [= surgunt].
5. Hannibal levem _____ [< armātus] post montēs circumdūxit, ipse in campō patentī castra locāvit.
6. Flāminius _____ [= locō nōn explōrātō] exercitum per _____ [= angustiās] dūxit in campum, quī dēnsā _____ operiēbātur.
7. Ex _____ [= ā fronte] tantum hostēs cōnspexit, sed clāmōre undique ortō sē _____ [= inexspectātīs] īnsidiīs circumventum sēnsit.
8. Tam _____ [= repentīna] rēs fuit ut vix arma _____ [= parāta fierī] possent.
9. Cum cōnsul prae strepitū audīrī nōn posset, sibi quisque dux _____ que [< adhortārī] factus est, ac tantō ārdōre pugnābant ut nēmō eōrum sēnserit eum mōtum terrae quī multās domōs _____ [= dēlēvit].
10. Eques Īnsuber cōnsulem _noscitans_ [= agnōscēns] "Ēn" inquit "hic est quī agrōs et urbem nostram est _depopulatus_ [= populātus]..."
11. Equō _subdisti calcaribus_ [< sub + datīs] per _confertos_ [= dēnsōs] hostēs impetum fēcit cōnsulemque _lancea_ [= hastā] trānsfīxit!
12. Rōmānī fugientēs _vagi_ [= vagantēs] dīversīs itineribus Rōmam petīvērunt.
13. Cum populus magistrātūs ē Cūriā ēvocāret, M. Pompōnius _praetor_ [= magistrātus iūdiciīs praefectus] "Pugnā" inquit "magnā victī sumus."
14. Ad portās stetit multitūdō hominum quī aliquōs _propinquos_ [= cognātōs] suōs aut nūntiōs dē iīs opperiēbantur.
15. Obviīs _circumfundebantur_ [= obviōs circumsistēbant] nec _avelli_ [= abripī] poterant priusquam omnia _inquisissent_ [= in + quaesīvissent]
16. Duae mātrēs, cum fīliōs suōs _sospites_ [= salvōs] redeuntēs vidērent, nimiō gaudiō _exanimatae_ sunt [= exspīrāvērunt].
17. Alia īnsuper clādēs nūntiāta est: 'C. Centēnium _pro praetor_ [: quī priōre annō praetor fuit] cum IV mīlibus equitum circumventum!'
18. Itaque populus dictātōrem et magistrum equitum creāvit iīsque mandātum est ut mūrī firmārent et pontēs flūminum _rescinderent_ [= dēstruerent].
19. Iam Rōmānīs prō urbe dīmicandum erat, _quando_ [= quoniam] Italiam tuērī _nequissent_ [= nōn potuerant].

adhortātor
(ex) adversō
angustiae
armātūra
assurgere
āvellere
calcar
circumfundī
cōnfertus
dēpopulārī
exanimāre
expedīre
faucēs
imprōvīsus
inexplōrātō
inquīrere
lancea
nebula
nequīre
nōscitāre
patēscere
per-(angustus)
praetor
propinquus
prōpraetor
prōsternere
quandō
repēns
rescindere
sōspes
subdere
vagus
victima
vigiliae

Exercitium 8

1. Quōs montēs lacus Trasumennus subit? ...
2. Ubi Hannibal equitēs in īnsidiīs locāvit? ...
3. Quid C. Flāminius cōnspexit postquam angustiās superāvit? ...
4. Cūr impetus Poenōrum Rōmānīs imprōvīsus fuit? ...
5. Quae spēs salūtis mīlitibus Rōmānīs erat? ...
6. Quamdiū ad lacum Trasumennum pugnātum est? ...
7. Cūr eques Īnsuber cōnsulem Rōmānum petīvit? ...
8. Num C. Flāminius incolumis ex eō proeliō rediit? ...
9. Quid fugam Rōmānōrum impedīvit? ...
10. Quot Rōmānī in aciē caesī sunt et quot effūgērunt? ...
11. Quī magistrātus eam clādem Rōmānīs nūntiāvit? ...
12. Quōmodo Rōmānī nūntiōs dē suōrum fortūnā petēbant? ...
13. Senātū cōnsultante quae alia clādēs ex Umbriā nūntiāta est? ...
14. Quem populus Rōmānus dictātōrem creāvit? ...

Lēctiō quīnta: versūs 389–508

Exercitium 9

1. Ecce Enniī versus dē Q. Fabiō Māximō cunctator [< cūnctārī]:
   Ūnus homō nōbīs cūnctandō restituit rem.
2. Cum magister equitum dictātōrem criminando [= accūsāret] ut
   'timidum' et 'sēgnem', imperium eōrum aequaretur [< aequus] est.
3. Hannibal sub Calliculam montem clausus erat ā Rōmānīs quī montem
   insidebat [= occupātum tenēbant].
4. At dux ille _____ dēcēpit Rōmānōs, nam sarmentis
   [= virgīs] ad cornua boum alligatis et incēnsīs eōs territōs fugāvit.
5. Cōnsulēs Paulus et Varrō ad Cannās vicum [= parvum oppidum]
   bīna castra communiunt [= mūnīvērunt], quibus Aufidus flūmen
   affluens [< ad + fluēbat].
6. _____ quī ex minōribus castrīs aquabantur [= aquam
   petēbant] līberiōrem aditusm [= adīre] ad flūmen habēbant; quibus
   fugātīs Numidae equitēs ad ipsās prope portās castrōrum _____
   sunt.
7. Posterō diē ob impatientia [< impatiēns] Varrōnis aciēs īnstrūcta est,
   etsī Paulus collēgae _____ [= verbīs resistēbat].
8. Varrō laevum, Paulus dextrum cornū tenēbat, quibus _____
   [= inter quōs positus] erat Cn. Servīlius Geminus.
9. Poenīs nōn aequa erat frōns, sed cuneus ā mediā aciē
   prominebat [= ēminēbat].
10. Eum cuneum Rōmānī impulērunt, sed Āfrī eōs in medium irruentes
    [< in + ruentēs] circumdedērunt et inclūsērunt.
11. Pugna iniqua [= impār] fuit quod inclūsī cum circumfūsīs atque
    fessī cum recentibus [= novīs et integrīs] pugnābant.
12. Paulus cōnsul, etsī _____ graviter ictus erat, proelium restituit,
    sed postrēmō necesse fuit equum omittere, quia vīrēs etiam ad equum
    regendum eum _____ [= eī deerant].
13. Dum cōnsul cruōre _____ [= complētus/opertus] in saxō sedet,
    Cn. Cornēlius Lentulus tribūnus mīlitum equō _____ [= praeter
    eum vectus] "L. Aemilī..." inquit, "cape hunc equum! ... Nē _____
    [< fūnus] hanc pugnam morte cōnsulis fēceris!"

Lēctiō V

aditus
aequāre
affluere
alligāre
aquārī
aquātor
callidus
cavē (nē)
commūnīre
contrādicere
crīminārī
cūnctātor
cuneus
dēficere
ēvehere
funda
fūnestus
impatientia
inīquus
īnsidēre
interpōnere
irruere
macte (virtūte estō)
obruere
opplēre
praetervehere
prōminēre
recēns
sarmentum
vīcus

14. Ad ea cōnsul "Tū Cornēlī" inquit, "_____ virtūte estō! Sed
    _____ (nē) absūmās [= nōlī absūmere] tempus ē manibus
    hostium ēvādendī!"
15. Hīc hostēs cōnsulem tēlīs _____ [= operuērunt tēlīs suprā iniectīs].

Exercitium 10

1. Cūr dictātōrī Q. Fabiō Māximō cognōmen 'Cūnctātōrī' datum est? ...
2. Quid M. Minucius magister equitum dictātōrem crīminābātur? ... *tamquam segnes et timidum.*
3. Quid ēgit Fabius Māximus cum legiōnēs Minuciī in discrīmine ~~essent~~? *eas liberavit.*
4. Quōmodo Hannibal in monte Calliculā Rōmānōs dēcēpit? ...
5. Quid Q. Fabius Māximus abiēns novōs cōnsulēs monuit? ...
6. Castrīs apud Cannās locātīs, unde Rōmānī aquābantur? *ex Aufido.*
7. Quid aquātōribus ē castrīs ēgressīs ēvēnit? ...
8. Quid fēcit Varrō posterō diē? ...
9. In aciē ubi locātī sunt equitēs? ...
10. Pulsīs equitibus Rōmānīs peditēsne cōnstābant? ...
11. Cūr inīqua Rōmānīs erat pugna cum Āfrīs? ...
12. Cūr Paulum cōnsulem vīrēs dēficiēbant? ...
13. Quid Cn. Lentulus cōnsulī sauciō obtulit? ...
14. Num Paulus equō Lentulī servātus est? ...

Lēctiō sexta: versūs 509–614   *Lēctiō VI*

Exercitium 11   *Final!*

1. Mīlitēs quī Cannās perfūgerant extemplō captī sunt, cum vīcus nūllō
   munimento [= nūllā mūnītiōne] prōtegerētur.
2. Proeliō Cannēnsī caesa sunt XLVIII mīlia hominum, in hīs ambō cōnsulum
   quaestores, XXXIX tribūnī mīlitum, aliquot consulares et
   praetorii [: quī cōnsulēs et praetōrēs fuerant], LXXX senātōrēs.
3. Hannibal tantō bellō perfunctus [= dēfūnctus] quiētem sibi et fessīs
   mīlitibus dedit.
4. Maharbal verō "Immō" inquit "diē quīntō victor in Capitōliō epulaberis
   [= cēnābis]! Sequere! Cum equite praecedam [↔ sequar]!"
5. Ut Hannibal dīxit 'tempore opus esse ad cōnsilium pensandum
   [= reputandum]', ille "Vincere scīs, Hannibal" inquit, "victōriā ūtī nescīs!"
6. Intereā, cum Hannibal castra Rōmāna minōra ā flūmine exclusisset
   [< ex + clausisset], dēditiō matura [↔ sēra] facta est.
7. Ex castrīs māiōribus ad IV [circiter IV] mīlia peditum et CC equitēs
   Canusium perfūgērunt; quibus mulier Āpula dīves frūmentum, vestem,
   viaticum [< via] dedit.
8. Eōdem tempore totidem mīlitēs Rōmānī, nōn agmine sed palati
   [= vagī] per agrōs, Venusiam ad cōnsulem Varrōnem pervēnērunt.
9. Hīs reliquis [< reliquus] collēctīs, iam aliqua species
   exercitūs cōnsulāris erat.
10. Hannibal per Campāniam Neāpolim petīvit, sed moenia fīrmissima eum ab
    urbe oppugnandā absterruerunt [= dēterruērunt].
11. Inde Capuam profectus ā Campānīs receptus laetus ac libens
    [< libet] ūnum diem celebravit [= fēstum habuit], dum urbem vīsit.
12. Posterō diē in senātū ōrātiōne perblanda [= valdē blandā] Campānīs
    grātiās ēgit 'quod suam amīcitiam societātī Rōmānae praeposuissent
    [= praetulissent]' et iīs prōmīsit 'brevī caput Italiae omnī Capuam fore!'
13. Aedilis est magistrātus quī aedificia pūblica, viās ac lūdōs cūrat.

Aedis - sing. temple   public buildings
Aedes - house

Right margin vocabulary list:
absterrēre
ad *about*
aedīlis
celebrāre
cōnsulāris
epulārī
exclūdere
libēns
mātūrus
mūnīmentum
pālārī
pēnsāre
perblandus
perfungī
praecēdere
praepōnere
praetōrius
quaestor
reliquiae
speciēs
viāticum

Exercitium 12) Final

1. ~~Quō cōnsul C. Terentius Varrō cum quīnquāgintā equitibus perfūgit? ...~~
2. Quot Rōmānī proeliō Cannēnsī caesī esse dīcuntur? ...
3. Cūr clādēs Cannēnsis gravior foediorque fuit quam Alliēnsis? ...
4. Quid Maharbal Hannibalī suāsit post proelium Cannēnse? ...
5. Cūr Hannibal nōn statim adversus Rōmam prōgressus est? ...
6. Quis Rōmānōs quī Canusium perfūgerant adiūvit? ...
7. Cūr castra minōra dēditiōnem mātūram fēcērunt? ...
8. Omnēsne quī in māiōra castra perfūgerant Poenīs sē dēdidērunt? ...
9. Quot mīlitēs Rōmānī Venusiam ad cōnsulem pervēnērunt? ...
10. Quid cōnsul Varrō senātuī litterīs nūntiāvit? ...
11. Quō Hannibal post Cannēnsem pugnam profectus est? ...
12. Cūr urbem Neāpolim nōn oppugnāvit? ...
13. Quōmodo Hannibal ā Campānīs receptus est? ...
14. Quid Hannibal Campānīs prōmīsit? ...

Lēctiō VII

Lēctiō septima: versūs 615–745

Exercitium 13

1. In senātū Carthāginiēnsī Māgō rēs ab Hannibale gestās _____ [= nārrāvit] et 'deīs _____ [= grātiās] agendās esse' dīxit.
2. "_____ [= plūs quam] CC mīlia hostium occīdit" inquit, "Rōmānōs bīnīs castrīs _____ [= Rōmānīs bīna castra adēmit] ..."
3. In vestibulō cūriae effūdit tot ānulōs aureōs ut _____ [= dīmidia pars] trēs modiōs _____ [= complēret].
4. Adiēcit 'nēminem nisi equitem Rōmānum id _____ gerere.'
5. Māgō '_____ [< supplēre], pecūniam, _____ [= frūmentum, cibum...] Hannibalī mittendum esse' dīxit, atque Himilcō Hannōnem increpāre coepit.
6. Hannō respondit 'bellum aliquā *tolerabili* [< tolerāre] condiciōne fīniendum esse, nec Hannibalī supplēmentō et commeātū opus esse, cum exercitūs hostium occīdisset et bīna castra cēpisset praedae *vidfilicet* [= scīlicet] plēna.'
7. "*ecquos* [= num quōs] lēgātōs Rōmānī ad Hannibalem mīsērunt dē pāce?" interrogāvit Hannō.
8. Paucī Hannōnī assentiēbant: ingentī cōnsēnsū senātūs *consultum* factum est ut magnum supplēmentum Hannibalī mitterētur.
9. In hībernīs exercitus Hannibalis ita *luxuriatus* est [= in luxū vīxit] ut *enervarentur* [= invalida fierent] corpora.
10. Tib. Semprōnius Gracchus *proconsul* [: quī priōre annō cōnsul fuit] Poenōs ad Beneventum vīcit.
11. Syrācūsīs Archimēdēs interfectus est, cum intentus esset fōrmīs quās in pulvere *descripserat* .
12. Hannibal _____ [= explōrandī] causā ad ipsam portam Capēnam _____ [= equō vectus est].
13. Capuā captā Campānī prīncipēs venēnō mortem sibi _____ [= sē interfēcērunt].
14. Q. Fulvius senātōrēs Campānōs ad _____ alligātōs secūrī ferīrī iussit.
15. Cum nēmō imperium Hispāniae suscipere vellet, P. Scīpiō adulēscēns _____ est [< prō- + fassus est] 'sē itūrum esse.'

acervus
commeātus
cōnscīscere
cōnsultum
dēscrībere
dīmidium
ductus
ecquōs
ēnervāre
explēre
expōnere
exuere
grātēs
īnsigne
luxuriārī
obequitāre
pālus
prōcōnsul
profitērī
speculārī
supplēmentum
suprā
tolerābilis
trānscendere
vidēlicet

16. Hasdrubal cum novō exercitū Alpēs _____ [< trāns + scandit], sed cum LVI mīlibus mīlitum caesus est M. Līviī cōs. _____ [< dūcere].

17. Multīs rēbus aliīs super aliās positīs magnus _____ fit.

Exersitium 14

1. Quis nūntius victōriae Cannēnsis Carthāginem vēnit? ...
2. Prō quibus rēbus diīs grātiās agendās esse dīxit Māgō? ...
3. Quōmodo Māgō dēmōnstrāvit quot equitēs Rōmānī caesī essent? ...
4. Quae fuit summa ōrātiōnis eius? ...
5. Quid Himilcō Hannōnem interrogāvit? ...
6. Quid Hannō Himilcōnī respondit? ...
7. Quid senātus Carthāginiēnsis dēcrēvit? ...
8. Quī dux Rōmānus prīmus exercitum Hannibalis vīcit? ...
9. Quōmodo exercitus Hannibalis in hībernīs ēnervātus est? ...
10. Quam urbem Siciliae M. Claudius Mārcellus obsēdit et expugnāvit? ...
11. In Hispāniā quem exitum tulērunt P. et Cn. Scīpiōnēs? ...
12. Capuā captā quid Campānī prīncipēs fēcērunt? ...
13. Quid ēvēnit M. Claudiō Mārcellō ē castrīs prōgressō? ...
14. Quārē Hasdrubal cum exercitū Alpēs trānsgressus est? ...
15. Num Hasdrubal sē Hannibalī iūnxit? ...

Lēctiō octāva: versūs 746–865   *Lēctiō VIII*

Exercitium 15

1. P. Scīpiō in Hispāniā cum Poenīs _____ [= fīnem fēcit bellandī], et in Āfricam nāve _____ foedus cum rēgibus Syphāce et Masinissā iūnxit.

2. Syphāx, cum Sophonisbam, fīliam Hasdrubalis Gisgōnis, uxōrem dūxisset, foedus quod cum Scīpiōne iūnxerat _____ [= revocāvit].

3. Scīpiō Poenōs vīcit et Syphācem cēpit, adiuvante Masinissā, quī Sophonisbam, uxōrem Masinissae, *adamavit* [= amāre coepit].

4. Quā dē causā cum ā Scīpiōne *castigaretur* [= reprehenderētur], Masinissa Sophonisbae venēnum mīsit, quod illa *haurit* [= bibit], nē capta Rōmam dūcerētur.

5. Annō bellī XVI Hannibal ex diūtinā *possessione* [< possidēre] Italiae revocātus est.

6. *Frendens* [= īrātus dentēs movēns] gemēnsque ac vix lacrimīs *temperans* [= abstinēns] dīcitur lēgātōrum verba audīvisse.

7. Dīxit 'sē nōn ā populō Rōmānō victum esse, sed *obtrectatione* [< obtrectāre] atque invidiā senātūs Carthāginiēnsis'.

8. "Neque hāc *deformitate* [< dēfōrmis] *reditus* [< redīre] meī" inquit "tam P. Scīpiō *exsultabit* [= ovābit] quam Hannō...!"

9. In Āfricā Hannibal , cum nēquīquam pācem cum Scīpiōne _____ temptāvisset, aciē victus est.

10. Carthāginem accītus in senātū fassus est 'sē bellō victum esse, nec spem salūtis *alibi* [= aliō locō] quam in pāce impetrandā esse'

11. Condiciōnibus pācis ēditīs, senātus Carthāginiēnsis multīs verbīs dē pāce *disseruit* [= variās sententiās dīxit].

12. Antequam pāx facta est *indutiae* Carthāginiēnsibus datae sunt in trēs mēnsēs, quibus iīs nōn licuit *alio* [= in alium locum] quam Rōmam lēgātōs mittere.

13. Pāx Carthāginiēnsibus data est hīs condiciōnibus: *perfugas*
[< perfugere] et captīvōs omnēs redderent Rōmānīs, nāvēs praeter x
triremes [<iii +rēmī] trāderent elephantōsque...; x mīlia talentum
argentī discrīpta *pensionibus* aequīs in annōs L solverent;
obsides c darent.

14. Nāvēs Poenōrum D in altum prōvectae incēnsae sunt, quārum incendium
Poenīs tam *lugubrem* [= fūnestum] fuit quam sī ipsa Carthāgō ārdēret.

Exercitium 16

1. Quis cum Poenīs dēbellāvit in Hispāniā? ...
2. Cum quibus rēgibus P. Scīpiō foedus fēcit? ...
3. Cūr rēx Syphāx amīcitiam quam cum Scīpiōne fēcerat revocāvit? ...
4. Syphāce captō, quis uxōrem eius Sophonisbam adamāvit? ...
5. Cūr Masinissa Sophonisbae venēnum mīsit? ...
6. Victōriīs in Āfricā Scīpiōnis quid effectum est? ...
7. Quō animō Hannibal lēgātōs sē revocantēs audīvit? ...
8. Lēgātīs audītīs, ā quō sē victum esse dīxit Hannibal? ...
9. Num Hannibal Rōmānōs in Āfricā vīcit? ...
10. Quō Hannibal victus perfūgit? ...
11. Carthāgine quid fassus est in senātū? ...
12. Poenīs dēvictīs, cūr Rōmānī Carthāginem nōn dēlēvērunt? ...
13. Quid Carthāginiēnsēs Rōmānīs trādidērunt? ...
14. Quid nāvibus Carthāginiēnsium factum est? ...
15. Quō cognōmine imperātor P. Cornēlius Scīpiō nōbilitātus est? ...

Lēctiō grammatica: versūs 866–873

Exercitium 17

Dē verbī thematīs et terminātiōnibus

1. *Terminātiōnēs sunt litterae vel syllabae, ut* -re, -ō, -isse, -us, -a, -um, *quae
adduntur ad vocābulī partem priōrem quae dīcitur* _____.

2. *Verbīs Latīnīs sunt terna themata:* (1) *thema* _____, *ut* ōrā-, dēbē-,
leg-, pūnī-; (2) *thema* _____ , *ut* ōrāv-, dēbu-, lēg-, pūnīv-;
(3) *thema* _____, *ut* ōrāt-, dēbit-, lēct-, pūnīt-.

3. *Ex themate praesentis* [–] *quae fōrmae fiunt additīs terminātiōnibus?*
   (1) *additō* –(e)re: _____ *praesentis;*
   (2) *additō* –(ē)ns –(e)ntis: _____ *praesentis;*
   (3) *additō* –ō, –(i)s, –(i)t...: _____ *indicātīvī;*
   (4) *additō* –(ē)bam, –(ē)bās, –(ē)bat...: _____ *indicātīvī;*
   (5) *additō* –bō, –bis, –bit... *aut* –am, –ēs, –et...: _____;
   (6) *additō* –em, –ēs, –et... aut –am, –ās, –at...: _____ *coniūnctīvī;*
   (7) *additō* –(e)rem, –(e)rēs, –(e)ret...: _____ *coniūnctīvī;*
   (8) additō –(e)nd|um -ī -ō: _____;
   (9) *additō* –(e)nd|us -a -um: _____;
   (10) *additō* – (nūllō), –te: _____ *praesentis;*
   (11) *additō* –(i)tō, –(i)tōte: _____ *futūrī.*

4. *Ex themate perfectī* [~] *quae fōrmae fiunt?*
   (1) *additō* ~isse: _____ *perfectī;*
   (2) *additō* ~ī, ~istī, ~it...: _____ *indicātīvī;*
   (3) *additō* ~eram, ~erās, ~erat...: _____ *indicātīvī;*
   (4) *additō* ~erō, ~eris, ~erit...: _____ _____;
   (5) *additō* ~erim, ~eris, ~erit...: _____ *coniūnctīvī.*
   (6) *additō* ~issem, ~issēs, ~isset...: _____ *coniūnctīvī.*

Margin (left column):

Lēctiō grammatica

terminātiō -ōnis *f*

futūrum
futūrum perfectum
gerundium
gerundīvum
imperfectum coniūnctīvī
imperfectum indicātīvī
imperātīvus praesentis
imperātīvus futūrī
īnfīnītīvus perfectī
īnfīnītīvus praesentis
participium futūrī
participium perfectī
participium praesentis
perfectum coniūnctīvī
perfectum indicātīvī
plūsquamperfectum
  coniūnctīvī
plūsquamperfectum
  indicātīvī
praesēns coniūnctīvī
praesēns indicātīvī
supīnum I
supīnum II

5. *Ex themate supīnī* [≈] *quae fōrmae fiunt?*
   (1) *additō* ≈um: _____ I;
   (2) *additō* ≈ū: _____ II;
   (3) *additō* ≈us -a -um: _____ *perfectī (passīvī)*;
   (4) *additō* ≈ūr|us -a -um: _____ *futūrī.*

	thema
	thema praesentis [–]
	thema perfectī [~]
	thema supīnī [≈]

Exercitium 18

1. adigere, ad_____isse, ad_____um esse
2. currere, _____isse
3. dēficere, dē_____isse, dē_____um esse
4. differre, dis_____isse, dī_____um esse
5. dīripere, dī_____isse dī_____um esse
6. disserere, dis_____isse, dis_____um esse
7. explēre, ex_____isse, ex_____um esse
8. exscindere, ex_____isse, ex_____um esse
9. exuere, ex_____isse, ex_____um esse
10. haurīre, _____isse, _____um esse
11. inquīrere, in_____isse, in_____um esse
12. nequīre, ne_____isse
13. obicere, ob_____isse, ob_____um esse
14. obruere, ob_____isse, ob_____um esse
15. opplēre op_____isse, op_____um esse
16. permiscēre, per_____isse, per_____um esse
17. prōcidere, prō_____isse
18. profitērī, pro_____um esse
19. trāicere, trā_____isse, trā_____um esse
20. trānscendere, trān_____isse

Right margin glosses:
dē-ficiō -iunt
dī-ripiō -iunt
ne-queō -eunt
ob-iciō -iunt
trā-iciō -iunt

CAPITVLVM VNDEQVINQVAGESIMVM

Lēctiō prīma: versūs 1–101

Exercitium 1

1. Nēmō _____ [= negat] Hannibalem cēterōs imperātōrēs
prūdentiā _____ [= praestāre].
2. Etsī populus Rōmānus aliās _____ [= gentēs] virtūte _____
[= antecēdit], tamen Hannibal semper victor discessit _____
cumque cum Rōmānīs _____ est [= cōnflīxit] in Italiā.
3. At ille invidiā et obtrectātiōne cīvium _____ [< dēbilis] est.
4. Odium Hannibalis ergā Rōmānōs velut _____ [< hērēs] eī
relictum erat ā patre Hamilcare, quī eum _____ [= parvum
puerum] iūrāre iussit 'numquam sē in amīcitiā cum Rōmānīs fore!'
5. Post _____ [< obīre] Hamilcaris, Hasdrubal, _____
[= scīlicet] gener eius, imperātor _____ [= locō eius factus] est.
6. Hasdrubale occīsō, exercitus Hannibalem imperātōrem nōmināvit, id quod
ā senātū Carthāginiēnsī _____ [= probātum] est.
7. Hannibal, _____ [= postquam] gentēs Hispāniae subēgit,
Saguntum, cīvitātem _____ [< foedus], vī expugnāvit.
8. Exercitum Pȳrēnaeum et Alpēs trādūxit, cum incolīs cōnflīxit eōsque
_____ [= cecīdit].
9. Nēmō umquam _____ [= eā viā] Alpēs transierat cum exercitū.

Right margin glosses (Cap. XLIX):
antecēdere
comprobāre
concīdere
congredī
(manum) cōnserere
dēbilitāre
dēligāre
dētrīmentum
dispālārī
eā
expedīre
foederātus
hērēditās
indigēre
īnfitiārī
nātiō
obductā (nocte)
obitus

operam dare
posteāquam
praestāre
prōflīgāre
puerulus
quotiēscumque
rēpere
sēiungere
sufficere
suspīciō
utpote
verba dare
vīsus

10. Apud Padum Hannibal bis manum _____ [= proelium commīsit] cum Rōmānīs eōsque _____ [= dēvīcit].
11. In Etrūriae palūdibus, cum trēs noctēs somnī _____ [= eguisset], alterum oculum āmīsit.
12. Exercitū cōnsulārī ad lacum Trasumennum victō, Hannibal dictātōrī Fabiō Māximō, quī eum intrā montēs clauserat, _____ dedit [= illūsit] et sine _____ [= damnō] sē _____ [= līberāvit]:
13. _____ [: obscūrā] nocte bovēs cum sarmentīs ārdentibus in cornibus _____ [= alligātīs] _____ [= passim pālātōs] immīsit, quō _____ [< vīdēre] Rōmānōs terruit.
14. Lēgātī Rōmānī _____ dedērunt [= labōrāvērunt] ut Hannibalem in _____ [↔ fidem] rēgī Antiochō addūcerent.
15. Mōns Pȳrēnaeus Hispāniam ā Galliā _____ [= disiungit].
16. Īnfāns quī nōndum ambulāre potest, manibus et genibus _____.

Exercitium 2

1. Quid Cornēlius Nepōs dīcit dē fortitūdine Rōmānōrum? ...
2. Quid cēnset dē prūdentiā Hannibalis imperātōris? ...
3. Quōmodo imperātor ille fortissimus dēbilitātus est? ....
4. Quis animum Hannibalis odiō ergā Rōmānōs incendit? ...
5. Post obitum Hamilcaris et Hasdrubalis quis imperātor factus est? ...
6. Quid Hannibal imperātor ēgit in Hispāniā? ...
7. Saguntō captō quō exercitum sēcum dūxit? ...
8. Cum quō apud flūmen Rhodanum cōnflīxit? ...
9. Quī montēs Italiam ab Galliā sēiungunt? ...
10. Alpēs trānsgressus ubi Hannibal equestribus proeliīs Rōmānōs fūdit? ...
11. Quō morbō Hannibal in Etrūriā affectus est? ...
12. Quid factum est apud lacum Trasumennum? ...
13. Quōmodo Hannibal Fabiō Māximō dictātōrī verba dedit? ...
14. Quis cōnsul Rōmānus apud Cannās occīsus est? ...

Lēctiō II

Lēctiō secunda: versūs 102–178

Exercitium 3

adversārius
aēneus
avāritia
bīduum
compōnere (bellum)
cōnsīderāre
corōna
dīlēctus
disicere
ēnumerāre
facultās
grātiā
impraesentiārum
īnsciēns
palam (facere)
pendere
plumbum
praebēre, sē

1. _____ [= tam diū quam] Hannibal in Italiā fuit, nēmō eum vīcit.
2. Longum est omnia eius proelia _____.
3. Cum exhaustae essent Carthāginiēnsium _____ [= opēs], Hannibal revocātus est, ut _____ [= in praesēns tempus] bellum _____ [= bellō fīnem pōneret] cum Rōmānīs.
4. Apud Zamam victus Hannibal _____ [= duōbus diēbus] Hadrūmētum pervēnit.
5. Tum pāx facta est, sed nihilō _____ [= nihilō minus, tamen] Hannibal exercituī praefuit.
6. Posterō annō Carthāginiēnsēs lēgātōs Rōmam mīsērunt, quī Rōmānīs grātiās agerent eōsque _____ aureā dōnārent.
7. Hannibal 'rēx' creātus effēcit ex novīs _____ ut pecūnia quae ex condiciōnibus pācis Rōmānīs dēbēbātur _____ [= solvī] posset.
8. Ubi cognōvit lēgātōs Rōmā vēnisse suī exposcendī _____ [= causā], Hannibal in Syriam profūgit ad rēgem Antiochum, quī _____ [< adversus] Rōmānōrum fuit.
9. Fugā _____ factā [= patefactā], Poenī bona eius _____ [< pūblicus] et domum _____ [= dīruērunt].

10. Antiochō victō Hannibal Crētam vēnit, ut ibi _____ [= reputāret] quō proficīscerētur.
11. Vir callidē _____ [= praeparāvit, cūrāvit] nē pecūniam suam āmitteret propter _____ [< avārus] Crētēnsium.
12. Amphorās _____ complēvit summīs aurō opertīs eāsque palam in templō dēposuit.
13. Tum, _____ [= īnsciīs] Crētēnsibus, statuās _____ [= aereās] aurō et argentō complēvit, eāsque in _____ ante domum suam abiēcit.
14. Hannibal cum optimum imperātōrem tum bonum magistrātum sē _____ [= sē esse ostendit].
15. Novī mīlitēs _____ [< dīligere] cōnscrībuntur

prōpatulum
prōvidēre
pūblicāre
quamdiū
(nihilō) sētius
vectīgal

Exercitium 4
1. Cūr Hannibal ex Italiā revocātus est? ...
2. Quis fuit Hannibalis adversārius in Āfricā? ...
3. Num Hannibal Rōmānōs in Āfricā vīcit? ...
4. Quārē bellum compōnere cōnātus est? ...
5. Ubi Hannibal cum P. Scīpiōne cōnflīxit? ...
6. Quō Hannibal victus profūgit? ...
7. Pāce cum Rōmānīs factā quid ēgit Hannibal? ...
8. Quārē Carthāginiēnsēs lēgātōs Rōmam mīsērunt? ...
9. Cūr Rōmānī captīvōs Carthāginiēnsēs remittere recūsāvērunt? ...
10. Quid Hannibal Karthāgine effēcit? ...
11. Cūr Hannibal in Syriam ad rēgem Antiochum fūgit? ...
12. Fugā eius patefactā quid Poenī fēcērunt? ...
13. Num Antiochus prosperē cum Rōmānīs pugnāvit? ...
14. Quō Hannibal ex Syriā sē contulit? ...
15. Quid Hannibal in Crētā cōnsīderābat? ...
16. Cūr amphorās plumbō complētās in templō dēposuit? ...
17. Quōmodo pecūniam suam abdidit? ...

Lēctiō tertia: versūs 179–275

Lēctiō III

Exercitium 5
1. Ex Crētā Hannibal ad Prūsiam in Bīthȳniam vēnit; quem cum vidēret nōn satis robustum [= fīrmum, validum] esse, conciliābat eī aliōs rēgēs; sed Eumenēs, rēx Pergamēnus, ab eō dissidebat [= dissentiēbat].
2. Cum eō bellum erat et marī et terrā, sed utrobique, [= utrōque locō] Eumenēs superior erat.
3. Hannibal vērō classem Pergamēnam consilio [= prūdentiā] sīc vīcit:
4. Plūrimās serpentes [= anguēs] venenatas [< venēnum] in vāsa fictilia [= ē terrā cocta facta] coniēcit.
5. Ante proelium cohortatione [< cohortārī] classiariorum [= mīlitum nāvālium] fēcit iīsque praecēpit ut omnēs nāvem rēgis peterent.
6. In proeliō, cum Bīthȳniī ex praecepto [< praecipere] Hannibalis nāvem Eumenis pepulissent, vāsa fictilia in reliquās nāvēs coniēcērunt.
7. Pergamēnī, cum nāvēs suās serpentibus opplētās vidērent, ad castra sua nautica [< nauta] fūgērunt.
8. Nec tum modo, sed saepe alias [= aliō tempore] Hannibal hostēs vīcit.
9. Rōmae _____ vēnit [= accidit] ut ūnus ē lēgātīs Prūsiae inter cēnam dīceret 'Hannibalem in rēgnō Prūsiae esse'.

acquiēscere
aliās (adv)
arbitrium
classiārius
cohortātiō
concipere
(patrēs) cōnscrīptī
cōnsilium
cōnsuēscere
cōnsuētūdō
dissidēre
districtus
doctor
dūcere
ēlegāns
eximere
fictilis

fortuītō
innumerābilis
mētārī
nauticus
nōnnihil
peragrāre
praeceptum
prīstinus
rōbustus
serpēns
ūsū (venīre)
utrobīque
venēnātus

10. Quod cum patrēs _____ [: senātōrēs] comperissent, lēgātōs eō mīsērunt, quī eum exposcerent.

11. Hannibal, cum plūrēs praeter _____ [< cōnsuēscere] armātī appārērent, intellēxit id nōn _____ [= forte] fierī, sed sē petī.

12. Ergō, nē vītam aliēnō _____ [< arbiter] āmitteret, venēnum sūmpsit, quod semper sēcum habēre _____ [= solēbat]..

13. Sīc vir fortissimus, memor _____ [= antīquārum] virtūtum, _____ [ad + quiēvit] annō LXX.

14. Vir tantīs bellīs _____ [= occupātus] etiam _____ [= haud paulum] temporis litterīs tribuit atque aliquot librōs Graecē cōnscrīpsit, cum Sōsilō litterārum Graecārum _____ [= magistrō] ūterētur.

15. Nēmō Hannibalī metum quem ex populō Rōmānō _____ [= in animum accēperat] _____ [= adimere] poterat.

16. Hannibal Alexandrum māximum imperātōrem fuisse _____ [= exīstimābat], quod parvā manū exercitūs _____ [< in- + numerāre] fūdisset atque ultimās ōrās _____ [= pererrāvisset].

17. Pyrrhus castra _____ [= rēctē locāre] prīmus docuit.

18. Dīdō rēgīna in epulārum apparātū _____ [= decēns] fuit.

Exercitium 6

1. Quō Hannibal ex Crētā vēnit? ...
2. Quid apud rēgem Prūsiam ēgit? ...
3. Quī rēx, Rōmānīs amīcus, bellum cum Prūsiā gerēbat? ...
4. Ante proelium nāvāle quid classiāriīs praecēpit? ...
5. Nāve rēgis pulsā, quōmodo Bīthȳniī reliquās nāvēs adortī sunt? ...
6. Quō Pergamēnī sē rettulērunt? ...
7. Quōmodo Rōmānī cognōvērunt Hannibalem apud Prūsiam esse? ...
8. Cūr Prūsiās Hannibalem Rōmānīs dēdere recūsāvit? ...
9. Ubi Hannibal latēbat? ...
10. Quid puer quī forēs castellī circumiisset Hannibalī nūntiāvit? ...
11. Quid fēcit Hannibal nē ā Rōmānīs vīvus caperētur? ...
12. Quā linguā Hannibal librōs cōnscrīpsit? ...
13. Quō magistrō litterārum Graecārum ūsus est? ...

Lēctiō grammatica

Lēctiō grammatica: versūs 276–295

Exercitium 7

contractiō -ōnis f
  < contrahere

-āvis- > -ās
-ēvis- > -ēs-
-ōvis- > -ōs
-īvis- > -iis- >-īs-

-āver/-āvēr- > -ār-
-ēver/-ēvēr- > -ēr-
-ōver/-ōvēr- > -ōr-
-īver- > -ier-
-īvēr- > -iēr-

Dē contractiōne verbōrum
Exempla
Excidit -v-: rogā<u>v</u>isse > rogā<u>sse</u>; rogā<u>v</u>erat > rogārat; rogā<u>vē</u>runt >rogārunt; cupī<u>v</u>isse > cupiisse/cupīsse; cupī<u>v</u>erat > cupierat; cupī<u>vē</u>runt > cupiērunt

1. vocā<u>v</u>isse > voc_____; vocā<u>v</u>istī > voc_____; vocā<u>v</u>isset > voc_____.
2. vocā<u>v</u>erat > voc_____; vocā<u>v</u>erit > voc_____; vocā<u>vē</u>runt > voc_____.
3. cōnsuē<u>v</u>isse > cōnsu_____; cōnsuē<u>v</u>istī > cōnsu_____; cōnsuē<u>v</u>isset > cōnsu_____.
4. cōnsuē<u>v</u>erat > cōnsu_____; cōnsuē<u>v</u>erit > cōnsu_____; cōnsuē<u>vē</u>runt > cōnsu_____.
5. nō<u>v</u>isse > nō_____; nō<u>v</u>istī > nō_____; nō<u>v</u>isset > nō_____.
6. nō<u>v</u>erat > nō_____; nō<u>v</u>erit > nō_____; nō<u>vē</u>runt > nō_____.
7. petī<u>v</u>isse > pet_____/pet_____; petī<u>v</u>istī > pet_____/pet_____; petī<u>v</u>isset > pet_____/pet_____.
8. petī<u>v</u>erat > pet_____; petī<u>v</u>erit > pet_____; petī<u>vē</u>runt > pet_____.

Exercitium 8

1. acquiēscere, ac_____isse
2. concīdere, con_____isse, con_____um esse
3. congredī, con_____um esse   *con-gredior -iuntur*
4. cōnserere, cōn_____isse, cōn_____um esse
5. cōnsuēscere, cōn_____isse
6. eximere, ex_____isse, ex_____um esse
7. rēpere, _____isse
8. sufficere, suf_____isse, suf_____um esse   *suf-ficiō -iunt*

CAPITVLVM QVINQVAGESIMVM   *Cap. L*

Lēctiō prīma: versūs 1–128   *Lēctiō I*

Exercitium 1

1. Bellum cum rēge Philippō _____ [= coeptum] est annō quīngentēsimō _____ prīmō [DLI] ab urbe conditā.
2. T. Flāminīnus cōs. Philippum ex Ēpīrō fugāvit et, postquam Thessaliam _____ [= vāstāvit], ibi signīs _____ cum rēge dēbellāvit.
3. Ob rēs prosperē gestās in v diēs _____ dēcrētae sunt.
4. Flāminīnus Elatēae _____ [= in hībernīs erat]; inde, pāce factā captīvīsque et _____ [= perfugīs] redditīs Rōmānīs, Corinthum ad Isthmiōrum lūdicrum profectus est.
5. Is Graeciae _____ [< mercārī] erat, quō multī conveniēbant.
6. Praecō in mediam _____ prōcessit et magnā vōce _____ 'senātum Rōmānum, Philippo dēvictō, līberōs, _____ [= sine vectīgālibus], suīs lēgibus esse iubēre omnēs gentēs Graeciae...'
7. Gentēs quae sub diciōne rēgis fuerant _____ [= ēnumerāvit].
8. Hōc audītō Graecī, quī lībertātem _____ [= valdē cupiēbant], prīmō _____ [= mīrantēs] siluērunt, sed cum praecō iterum prōnūntiāvisset eadem, clāmor et plausus ortus est
9. Lūdicrum _____ [= celeriter] perāctum est, cum nēmō spectāculō intentus esset: ūnum gaudium _____ spectātōrum animōs.
10. Magnō cum _____ [< sentīre] _____ [↔ dolōris] Graecī comperērunt 'populum Rōmānum suā _____ [= pecūniā pēnsā], suō labōre ac perīculō bella gerere prō lībertāte aliōrum!'
11. Nec _____ [= tantum/modo] prō fīnitimīs et gentibus propinquae _____ [< vīcīnus] pugnant Rōmānī, sed maria trāiciunt, nē _____ [= ūllum] iniūstum imperium sit!
12. Catō bellō _____ [< citrā] Hispāniam _____ [< pāx].
13. Vere prīmō Corinthī _____ [< convenīre] fuit, ubi Flāminīnus Graecīs suās rēs gestās _____ [= exposuit] et _____ [= adiēcit] 'sibi in animō esse exercitum ē Graeciā _____.'
14. Prōtinus agmen ab arce dēscendit, quod cūnctī _____ [= secūtī] sunt, dum Flāminīnum '_____' [< servāre] 'līberātōrem'que _____ [< ad + clāmant].
15. Flāminīnus omnēs cōpiās Brundisium _____ [= trāiēcit].
16. Rōmae _____ [= trēs diēs] triumphāvit: aurum argentumque factum et _____ [↔ factum] trānstulit ac multōs captīvōs obsidēsque.
17. Sicilia īnsula est, nōn terrā _____ iūncta cum Italiā.
18. _____ nostrī sunt patrēs, avī, cēt., posterī sunt fīliī, nepōtēs, cēt.

(margin glossary:)
acclāmāre
ārea
avēre
citerior
cōnferre (signa)
continēns
conventus
dēportāre
ēdisserere
hībernāre
immūnis
impēnsa
īnfectus
inīre
māiōrēs
mercātus
mīrābundus
pācāre
percēnsēre
praeoccupāre
prōnūntiāre
prōsequī
(nē) quod
quīnquāgēsimus
raptim
sēnsus
servātor
subicere
supplicātiō
tantummodo
trīduum
trānsfuga
trānsportāre
vexāre
vīcīnitās
voluptās

Exercitium 2

1. Cui rēgī bellum illātum est post bellum Pūnicum secundum? ...
2. Quis cum rēge Philippō in Thessaliā dēbellāvit? ...
3. Hāc victōriā nūntiātā quid dēcrēvit senātus? ...
4. Ubi lēgātīs Philippī senātus datus est? ...
5. Quibus condiciōnibus pāx Philippō data est? ...
6. Cūr magnus numerus Graecōrum Corinthum convēnerant? ...
7. Quid praecō spectātōribus lūdōrum prōnūntiāvit? ...
8. Quōmodo Graecī nūntium lībertātis accēpērunt? ...
9. Lūdīs dīmissīs quō spectātōrēs ruērunt? ...
10. Cum quō tyrannō Flāminīnus posterō annō bellum gessit? ...
11. Exercitusne Rōmānus in Graeciā remānsit? ...
12. Quid senātus Flāminīnō dēcrēvit postquam rēs gestās ēdisseruit? ...
13. Quot diēs T. Quīnctius Flāminīnus triumphāvit? ...
14. Quās rēs in triumphō trānstulit? ...

Lēctiō II

Lēctiō secunda: versūs 129–275

Exercitium 3

artus
callis
circuīre
circumvehī
contemplārī
continuāre
dīlūcēscere
dirimere
diurnus
dūcere (uxōrem)
exaequāre
incautus
īnsīdere
intercēdere
intermittere
iugum
nī
peculātus
permūnīre
porrō
rādīx
scālae
sēmiermis
subsidium
trānsmittere
vertex

1. Dum rēx Antiochus Chalcide mōrātur, M.' Acīlius cōs. exercitum Larīsā Crannōnem et inde _____ [↔ retrō] ad faucēs Thermopylārum dūxit.
2. _____ [= mōns longus] Thermopylārum mediam Graeciam _____ [= disiungit].
3. Acīlius in faucibus Thermopylārum castra posuit adversus Antiochum, quī castra sua duplicī vāllō _____ [= bene mūnīverat].
4. Antiochus Aetōlīs imperāvit ut _____ [= culmina] montium _____ [= occupārent], nē Rōmānī _____ [= parvīs viīs] trānsīrent et castra sua _____ [= circumīrent].
5. Acīlius, aciē _____ [= cōnfertā] fronte īnstrūctā, cōpiās rēgis intrā mūnīmenta pepulit, sed recēdere coāctus esset, _____ [= nisi] Catō _____ [= auxiliō] vēnisset.
6. Catō enim in iugō Callidromī Aetōlōs _____ [↔ cautōs] atque sōpītōs oppresserat.
7. Macedonēs abiectīs armīs fūgērunt, et rēx cum paucīs _____ [= nec armātīs nec inermibus] mīlitibus Chalcidem sē recēpit atque inde Ephesum _____ [= trāiēcit].
8. Acīlius, castrīs ad Hēraclēam mōtīs, equō urbem _____ [= circum urbem vectus] est, ut moenia _____ [= intuērētur].
9. Dum urbs quattuor ē partibus oppugnātur, XXIV diēs nocturnus labor _____ [↔ nocturnō] _____ [< continuus] est.
10. Mediā nocte oppugnātiōne _____ [↔ continuātā], IV vigiliā ā tribus partibus urbem aggressus est, ab ūnā mīlitēs signum exspectābant.
11. Cum iam _____ [= illūcēsceret], signō datō mīlitēs ab eā parte quae dēfēnsōribus carēbat mūrōs integrōs _____ trānscendērunt!
12. L. Cornēlius Scīpiō, Antiochō in Asiā dēvictō, 'Asiāticus' appellātus frātrī cognōmine _____ [= aequātus] est.
13. Cum L. Scīpiō Asiāticus _____ [= fūrtī pecūniae pūblicae] damnātus esset, Tib. Semprōnius Gracchus tribūnus plēbis _____ [= vetuit].
14. Ob id beneficium ille Cornēliam, fīliam P. Scīpiōnis Āfricānī, _____.
15. _____ est pars arboris subterrānea sīve pars īnfima montis.

Exercitium 4

1. Cum quibus Antiochus societātem iūnxit, ut bellum Graeciae īnferret? ...
2. Quōmodo rēx Antiochus Chalcide hiemem cōnsūmpsit? ...
3. Quō M'. Acīlius cōnsul prīmō vēre exercitum dūxit? ...
4. Quō Antiochus sē recēpit? ...
5. Quā pugnā memorābilis est locus quī appellātur Thermopylae? ...
6. Quōmodo Antiochus ad Thermopylās castra sua permūnīvit? ...
7. Quid fēcit Antiochus nē Rōmānī iuga imminentia trānsīrent? ...
8. Quis in mediō proeliō suprā castra appāruit? ...
9. Quōmodo M. Porcius Catō Aetōlōs ab iugō Callidromī dēiēcerat? ...
10. Cūr Macedonēs repente armīs abiectīs fūgērunt? ...
11. Quō rēx Antiochus proeliō victus sē recēpit? ...
12. Num Acīlius Chalcidem veniēns rēgem invēnit? ...
13. Quem cōnsul Rōmam mīsit quī senātuī victōriam nūntiāret? ...
14. Quō Acīlius castra ab Thermopylīs mōvit? ...
15. Ubi sita est Hēraclēa et quōmodo mūnīta est? ...
16. Quot diēs oppugnātiō Hēraclēae continuāta est? ...
17. Aetōlīs fatīgātīs, ab quot partibus Rōmānī urbem aggressī sunt? ...
18. Cūr ūna pars mūrōrum nōn dēfendēbātur? ...
19. Quōmodo Rōmānī ibi mūrōs trānscendērunt? ...
20. Num Aetōlī arcem Hēraclēae dēfendere potuērunt? ...
21. Quis prīmus Rōmānōrum ducum in Asiam trāiēcit? ...
22. Quā condiciōne Antiochō in Asiā victō pāx data est? ...
23. Quō cognōmine L. Cornēlius Scīpiō appellātus est? ...

Lēctiō tertia: versūs 276–383

Exercitium 5

1. In Thessaliā P. Licinius Crassus levibus _____ [< expedīre] cum Perseō, rēge Macedoniae, haud prosperō _____ [< ēvenīre] pugnāvit.
2. In Āfricā dē agrō _____ [= certāmen] fuit inter Poenōs et Masinissam.
3. Annō DLXXXVI a. u. c. Perseus ā L. Aemiliō Paulō dēvictus est, et _____ [= deinde] omnis Macedonia dēdita.
4. Illō proeliō magna hostium strāgēs facta est paucōrum Rōmānōrum _____ [= paucīs Rōmānīs āmissīs].
5. Rōmae laetitia eius victōriae _____ [= ante capta] est, nam quārtō post diē _____ [= IV diē postquam] pugnātum est, in circō _____ [↔ clāmor] spectācula pervāsit 'in Macedoniā dēvictum rēgem esse.'
6. _____ [= crēvit] _____ [< fremere] et populus spectāculī _____ [= oblītus] clāmāre et plaudere coepit propter nūntium illum _____ similem [= quī vērus esse vidēbātur].
7. Cum auctor nūntiī nūllus reperīrētur, laetitia _____ [= cessāvit] quidem, sed _____ [= signum reī fūtūrae] laetum animīs _____ [= in animīs sedēbat/remanēbat].
8. Hoc _____ [< augur] animōrum XIII diē fīrmātum est adventū tabellāriī quī litterās _____ [= laurō ōrnātās] cōnsulī trādidit in circō.
9. Cōnsul litterīs lēctīs populō _____ [= prōnūntiāvit] 'L. Aemilium cum Perseō pugnāsse; Macedonum exercitum caesum fūsumque...'
10. Postquam lēgātī ab Aemiliō Paulō advēnērunt, senātus supplicātiōnēs in quīnque diēs circā omnia _____ [= torōs deōrum] dēcrēvit.

11. Placuit ut nāvēs in _____ collocārentur atque ut dīmitterentur
    sociī nāvālēs et mīlitēs _____ [= quī in verba cōnsulis iūrāverant].
12. Difficile est per saltūs _____ [= sine viā] penetrāre.

Exercitium 6

1. Quis rēgī Philippō V successit? ...
2. Cūr Rōmānī rēgī Perseō bellum indīxērunt? ...
3. Ubi P. Licinius Crassus cum Perseō pugnāvit et quō ēventū? ...
4. Ā quō dēvictus est rēx Perseus? ...
5. Quōs victōriae nūntiōs L. Aemilius Paulus Rōmam mīsit? ...
6. Quae oppida deinceps Rōmānīs sē dēdidērunt? ...
7. Quō rēx Perseus victus trāiēcit? ...
8. Quōmodo victōriae laetitia Rōmae praecepta est? ...
9. Quid factum est cum C. Licinius cōnsul quadrīgās mitteret? ...
10. Cūr populus lūdōs circēnsēs relīquit? ...
11. Quid lēgātī Paulī in senātū et in cōntiōne exposuērunt? ...
12. Lēgātīs audītīs quid cōnsul ēdīxit? ...
13. In quot diēs supplicātiōnēs dēcrētae sunt? ...
14. Quid ex Illyricō nūntiātum est? ...

Lēctiō quārta: versūs 384–506

Exercitium 7

Lēctiō IV

abaliēnāre
abscēdere
accessiō
clēmentia
cōnscius
cōnspectus
cōnsurgere
contentus
dēlitēscere
dēvehere
effulgēre
extorris
fīdūcia
flātus
ignōbilis
illacrimāre
incolumitās
introīre
lembus
mercātūra
ministerium
miserātiō
māceria
mūtātiō
percontātiō
porrigere
postīcum
praetōrius
pullus
sors

1. Perseus, quī nōn _____ rēgnō Macedoniae fīnitimōs
   oppugnāverat, iam āmissō exercitū, _____ [= exsul] rēgnō, in
   parvam īnsulam compulsus est.
2. Etiam victor Paulus _____ [< miserārī] permōtus _____
   [= fortūnae] hūmānae _____ [< in + lacrimāvisse] dīcitur.
3. Perseus trēs _____ [↔ nōbilēs] ad Paulum mīsit cum litterīs
   quārum titulus erat: "*Rēx* Perseus cōnsulī Paulō salūtem."
4. Perseō victō necesse fuit nōmen 'rēgis' oblīvīscī et sē suaque omnia in fidem
   et _____ [< clēmēns] populī Rōmānī permittere.
5. Sōlus relictus, cum omnium animōs ā sē _____ [↔ sibi
   conciliāvisset], fugae cōnsilium cēpit.
6. Quendam Crētēnsem, quī _____ [< mercārī] in eā regiōne
   faciēbat, rogāvit ut _____ [= nāviculā] sē in
   Thrāciam _____.
7. Mediā nocte cum tribus _____ [↔ īnsciīs] cōnsiliī per _____
   [= ōstium posterius] in hortum exiit ac _____ aegrē trānscendit.
8. Cum vērō nāvis in portū nōn esset, in templō _____ [= latuit].
9. Nē tum quidem 'puerī rēgiī', quī _____ [< minister] rēgis
   fungēbantur, ab eō _____ [= abībant].
10. At cum Cn. Octāvius rēgiīs puerīs _____ [< incolumis]
    prōmīsisset, _____ [< trānsīre] omnium facta est.
11. Tum Perseus sē Octāviō trādidit, et in nāvem _____ [= praefectī]
    impositus ad cōnsulem missus est.
12. Amictū _____ [= ātrō] praetōrium (_____ imperātōris)
    [= intrāvit].
13. Cōnsul _____ [= surrēxit] et rēgī dextram _____
    [= extendit] nec eum sē ad pedēs _____ [= dēmittere] passus est.
14. "Quā _____ [= coāctus] iniūriā" inquit "contrā populum
    Rōmānum tam _____ [= tantā vī] bellum suscēpistī...?" nec rēx ad
    hanc _____ [< percontārī] respondit.

15. Cōnsul eum hortātus est ut _____ [= cōnfīdentiam] salūtis habēret, _____ [= quōcumque modō] haec incidissent.
16. Perseum _____ [= cōnspicuum] faciēbant nōn modo patris et avī fāma, sed _____ [< ex + fulgēbant] Philippus et Alexander.
17. Fortūna eius est exemplum _____ [< mūtāre] rērum hūmānārum.
18. Animus virī sapientis _____ [< flāre] prosperārum rērum nōn effertur.
19. Bellum Illyricum tantum _____ [< accēdere] bellī Macedonicī fuit.

subigere
submittere
tabernāculum
trānsitiō
utcumque
violenter

Exercitium 8
1. Quī lēgātī Aemiliō Paulō cōnsulī litterās Perseī attulērunt? .,...
2. Quōmodo cōnsul lēgātōs vidēns affectus est? ...
3. Cūr Paulus lēgātōs sine respōnsō ac sine litterīs dīmīsit? ...
4. Quid Perseus alterīs litterīs petīvit et impetrāvit? ...
5. Quid lēgātī Rōmānī ā Perseō postulāvērunt? ...
6. Cūr Perseus fugae cōnsilium capere coāctus est? ...
7. Perseus ubi erat et quō īre cupiēbat? ...
8. Cūr in Thrāciam īre nōn potuit? ...
9. Ubi rēx Samothrācae dēlituit? ...
10. Cui rēx sōlus cum fīliō relictus sē trādidit? ...
11. Quō Octāvius rēgem captum mīsit? ...
12. Quōmodo Paulus Perseum in praetōriō recēpit? ...
13. Quid cōnsul Perseum percontātus est? ...
14. Cum rēx nihil respondēret, quid consul eum hortātus est? ...

Lēctiō quīnta: 507–601

Lēctiī V

Exercitium 9
1. Rēgnum Macedoniae sub rēge Alexandrō in Asiam sē _____ [= super rīpās effūdit].
2. Euboea īnsula ponte (terrae) _____ iūncta est.
3. Minerva dea est _____ [= cūstōs] arcis Athēnārum.
4. In templō Aesculapiī, quod v mīlibus passuum ab Epidaurō _____, aegrī dōna deō sacrābant prō remediīs _____ [< salūs].
5. Lacedaemoniī _____ [< discipulus] sevērissimā ēducābantur.
6. Olympiae Paulus Iovī sacrificium māius _____ [= quam fierī solēbat] fēcit haud _____ [= aliter] quam sī Rōmae in Capitōliō immolāvisset.
7. Amphipolim reversus Paulus in _____ sedēns 'līberōs esse Macedonas' prōnūntiāvit, eōsque _____ pendere Rōmānīs iussit.
8. Paulus, accītīs _____ quī _____ artem faciēbant, magnificum lūdicrum apparāvit, ubi _____ validissimī inter sē certāvērunt.
9. Epulae quoque māximā _____ [< opulentus] parātae sunt
10. _____ [< vulgus] opulentia epulārum laudābātur.
11. _____ est rēs quā aegrī sānantur.
12. Fīlius P. Scīpiōnis Āfricānī fīlium L. Aemiliī Paulī _____.

adoptāre
āthlēta
artifex
continēns
disciplīna
distāre
(ars) lūdicra
opulentia
praeses
remedium
salūtāris
secus
solitō (māior)
superfundere (sē)
tribūnāle
tribūtum
vulgō

Exercitium 10
1. Quis fuit prīmus nōbilis rēx Macedoniae? ...
2. Quot annōs rēgnāvit Alexander? ...
3. Num Alexander sē Eurōpae fīnibus continuit? ...
4. Quid morte Alexandrī rēgnō eius factum est? ...

5. Quot lēgātī Rōmānī in Macedoniam missī sunt? ...
6. Quid fēcit Aemilius Paulus prīmō autumnō? ...
7. Quem locum prīmum petīvit? ...
8. Quārē inclutus est portus Aulidis? ...
9. Cūr Agamemnōn fīliam suam victimam ārīs admōvit? ...
10. Cui deae Paulus Athēnīs sacrificium fēcit? ...
11. In Peloponnēsō quās urbēs vīsit Paulus? ...
12. Olympiae quid animum Paulī mōvit? ...
13. Quid Paulus ex tribūnālī Macedonibus prōnūntiāvit? ...
14. Postquam Macedoniae lēgēs dedit, quid apparāvit?
15. Quid magnīs lūdīs in Graeciā fierī solet? ...

Lēctiō VI

Lēctiō sexta: versūs 602–680

Exercitium 11

adoptiō

cōnfundere

dēflēre

dēstināre

documentum

gaza

impedīmentum

inexpugnābilis

praetestātus

prōgeniēs

prōventus

quaesō

successor

turmātim

1. Perseus _____ [< succēdere] Philippī V fuit.
2. Perseus in catēnīs in triumphō ductus _____ [< docēre] fuit sortis hūmānae.
3. Paulum triumphantem secūtī sunt duo fīliī quōs in _____ [< adoptāre] dederat, deinde equitēs _____ [= in turmīs] et peditēs.
4. Cōnsul vērō duōs filiōs minōrēs _____ [< praetextus] sēcum vehere nōn potuit, nam alter ante triumphum, alter paulō post dēcessit.
5. Ex tantā _____ [= stirpe] līberōrum nēmō domī Paulī supererat.
6. Paulus ōrātiōne quā prīvātam suam calamitātem cum secundā fortūnā pūblicā comparāvit, audientium animōs magis _____ [= permōvit] quam sī sortem suam _____ [= sortī suae illacrimāvisset].
7. Paulus: "_____ [= ōrō] sinātis mē cum pūblicā fēlīcitāte comparāre prīvātam meam fortūnam."
8. Cum castra hostium _____ essent [= expugnārī nōn possent], Paulus aciē Perseum dēvīcit ad Pydnam.
9. Victōriam Paulī rēs secundae velut _____ [= magnae frūgēs] secūtae sunt: cīvitātēs sē dēdidērunt, _____ [= thēsaurus] rēgia in potestātem Rōmānōrum vēnit, ac rēx ipse cum līberīs captus est.
10. Nōnnumquam tempestās _____ [< impedīre] victoriae fuit.
11. Fīlius imperātōris triumphantis sibi ipse similem triumphum _____.

Exercitium 12

1. Quōs Paulus in triumphō ante currum dūxit? ...
2. Cūr duo Paulī fīliī māiōrēs patris nōmen nōn ferēbant? ...
3. Cūr duo fīliī eius minōrēs in triumphō cum patre currū vectī nōn sunt? ...
4. Dē quibus rēbus Paulus post triumphum in cōntiōne ēdisseruit? ...
5. Quot diēbus Paulus sē bellum Macedonicum perfēcisse dīxit? ...
6. Quae rēs secundae victōriam Paulī secūtae sunt? ...
7. Quid Paulus in exercitū in Italiam trāiciendō timēbat? ...
8. Num Paulus tantum dē pūblicā fēlīcitāte locūtus est? ...
9. Quid populō nārrāvit dē prīvātā suā fortūnā? ...
10. Num pater miserābiliter orbitātem suam dēflēvit? ...
11. Quōmodo sē cōnsōlātus est in tantā clāde domūs suae? ...
12. Cūr Horātius Latium 'agreste' vocat? ...

Lēctiō grammatica: versūs 681–694

Exercitium 13

Ōrātiō rēcta ("...")
Exemplum
Sabīnī: "Quid ā <u>nōbīs</u> postulā<u>s</u>?"
Tarpēia: "Postul<u>ō</u> id quod in sinistrīs manibus habē<u>tis</u>."

1. Aemilia: "Cūr Iūlia plōr<u>at</u>?"
2. Quīntus: "<u>Iūlia</u> plōr<u>at</u>, quia Marcus eam pulsāv<u>it</u>."
3. Iūlius: "Puer quī puellam puls<u>at</u> improbus <u>est</u>."
4. Trōiānī: "Lāoco<u>ōn</u> poenam meru<u>it</u> quod hastā scelerātā sacrum rōbur laes<u>it</u>."
5. Poenī "Aenē<u>ās</u> Trōiā vēn<u>it</u>" inquiunt, "cum quō virō pulchra Dīdō concubu<u>it</u>!"
6. Tullus: "Quid petentēs vēn<u>istis</u>?" Albānī "Invīt<u>ī</u>" inquiunt "aliquid quod <u>tibi</u> displic<u>et</u> dīcē<u>mus</u>: rēs repetītum vēn<u>imus</u>."
7. Horātius pater: "Fīli<u>a</u> <u>mea</u> iūre caesa <u>est</u>. Nē <u>mē</u>, quem paulō ante cum ēgregiā stirpe cōnspex<u>istis</u>, orbum līberīs <u>fēceritis</u>!"
8. Cn. Octāvius: "Rēgi<u>ī</u> puer<u>ī</u> Macedon<u>ēs</u>que ali<u>ī</u> quī Samothrācae <u>sunt</u>, sī trāns<u>ierint</u> ad Rōmānōs, incolumitātem lībertātemque et sua omnia servā<u>bunt</u> quae aut sēcum hab<u>ent</u> aut in Macedoniā relīqu<u>ērunt</u>."
9. Hannibal: "Omnēs in ūnam Eumenis rēgis concurr<u>ite</u> nāvem! quem sī cē<u>peritis</u> aut interfē<u>ceritis</u>, magnō <u>vōbīs</u> praemiō <u>erit</u>."
10. Prūsiās: "<u>Nōlīte</u> id ā <u>mē</u> fierī postulā<u>re</u> quod adversus iūs hospitiī <u>est</u>!"
11. Paulus: "Et convīvium īnstruere et lūdōs parāre eiusdem <u>est</u> quī vincere bellō sc<u>it</u>."
12. Paulus: "Quod bellum per quadriennium quattuor ante <u>mē</u> cōnsulēs gess<u>ērunt</u>, id <u>ego</u> quīndecim diēbus perfēc<u>ī</u>!"

Ōrātiō oblīqua ('...')
Sabīnī ā Tarpēiā quaesīvērunt 'quid ā <u>sē</u> postulā<u>ret</u>?' Tarpēia respondit '<u>sē</u> postulā<u>re</u> id quod in sinistrīs manibus habē<u>rent</u>.'

Aemilia quaerit 'cūr Iūlia plōr_____?'
Quīntus respondet 'Iūli_____ plōr_____, quia Mārcus eam pulsāv_____.'
Iūlius dīcit 'puer_____ quī puellam puls_____ improb_____ es_____.'
Trōiānī 'Lāocoont_____ poenam meru_____' dīcēbant, 'quod hastā scelerātā sacrum rōbur laes_____.'
Fāma nārrābat 'Aenē_____ Trōiā vēn_____, cum quō virō pulchra Dīdō concubu_____.'
Tullus ab Albānīs quaerit 'quid petentēs vēn_____?' Iī dīcunt '_____ invīt_____ aliquid quod Tullō displice_____ dict_____ _____: rēs repetītum _____ vēn_____.'
H. prōclāmāvit 'fili_____ _____ iūre caes_____ _____!' Ōrābat 'nē _____, quem paulō ante cum ēgregiā stirpe cōnspex_____, orbum līberīs fac_____!'
Prōnūntiātum est 'rēgi_____ puer_____ Macedonāsque ali_____ quī Samothrācae _____, sī trāns_____ ad Rōmānōs, incolumitātem lībertātemque et sua omnia servāt_____ quae aut sēcum hab_____ aut in Macedoniā relīqu_____.'
H. iīs praecēpit 'omnēs ut in Eumenis rēgis concurr_____ nāvem; quem sī cēp_____ aut interfēc_____, magnō _____ praemiō _____.'
Prūsiās recūsāvit 'nē id ā _____ fierī postul_____ quod adversus iūs hospitiī _____.'
Vulgō dictum ipsīus ferēbant 'et convīvium īnstruere et lūdōs parāre eiusdem _____ quī vincere bellō sc_____.'
Paulus dīxit 'quod bellum per quadriennium quattuor ante _____ cōnsulēs gess_____, id _____ quīndecim diēbus perfēc_____!'

Lēctiō grammatica

Ōrātiō rēcta ("...")
nōm + ind
quī quae quod, quia, sī, etsī +*ind*

Ōrātiō oblīqua ('...')
acc + inf
quī quae quod, quia, sī, etsī + *coni*.

Exercitium 14

1. dēlitēscere, dē_____isse
2. dirimere, dir_____isse, dir_____um esse
3. īnsīdere, īn_____isse, īn_____um esse
4. pendere, _____isse, _____um esse
5. pergere, _____isse
6. porrigere, por_____isse, por_____um esse
7. querī, _____um esse
8. subigere, sub_____isse, sub_____um esse
9. trānsferre, trāns_____isse, trāns_____/_____ esse
10. vīsere, _____isse

Cap. LI

Lēctiō I

CAPITVLVM VNVM ET QVINQVAGESIMVM

Lēctiō prīma: versūs 1–118

Exercitium 1

aedīlitās
arbiter
circuitus
coīre
compellere
dēcrētum
dēprehendere
dētegere
dīlēctus
ērudītus
ēvincere
explicāre
fingere
irritus
nervus
obstruere
paelex
perrogāre
perstāre
prōsequī
Pseudo-
remōtus
revincere
senecta
sors
struere
suffrāgārī
vigēre
vituperāre

1. Rōmam nūntiātum est 'Carthāgine bellum _____ [= parārī], cum _____ agerentur [= mīlitēs cōnscrīberentur] et classis comparārētur.'
2. Lēgātī Carthāginem missī renūntiāvērunt 'sē exercitum et classem Carthāgine _____ [= invēnisse].'
3. In senātū cum sententiae _____, Catō Carthāginem dēlendam esse cēnsuit, Nāsīca dissuāsit; tamen senātus dēcrēvit ut Carthāginiēnsibus bellum indīcerētur.
4. Etsī Carthāginiēnsēs lēgātōs mīsit ut sē dēderent, Catōnis sententia _____ [= persuāsit] ut senātus in _____ [< dēcerenere] _____ [= persevērāret].
5. Obsidibus et armīs acceptīs, cōnsulēs imperāvērunt ut novum oppidum x mīlia passuum ā marī _____ [= distāns] conderent.
6. Ita Carthāginiēnsēs ad bellandum _____ [= coēgērunt].
7. Prīmō _____ [= vāna] fuit oppugnātiō Carthāginis, sed Rōmānī repulsī ac fugātī ā P. Scīpiōne Aemiliānō ē perīculō _____ [= līberātī] sunt.
8. Catō, aliter prōmptus ad _____ [↔laudandum], Scīpiōnem laudibus _____ est dīcēns 'reliquōs quī in Āfricā mīlitārent umbrās volitāre, Scīpiōnem _____ [= valēre].'
9. Andriscus sīve _____-Philippus fābulam _____ 'sē rēge Perseō et _____ [= alterā uxōre] nātum esse.'
10. Multī ad eum _____ [= conveniēbant], sed fraus _____ [= patefacta] est et Macedonia _____ [= rūrsus victa].
11. Rēgnum Masinissae _____ Scīpiōne dīvīsum est inter trēs fīliōs, quōrum minimus Graecīs litterīs _____ [= doctus] erat.
12. Plēbs Scīpiōnī ita _____ [= suffrāgiō favēbat] ut, cum _____ [< aedīlis] peteret, ante annum suum cōnsul creātus sit.
13. Scīpiō, cui extrā _____ Āfrica prōvincia data erat, portum Carthāginis _____ [= clausit], ac tandem Carthāginem expugnāvit DCC annō postquam condita est.
14. Carthāgō in _____ [< circuīre] XXIII mīlia passuum patēbat.
15. _____ [= senectūs] est aetās īnfirma neque senī tam validī sunt _____ quam iuvenī.

Exercitium 2

1. Quid Gulussa Rōmam nūntiāvit? ...
2. Quid tum senātuī placuit? ...
3. Quid decem lēgātī ex Āfricā reversī renūntiāvērunt? ...
4. Catō quid senātuī suādēbat?
5. Quis in senātū bellum dissuādēbat? ...
6. Cūr senātuī placuit ut Carthāginiēnsibus bellum indīcerētur? ...
7. Quid Rōmānī Carthāginiēnsibus dēditīs imperāvērunt? ...
8. Num Carthāginiēnsēs imperiō Rōmānōrum oboedīvērunt? ...
9. In obsidiōne Carthāginis quis praecipuam glōriam tulit? ...
10. In senātū Rōmānō quis virtūtem Scīpiōnis laudāvit? ...
11. Quam fābulam fīnxit Andriscus? ...
12. Quōmodo Andriscus orīginem suam sibi dētēctam esse dīxit? ...
13. Masinissā mortuō quī rēgnum Numidiae inter sē dīvīsērunt? ...
14. Cūr necesse fuit Scīpiōnem lēgibus solvere ut cōnsul fieret? ...
15. Quis tandem Carthāginem expugnāvit? ...
16. Num uxor Hasdrubalis Scīpiōnī sē dēdidit?...

Lēctiō secunda: versūs 119–215   *Lēctiō II*

Exercitium 3

1. Achaeīs victīs L. Mummius cōs. Corinthon, urbem _____dīvitem, dīruit.	abstinēns
2. Ille _____ [↔ cupidum] virum ēgit, neque enim ūllum opus Corinthium sibi sūmpsit.	accidere
	cavea
3. In Hispāniā Viriāthus, _____ [< vēnārī] quīdam et latrō, dux exercitūs factus Lūsītāniam occupāvit.	complōrāre
	dēlēre
4. Senātus pācem quam Q. Pompēius cum Numantīnīs fēcit _____ [= rem turpem] cēnsuit eamque _____ [< īnfirmus].	disciplīnam
	ēruptiō
5. Viriāthus, cum ā _____ [< prōdere] perfidīs interfectus esset, ab exercitū suō multum _____ [= dēflētus] est.	exonerāre
	furca
6. Mīles quīdam quī exercitum in Hispāniā dēseruerat sub _____ virgīs caesus est, id quod tīrōnibus exemplum fuit _____ [= salūtāre].	ignōminiōsus
	īnfirmāre
7. C. Mancīnus contrā auspicia ad bellum profectus est, nam cum sacrificāret, pullī ex _____ ēvolāvērunt, et cum nāvem cōnscenderet, vōx _____ [= audīta est]: "Manē, Mancīne!"	lābēs
	luxuria
	pābulārī
8. Victus ā Numantīnīs pācem _____ [= turpissimam] cum iīs fēcit, quam senātus _____ [↔ irritam] esse vetuit.	per vicem
	prae(dīves)
9. Hōc ēventū illa auspicia trīstia fuisse _____ est.	probāre
10. Scīpiō, cui iterum cōnsulātus _____ dēlātus est, exercitum _____ [= luxū] corruptum ad sevērissimam _____ revocāvit.	prōditor
	ratus
11. _____ [= fēminās impudīcās] ā mīlitibus _____ [= sēiungī] iussit et omnia dēliciārum īnstrūmenta _____ [= remōvit caedendō].	recīdere
	salūber
12. Mīlitēs māxima onera, sīcut _____ [VII...] _____ [= pālōs], ferre cōgēbat; mīlitī onere labōrantī dīcēbat: "Cum gladiō tē _____ [< vāllus] scieris, vāllum ferre dēsinitō!"	scortum
	sēcernere
13. Nē mīlitēs _____ [= onere līberārentur], iūmenta vēndidit.	septēnī
	ultrō
14. Scīpiō cum Numantiam obsidēret, saepe contrā _____ [< ērumpere] hostium fēlīciter pugnāvit.	vāllāre
	vāllus
15 Numantīnī, cum frūstrā _____ [= pābulum petītum] exiissent, dēnique fame coāctī ipsī sē per _____ [= invicem] gladiīs trāiēcērunt.	vēnātor
16. Scīpiō prīmum Carthāginem, deinde, XIV annīs post, Numantiam cēpit et _____ [= funditus dīruit].	

Exercitium 4

1. Cūr Rōmānī Achaeīs bellum intulērunt? ...
2. Quam urbem praeclāram L. Mummius cōnsul dīruit? ...
3. Quis fuit Viriāthus et quid fēcit? ...
4. Num Viriāthus ā Rōmānīs interfectus est? ...
5. Quārē C. Matiēnius damnātus est et virgīs caesus? ...
6. Quae auspicia C. Mancīnus neglēxit? ...
7. Cūr Mancīnus pācem ignōminiōsam fēcit cum Numantīnīs? ...
8. Num senātus illam pācem ratam esse iussit? ...
9. Cūr bellum Numantīnum Scīpiōnī Aemiliānō dēlātum est?...
10. Quōmodo Scīpiō exercitum ad mīlitiae disciplīnam revocāvit? ...
11. Quid Scīpiō quaestōrem dōnīs rēgis Antiochī facere iussit? ...
12. Cūr Scīpiō hostēs quī pābulātum exierant occīdī vetuit? ...
13. Quid ēgit Scīpiō XIV annō post Carthāginem dēlētam? ...

Lēctiō tertia: versūs 216–279

Lēctiō III

Exercitium 5

1. Tib. Gracchus lēgēs _____ [< ager] tulit et _____ [III virōs] creāvit ad agrum pūblicum dīvidendum.
2. Hās lēgēs _____ [= tulit] adversus voluntātem senātūs et equestris _____ neque sine _____ [= indignātiōne] plēbis, quae amplum _____ agrī cupiēbat.
3. In tantum furōrem _____ ut collēgae M. Octāviō, quī causam dīversae _____ [= factiōnis] dēfenderet, potestātem abrogāret.
4. Tumultū in Capitōliō factō, Tib. Gracchus ab _____ [< optimus] occīsus est, ictus prīmum _____ [< frangere] _____ [= sellae humilis].
5. P. Scīpiō Āfricānus, cum novam _____ [= lēgem lātam] dissuādēret, dīxit 'Tib. Gracchum iūre caesum esse sibi vidērī.'
6. Cum Scīpiō sēditiōnibus _____ [< triumvirī] _____ [< adversus] esset, māne mortuus in lectō inventus est.
7. Fāma erat Semprōniam uxōrem, sorōrem Gracchōrum, eī venēnum dedisse, nec vērō ūlla _____ dē morte eius ācta est.
8. C. Gracchus, frāter Tiberiī, ōrātor _____ erat quam frāter.
9. Is lēgem _____ [< frūmentum] tulit 'ut frūmentum plēbī darētur sēnīs assibus et _____ [= ¹/₃].'
10. Aliam lēgem tulit 'ut DC equitēs CCC senātōribus _____ [= adderentur miscendō], cum tot equitēs in Cūriam _____ [= legerentur supplendī causā].
11. Senātōribus hae lēgēs _____ [< perniciēs] vidēbantur.
12. C. Gracchus _____ [< tribūnus] suum in alterum annum continuāvit et complūrēs _____ [< colōnus] dēdūxit.
13. Post tribūnātum _____ [< sēditiō] C. Gracchus cum Fulviō Flaccō ā L. Opīmiō cōnsule occīsus est.

admiscēre
adversārī
agrārius
colōnia
ēloquēns
exārdēscere
fragmentem
frūmentārius
modus
offēnsa
optimātēs
ōrdō (equester)
pars
perniciōsus
prōmulgāre
quaestiō
rogātiō
sēditiōsus
sublegere
subsellium
tribūnātus
triēns
triumvirī
triumvirālis

Exercitium 6

1. Quās lēgēs Tib. Gracchus tribūnus plēbis prōmulgāvit? ...
2. Quid fēcit M. Octāviō collēgae cum lēgī adversārētur? ...
3. Quī triumvirī ad dīvidendum agrum pūblicum creātī sunt? ...
4. Quem rēx Attalus hērēdem relīquerat? ...
5. Quid factum est cum Ti. Gracchus iterum tribūnus creārī vellet? ...
6. Quid dīxit P. Scīpiō Āfricānus dē caede Ti. Gracchī? ...

7. Ā quibus novae sēditiōnēs excitātae sunt? ...
8. Quis triumvirīs sēditiōsīs adversātus est? ...
9. Quōmodo mortuus est P. Scīpiō Āfricānus? ...
10. Cūr suspecta fuit uxor eius Semprōnia? ...
11. Quās lēgēs tulit C. Gracchus? ...
12. Illō tempore quot senātōrēs erant? ...
13. Alterō tribūnātūs annō quid C. Gracchus effēcit? ...
14. Quid C. Gracchō factum est cum Aventīnum occupāsset? ...
15. Quid Līvius cēnset dē cōnsiliīs Gracchōrum? ...

Lēctiō quārta: versūs 280–326

Exercitium 7

1. Ante Carthāginem dēlētam populus Rōmanus vītam placidam ac
_____ [< modus] _____ [= agēbat].
2. _____ [= terror] hostium cīvēs in bonīs _____ [= mōribus]
retinēbat.
3. Victīs hostibus, ob _____ [= nimiam cōpiam] omnium rērum
_____ [= licentia] atque superbia incessērunt.
4. Glōriae et _____ [< dominārī] certāmen inter cīvēs erat, omnia in
duās partēs _____ [= distracta] sunt, rēs pūblica _____
[= lacerandō distracta].
5. _____ [= cīvēs nōbilēs] factiōne magis _____ [= valēbat],
penes eōsdem magistrātūs, glōriae triumphīque erant.
6. Plēbs, quae in multitūdine _____ [= passim sparsa] minus poterat,
_____ [= molestā] mīlitiā atque inopiā urgēbātur.
7. Praedās _____ [< bellum] imperātōrēs cum paucīs _____
[= rapiēbant].
8. Parentēs et līberī mīlitum, sī _____ [= fīnitimī] erant cīvī potentiōrī,
sēdibus pellēbantur.
9. Avāritia sine _____ [< modestus] omnia invādere et _____
[= sordida facere] coepit.
10. At paucī nōbilēs repertī sunt quī vēram glōriam iniūstae potentiae
_____ [= praeferrent].
11. Postquam Ti. et C. Gracchus plēbem in lībertātem _____ [= līberāre]
et optimātium scelera patefacere coepērunt, nōbilitās _____
[↔ īnsōns] ac pavida eōrum _____ [< agere] obviam iērunt.
12. Ita _____ [= discordia] cīvīlis quasi _____ [< permiscēre]
terrae orta est, et prīmum necātus est Tiberius, deinde Gāius cum M.
Fulviō Flaccō.
13. Nōbilitās victōriā suā ūsa haud _____ [< modus] fuit.
14. In bellō cīvīlī alterī alterōs _____ [= quōlibet] modō vincere vult, id
quod saepe magnās cīvitātēs _____ dedit [= perdidit].

Exercitium 8

1. Quamobrem mōs factiōnum ac dissēnsiō cīvīlis Rōmae orta est? ...
2. Quōmodo populus Rōmānus ante Carthāginem dēlētam vīvēbat? ...
3. Cūr tunc dominātiōnis certāmen inter cīvēs nōn erat? ...
4. Hostibus victīs, quōmodo cīvēs sē gerēbant? ...
5. Utra pars cīvitātis magis pollēbat? ...
6. Quibus rēbus plēbs urgēbātur? ...
7. Cūr praedae bellicae populum nōn dītābant? ...
8. Quid factum est iīs quī potentiōribus cōnfīnēs erant? ...

Lēctiō IV

abstrahere
abundantia
āctiō
agitāre
antepōnere
artēs
asper
bellicus
cōnfīnis
dīlacerāre
dīripere
dispergere
dissēnsiō
dominātiō
formīdō
lascīvia
moderātus
modestia
modestus
nōbilitās
noxius
permixtiō
pessum (dare)
pollēre
polluere
quīvīs
vindicāre

9. Cum potentiā quid animōs nōbilium invāsit? ...
10. Quī nōbilēs plēbem in lībertātem vindicāre cōnātī sunt? ...
11. Quī Gracchōrum āctiōnibus obviam iērunt? ...
12. Quid nōbilitās victōriā suā effēcit? ...

Lēctiō grammatica

Lēctiō grammatica: versūs 327–383

Exercitium 9

Facienda sunt verba composita *ex verbīs* simplicibus *praepositīs* praeverbiīs
ad-, con-, dē-, dis-, ex-, in-, ob-, per-, prō-, re-, sub-.

1. ad- + currere > _____
2. ad- + iacere > _____
3. ad- + ligāre > _____
4. ad- + quaerere > _____
5. ad- + spargere > _____
6. ad- + tangere > _____
7. con- + agere > _____
8. con- + lābī > _____
9. con- + premere > _____
10. con- + rapere > _____
11. con- + regere > _____
12. dē- + legere > _____
13. dē- + scandere > _____
14. dis- + fīdere > _____
15. dis- + gradī > _____
16. dis- + placēre > _____
17. ex- + carpere > _____
18. ex- + fundere > _____
19. in- + lūdere > _____
20. in- + pellere > _____
21. in- + statuere > _____
22. ob- + cadere > _____
23. ob- + ferre > _____
24. ob- + premere > _____
25. per- + facere > _____
26. per- + regere > _____
27. prō- + salīre > _____
28. prō- + emere > _____
29. re- + agere > _____
30. sub- + capere > _____
31. sub- + cēdere > _____
32. trāns- + dare > _____

Exercitium 10

1. dispergere, di_____isse, di_____um esse
2. exārdēscere, ex_____isse
3. explicāre, ex_____isse, ex_____um esse
4. fingere, _____isse, _____um esse
5. obstruere, ob_____isse, ob_____um esse
6. polluere, _____isse, _____um esse
7. recīdere, re_____isse, re_____um esse

CAPITVLVLVM ALTERVM ET QVINQVAGESIMVM

Lēctiō prīma: versūs 1–123

Exercitium 1

1. Sallustius bellum Iugurthīnum _____ [= explānāre] voluit prīmum quia magnum fuit bellum, _____ [= deinde] quia tunc prīmum superbiae nōbilitātis obviam itum est.

2. Bellō Pūnicō secundō Hannibal imperium Rōmānum māximē _____ [= dēbilitāverat].

3. In Āfricā Masinissa, rēx Numidārum, Rōmānōs adiūverat; itaque amīcitia eī cum Rōmānīs _____ [= diū mānsit].

4. Micipsa, fīlius Masinissae, duōs fīliōs genuit, et Iugurtham, frātris fīlium ex _____ [= paelice] nātum, domī habuit.

5. Iugurtha, quem avus prīvātum _____ [= relīquerat], adulēscēns _____ [= pulchrā] fōrmā atque ācrī ingeniō erat.

6. Ille, vīribus _____ [= potēns], _____ [= vītam ōtiōsam] spernēns plūrimum agēbat: currēbat, _____ [< eques], _____ [< iaculum], vēnābātur.

7. Propter rēs huius _____ [= generis] omnēs glōriā _____ [= antecēdēbat], sed tamen omnibus cārus erat.

8. Micipsa, _____ [= etsī] prīmō virtūte et glōriā Iugurthae laetus fuerat, tamen cum eum prae līberīs suīs crēscere vidēret, eō _____ [= eā rē] _____ [= ācriter] permōtus est.

9. Timēbat nātūram Iugurthae _____ [= cupidissimam] imperiī, sed difficile erat hominem tam acceptum populō dolō opprimere.

10. Ob hanc _____ [< difficilis] statuit eum māximīs perīculīs _____ [= obicere].

11. Ergō, quoniam Iugurtha glōriam mīlitārem _____ [= cupidē petēbat], Micipsa eum ad bellum Numantīnum mīsit.

12. Ibi Iugurtha ēgregiā virtūte in māximam _____ [< clārus] et _____ [< grātus] pervēnit.

13. In exercitū Rōmānō complūrēs nōbilēs fuērunt, domī _____ [< factiō] atque clārī magis quam honestī.

14. Quī Iugurthae _____ [= pollicēbantur] 'eum imperiō Numidiae potītūrum esse, quoniam Rōmae omnia _____ essent [= vēnīrent].'

15. Numantiā dēlētā, Scīpiō Iugurtham abdūxit ac _____ [= sine testibus] monuit 'ut pūblicē amīcitiam populī Rōmānī coleret nēve quibus largīrī _____ [= adsuēsceret].'

16. Litterīs ā Scīpiōne acceptīs, quibus virtūs Iugurthae laudābātur, rēx beneficiīs eum sibi conciliāre _____ est [= coepit] eumque adoptāvit et _____ cum fīliīs hērēdem īnstituit.

17. Rēx senex, _____ [= perāctā] suā aetāte, Iugurtham, quī _____ [= nūper] Numantiā redierat, _____ est [= dīs testibus ōrāvit] ut frātrēs _____ habēret [= dīligeret].

18. "_____ ego" inquit "vōbīs rēgnum trādō fīrmum, sī bonī eritis, sīn malī, _____ [= īnfīrmum]; nam concordiā parvae rēs crēscunt, discordiā māximae _____ [= in dīversās partēs lābuntur]."

19. Postrēmō fīliōs monuit 'ut Iugurtham colerent et _____, virtūtem imitārentur et _____ [= valdē nīterentur] nē pater suus meliōrēs līberōs adoptāvisse vidērētur quam genuisse!'

aggredī
agitāre (animō)
anteīre
appetere
atterere
avidus
cārum (habēre)
clāritūdō
concubīna
decōrus
dehinc
dērelinquere
difficultās
dīlābī
ēnītī
equidem
equitāre
exigere
expedīre
factiōsus
ficta
grātia
iaculārī
imbēcillus
inertia
īnsuēscere
mediocris
(huius) modī
negōtium
novissimē
obiectāre
observāre
obtestārī
pariter
permanēre
pollēns
pollicitārī
-que ... -que
quīre
sapientia
sēcrētō
tametsī
vehementer
vēnālis

20. Iugurtha, quī _____ [< sapiēns] superior erat, rēgem _____ [< fingere] locūtum esse intellegēbat, sed tum benignē respondit, tametsī longē aliter animō _____ [= cōgitābat].

21. Quī litterās nescit, legere nequit; quī litterās scit, legere _____ [= potest], sī haud _____ [= modicō] ingeniō est.

22. Dīdō sōla in domō vacuā maeret lectōque Aenēae relictō *incubat, illum absēns absentem audit_____ videt_____.*

in-cubāre lectō (*dat*) = cubāre in lectō

Exercitium 2

1. Cūr Masinissa in amīcitiā populī Rōmānī erat? ...
2. Quot fīliī Masinissae erant? ...
3. Cūr Micipsa sōlus ex tribus frātribus rēgnum accēpit? ...
4. Quōs fīliōs Micipsa genuit? ...
5. Cuius fīlius erat Iugurtha? ...
6. Quōmodo Iugurtha adulēscēns vītam agēbat? ...
7. Quid Micipsa timēbat, cum Iugurtha omnēs glōriā anteīret? ...
8. Cūr rēx Iugurtham in Hispāniam ad bellum Numantīnum mīsit? ...
9. Quid Iugurtha in Hispāniā effēcit? ...
10. Quid Rōmānī nōbilēs factiōsī Iugurthae pollicitābantur? ...
11. Quid P. Scīpiō Iugurtham monuit? ...
12. Quālēs litterās Scīpiō Micipsae scrīpsit? ...
13. Litterīs dē virtūte Iugurthae lēctīs, quid fēcit Micipsa? ...
14. Quid rēx moritūrus Iugurtham obtestātus est? ...
15. Quid Adherbalem et Hiempsalem admonuit? ...
16. Quōmodo Iugurtha ad haec respondit? ...

Lēctiō II

Lēctiō secunda: versūs 124–241

Exercitium 3

1. _____ [= rēgis fīliī] rēgī mortuō _____ [= fūnus] magnificē fēcērunt.
2. Posteā convēnērunt ut dē administrandō rēgnō _____ [= dissererent].
3. Ibi Iugurtha "Oportet" inquit "_____ [= quīnque annōrum] dēcrēta omnia _____ [= irrita fierī]."
4. Ad hoc Hiempsal "Idem" inquit "mihi vidētur, "nam tū ipse tribus proximīs annīs _____ [< adoptāre] in rēgnum vēnistī!"
5. Ex eō tempore Iugurtha _____ [= labōrābat] ut Hiempsalem opprimeret.
6. Cum rēgulī ad pecūniam inter sē _____ [= dīvidendam] convēnissent, mīlitēs Iugurthae, parātīs clāvibus _____ [= falsīs], in Hiempsalis hospitium irrūpērunt.
7. Interfectīs iīs quī _____ [= occurrunt], loca _____ [= occulta] _____ [= explōrant], atque Hiempsalem in _____ [= casā] ancillae repertum occīdunt.
8. Fāma tantī sceleris lātē _____ [dis- < vulgus].
9. Adherbal, quī timēbat nē Iugurtha sē oppugnāret, _____ [= fīdēns] cōpiīs suīs parābat armīs _____ [= certāre].
10. Adherbal victus in Prōvinciam profūgit atque inde Rōmam _____ [= properāvit].
11. Iugurtha lēgātōs Rōmam mittit, _____ [= quibus] praecipit ut veteribus amīcīs mūnera largiantur et novōs amīcōs _____.

abditus
accūrātē
acquīrere
adoptātiō
aldulterīnus
anteferre
commodum
commūtātiō
contendere (*bis*)
dēprāvāre
disceptāre
distribuere
dīvulgāre
extollere
flāgitium
frētus
iūsta
largītiō
mōlīrī
occursāre
patrāre
quīnquennium
quīs (*dat pl*)

12. Hāc _____ [= largīrī] Iugurtha tantam _____
    [= mūtātiōnem] in senātū _____ [= perfēcit], ut ex māximā
    invidiā in grātiam nōbilitātis venīret.
13. Adherbal senātōrēs ōrāvit ut sibi _____ [= opem ferrent] neu
    paterentur rēgnum Numidiae _____ [↔ convalēscere]
14. Lēgātī Iugurthae paucīs respondent: 'Hiempsalem ob saevitiam et
    _____ [= facta indigna] sua interfectum, Iugurtham petere nē
    verba inimīcī factīs suīs _____ [= praeferrent].'
15. Hīs audītīs, senātūs magna pars, largītiōne _____ [= corrupta],
    Iugurtham laudibus _____ [= valdē laudābat].
16. Decem lēgātī in Āfricam missī sunt, quōrum prīnceps L. Opīmius ā
    Iugurthā _____ [= māximā cum cūrā] receptus est.
17. Iugurtha dandō et pollicendō multa perfēcit, ut plērīque lēgātī
    _____ rēgis [= quod rēgī prōderat] sequerentur.

Exercitium 4

1. Postquam rēgī mortuō iūsta fēcērunt, quid rēgulī ēgērunt? ...
2. Dē quibus negōtiīs disceptātum est in prīmō conventū? ...
3. Quid Iugurtha dīxit dē quīnquenniī dēcrētīs? ...
4. Quārē Hiempsal dē hāc rē cum Iugurthā cōnsēnsit? ...
5. Quid secundō conventū cōnstituendum erat? ...
6. In oppidō Thirmidā cuius domō ūtēbātur Hiempsal? ...
7. Quōmodo mīlitēs Iugurthae in eam domum penetrāre potuērunt? ...
8. Ubi Hiempsalem repperērunt et quid eī fēcērunt? ...
9. Num Adherbal mortem frātris ultus est? ...
10. Quō Adherbal proeliō victus profūgit? ...
11. Quōmodo Iugurtha īram senātūs Rōmānī in grātiam convertit? ...
12. Dē quibus rēbus Adherbal senātōrēs Rōmānōs admonuit? ...
13. Quid Adherbal Rōmānōs ōrāvit? ...
14. Quid lēgātī Iugurthae respondērunt? ...
15. Omnēsne senātōrēs Adherbalī subveniendum esse cēnsēbant? ...
16. Quid tum senātus dēcrēvit? ...
17. Quōmodo Iugurtha lēgātōs recēpit? ...

Lēctiō tertia: versūs 242–354

Exercitium 5

1. _____ [< dīvidere] Numidiae ita facta est ut pars proxima
   Maurētāniae Iugurthae trāderētur, Adherbalī pars altera, quae _____
   [= portibus magis ōrnāta] erat.
2. Rēgnō dīvīsō, Iugurtha incitātus _____ [< pollicitārī] Rōmānōrum
   quōs mūneribus explēverat, in rēgnum Adherbalis animum _____.
3. Ergō ex _____ [= subitō] fīnēs eius cum _____
   [< praedārī] manū invāsit, multōs cēpit, aedificia incendit...
4. Adherbal lēgātōs ad Iugurtham mīsit, quī _____ [< contumēlia]
   dicta rettulērunt.
5. Iugurtha, _____ quī [= quoniam] rēgnum Adherbalis animō
   iam invāserat, magnō exercitū bellum intulit.
6. Adherbal _____ [adv < necessārius] Iugurthae obvius prōcessit,
   sed hostēs nocte sērā castra eius invāsērunt et mīlitēs _____
   [= nec vigilantēs nec dormientēs] fugāvit.

rēgulus
rescindere
scrūtārī
subvenīre
tābēscere
tugurium

Lēctiō III

adulēscentia
adulēscentia
cōnfīrmāre
contumēliōsus
cōpia
dēfēnsāre
dīvīsiō
honōrēs
(ex) imprōvīsō
inceptum
īnsequī
intendere
malitia
mātūrāre

necessāriō
negōtiātor
ōcissimē
pacīscī
pēnūria
pollicitātiō
portuōsus
praedātōrius
quippe (quī)
sēmisomnus

7. Numidae Adherbalem cum paucīs equitibus fugientem Cirtam
   _____ [= persecūtī] sunt, sed Rōmānī armātī hostēs ā moenibus
   prohibuērunt.
8. Dum Cirta oppugnātur, lēgātī Rōmā _____ [= properantēs]
   vēnērunt quī dē _____ [< malus] Iugurthae quererentur.
9. Iugurtha lēgātīs superbē respondit 'ab _____ [< adulēscēns] ita sē
   ēnīsum esse ut ab optimō quōque probārētur...'
10. Lēgātīs Adherbalem appellandī _____ [= occāsiō] nōn fuit.
11. Adherbal intellēxit nūllam esse spem auxiliī neque bellum trahī posse
    ob _____ [= inopiam] rērum necessāriārum.
12. Itaque duōs fortissimōs dēlēgit eōrumque animōs _____
    [= firmāvit] ut per hostium mūnītiōnēs cum litterīs Rōmam īrent.
13. Litterīs Adherbalis in senātū recitātīs, dēcrētum est ut lēgātī nōbilēs
    summīs _____ [= magistrātibus] fūnctī mitterentur, quī
    Iugurthae imperārent 'ut quam _____ [= celerrimē] ad
    prōvinciam accēderet.'
14. Ille vērō, etsī senātūs verbīs gravēs minae eī nūntiābantur, tamen ab
    _____ [< incipere] suō nōn dēstitit.
15. Tum Italicī, quī moenia Cirtae _____ [= dēfendēbant], Adherbalī
    suāsērunt 'ut sē et oppidum Iugurthae dēderet, tantum ab eō vītam
    _____ [= condiciōnem ferret].'
16. Dēditiōne factā, in prīmīs Adherbal, tum omnēs pūberēs Numidae et
    _____ [= mercātōrēs] Italicī armātī interfectī sunt.

Exercitium 6
1. Quōmodo Numidia inter Adherbalem et Iugurtham dīvīsa est? ...
2. Dīvīsō rēgnō, quid Iugurtha parābat? ...
3. Statimne rēgnum Adherbalis magnō exercitū invāsit? ...
4. Cūr Adherbal incursiōnem Iugurthae nōn vindicāvit? ...
5. Quōmodo Iugurtha Adherbalem ad bellum coēgit? ...
6. Quid accidit cum castra Adherbalis ante lūcem oppugnāta sunt? ...
7. Quō Adherbal profūgit? ...
8. Cūr mīlitēs persequentēs Cirtam intrāre nōn potuērunt? ...
9. Quid Iugurtha lēgātīs Rōmānīs adulēscentibus respondit? ...
10. Quid fēcit cum Cirtam armīs expugnāre nōn posset? ...
11. Quibus Adherbal persuāsit ut litterās Rōmam ferrent? ...
12. Litterīs Aderbalis recitātīs quid senātus dēcrēvit? ...
13. Quid lēgātī māiōrēs nātū nōbilēs Iugurthae imperāvērunt? ...
14. Lēgātīs audītīs num Iugurtha ab oppugnātiōne Cirtae dēstitit? ...
15. Quid Italicī quī moenia dēfēnsābant Adherbalī suāsērunt? ...
16. Quam ob rem sē inviolātōs fore cōnfīdēbant? ...
17. Dēditiōne factā, quid fēcit Iugurtha? ...

Lēctiō IV

Lēctiō quārta: versūs 355–483

Exercitium 7
1. Numidia prōvincia futūrō cōnsulī L. Calpurniō Bēstiae sortibus
   _____[= ēvēnit], quī exercitum in Āfricam ductūrus erat.
2. Iugurtha fīlium et duōs _____ [= amīcōs] Rōmam mīsit; quī
   cum Rōmam _____ [< advenīre], ā senātū ex Italiā dēcēdere iussī
   _____ [= nōn perfectīs] rēbus revertērunt.
3. Calpurnius initiō ācriter bellum gessit, sed pecūniā Iugurthae corruptus
   bellum trahere coepit et pācem cum eō fēcit _____ [= turpem].

administer
adventāre
arrogāre
artifex
asper
assūmere
augēscere

4. Pecūniā dandā Iugurtha Scaurum, quī anteā eum _____
[= oppugnāverat], sibi _____ [= ministrum] _____
[= sūmpsit].

5. L. Cassius praetor Iugurtham, datā _____ pūblicā, Rōmam
dūxit, ut _____ faceret [= indicāret] dē Rōmānīs noxiīs.

6. Sed Iugurtha C. Baebiō tribūnō plēbis _____ [= māximā]
mercēde persuāsit, ut sē tacēre iubēret, nē dēlicta Rōmānōrum nōbilium
_____ [= aperīrentur].

7. Ita ob _____ [< impudēns] Baebiī populus _____
habitus est, Bēstiae et Scaurō animī _____ [= crēscēbant].

8. Cum Massīva rēgnum Numidiae peteret, Iugurtha per Bomilcarem
_____ [< īnsidiārī] parāvit, quī eum interficerent.

9. Iī, tālis negōtiī _____ [< ars], itinera et _____ [< ēgredī]
eius, loca ac tempora, explōrāvērunt, sed ūnus ex iīs _____
[= temere] eum aggressus est.

10. Massīvam necāvit, sed ipse dēprehēnsus cum indicium fēcisset, Bomilcar
_____ factus est [= accūsātus est].

11. Iugurtha vērō Bomilcarem clam in Numidiam dīmittit, ipse Rōmā ēgressus
"Ō, urbem vēnālem" inquit "et _____ [= mox] peritūram, sī
_____ [< emere] invēnerit!"

12. Q. Caecilius Metellus duōbus proeliīs Iugurtham fūdit; tum rēx dēditiōnem
_____ [= cōgitābat], sed animum mūtāvit.

13. Rūrsus ā Metellō fugātus, Iugurtha per loca _____ [= difficilia]
pervēnit ad Gaetūlōs, quōs contrā Rōmānōs armāvit.

14. Rōmae cōnsul creātus est C. Marius, quī homō _____ erat, id est
homō quī prīmus ē gente ignōbilī summum magistrātum obtinet.

15. Is ōrātiōnem ad populum habuit dē _____ [↔ fortitūdine]
et _____ [= inertiā] eōrum quī fortia facta māiōrum memorandō
clāriōrēs sē putant.

16. "_____ [= mea ipsīus] facta" inquit "mihi dīcere licet. Nunc
vidēte quam _____ [= iniūstī] sint: quod ex aliēnā virtūte sibi
_____ [= postulant], id mihi ex meā nōn concēdunt, scīlicet quia
_____ nōn habeō."

Exercitium 8

1. Quōs Iugurtha lēgātōs Rōmam mīsit cum bellum parārī audīret? ...
2. Num iī lēgātī ā senātū receptī sunt? ...
3. Quis tum Numidiam cum exercitū ingressus est? ...
4. Cūr Calpurnius pācem flāgitiōsam fēcit cum Iugurthā? ...
5. Quārē Cassius praetor Iugurtham Rōmam arcessīvit? ...
6. Quid C. Memmius, prōductō Iugurthā, in cōntiōne memorāvit? ...
7. Cūr Iugurtha ad haec nōn respondit? ...
8. Quis fuit Massīva et quid petīvit? ...
9. Quōmodo Iugurtha Massīvam occīdendum cūrāvit? ...
10. Quid Iugurtha dēcēdēns dīxisse fertur dē urbe Rōmā? ...
11. Quid Q. Caecilius Metellus in Numidiā ēgit? ...
12. Quem rēgem Iugurtha socium suum fēcit? ...
13. Cūr nōbilitās aegrē tulit C. Mariō bellum mandātum esse? ...
14. Cūr C. Marius 'novus homō' appellābātur? ...
15. Cōntiōne advocātā, quōs Marius obtrectāvit? ...
16. Quōmodo Marius sē bellī artem didicisse dīxit? ...

Column (right margin):

ēgressus
ēmptor
familiāris (*bis*)
fidēs (*pūblica*)
flāgitiōsus
ignāvia
imāginēs
impudentia
impugnāre
incōnsultus
indicium
īnfectus
inīquus
īnsidiātor
lūdibriō (*habēre*)
meamet
mātūrē
meditārī
novus (*homō*)
obvenīre
patefierī
permagnus
reus
socordia

Lēctiō V

abundē
ācta
adnītī
artificium
asperitās
capite cēnsī
cicātrīx
compositus
cōnsultor
decima pars
dōna (mīlitāria)
egēns
(parvī) facere
facilis (amīcitiā)
fācundus
gēns
illicere
imperītia
imprōvīsus
incultus
iūxtā
largītor
latrōcinium
phalerae
praeceptum
sarcinae
sciēns
strepere
sustentāre
tumulōsus
tūtārī
vexillum

Lēctiō quīnta: versūs 484–617

Exercitium 9

1. Marius nōn triumphōs māiōrum ostentāre poterat, at mīlitāria ________, ut hastās, ________, ________ [= ōrnāmenta bellica], atque ________ [= vetera vulnera] adversō corpore.
2. Ille ________ [= artem] et verba ________ parvī ________ [= aestimābat] nec ________ [< agere] māiōrum aut Graecōrum mīlitaria ________ [< praecipere] legēbat.
3. Marius: "Dē Numidiā bonum habēte animum, Quirītēs! Nam quae ad hoc tempus Iugurtham ________ sunt [< tuērī] omnia remōvistis: avāritiam, ________ [< im-perītus] atque superbiam."
4. "Deinde exercitus ibi est locōrum ________ [= quī loca scit]. Quam ob rem ________ [= ēnītiminī] mēcum! Egomet in proeliō ________ [< cōnsulere] īdem et socius perīculī vōbīscum aderō, mēque vōsque in omnibus rēbus ________ [= aequē] geram."
5. "Plūra dīcerem, Quirītēs, sī timidīs virtūtem verba adderent – nam strēnuīs ________ [= plūs quam satis] dictum putō."
6. Marius mīlitēs cōnscrīpsit nōn ex classibus, sed ________ ________ [= prōlētāriōs] plērōsque.
7. Capsa oppidum et moenibus et locōrum ________ [< asper] mūnītum erat, nam circā erant loca vāsta, ________ [= quae nōn colēbantur] atque ________ aquae [= quae aquā egēbant].
8. Marius tribus noctibus in locum ________ [< tumulus] prope Capsam clam pervēnit, unde repente equitātum ad portās oppidī obsidendās mīsit; quod malum ________ [= inexspectātum] oppidānōs, quōrum pars extrā moenia ierat, ad dēditiōnem coēgit.
9. Eō tempore Sulla quaestor in castra vēnit, vir ________ patriciae nōbilis, litterīs ērudītus, ________ [= ēloquēns], amīcitiā ________ [= benignus], pecūniae ________ [< largīrī].
10. Iugurtha vērō Bocchum, rēgem Maurētāniae, magnīs prōmissīs ________ [= allēxit] ut cum exercitū Iugurtham accēderet.
11. Rēgēs exercitum Mariī, vix ________ ________ [= $^1/_{10}$] diēī reliquā, invāsērunt, priusquam mīlitēs ________ colligere quīvērunt, ita ut pugna ________ [< latrō] similis fieret.
12. Dēnique Rōmānī, orbe factō, vim hostium ________ [= sustinēbant] ac Marius suōs subdūxit in collem, quī ā barbarīs exsultantibus et ________ [> strepitus] circumdatus est.

Exercitium 10

1. Quid nōbilēs Rōmānī ostentāre solent? ...
2. Quibus rēbus virtūs Mariī dēclārābātur? ...
3. Cūr Marius litterās Graecās nōn didicerat? ...
4. Quid adhūc Iugurtham tūtātum esse dīxit? ...
5. Quid Marius mīlitibus suīs prōmīsit? ...
6. Quōs mīlitēs cōnscrīpsit Marius? ...
7. Post adventum Mariī quō Iugurtha et Bocchus abiērunt? ...
8. Quōmodo Metellus Rōmam reversus acceptus est? ...
9. Ubi Marius Iugurtham armīs exuit? ...
10. Cūr Marius oppidum Capsam expugnāre cupiēbat? ...
11. Quot noctēs adversus Capsam iter fēcit? ...
12. Num necesse fuit Capsam obsidēre? ...

13. Quālis homō fuit Sulla, Mariī quaestor? ...
14. Quōmodo Iugurtha Bocchum persuāsit ut cōpiās addūceret? ...
15. Quōmodo Rōmānī circumfūsī vim hostium sustinuērunt? ...
16. Quō Marius cōpiās suās ex proeliō dūxit? ...

Lēctiō sexta: versūs: 618–724

Lēctiō VI

Exercitium 11

1. _____ [= fatīgātīs] hostibus, Rōmānī dē _____ tubīs canere atque clāmāre coepērunt ac portīs ērūpērunt.
2. Hostēs, repentīnō _____ [= sonō] excitātī, fūsī et fugātī sunt.
3. Exercitū Mariī in _____ [= hībernīs] positō, Bocchus lēgātōs mīsit, quī ā Mariō indūtiās impetrāvērunt, sed frūstrā ā senātū Rōmānō amīcitiam et foedus petīvērunt.
4. _____ [= quibus] rēbus cognitīs, Bocchus ā Mariō petīvit ut Sullam ad sē mitteret; quī cum _____ [↔ impedītīs] equitibus et _____ [< funda] Baleāribus missus est.
5. Bocchus fīlium suum cum equitātū Sullae _____ [= ad praesidium] mīsit; is dīxit 'sē ā _____ [< speculārī] cognōvisse Iugurtham prope esse.'
6. Sulla vērō negat 'sē Iugurtham _____ [= expavēscere]' et cōpiās suās incolumēs trādūxit, cum Iugurtha _____ [= incertus cūnctārētur].
7. Bocchus _____ [< in locō] Sullae prōmīsit 'sē factūrum quae populus Rōmānus vellet, nec flūmen Muluccham ēgressūrum.'
8. Sulla respondit: "Faciendum tibi est aliquid quod Rōmānōrum magis quam tuā _____ vidētur: id in _____ [= facile] est, quia _____ Iugurthae [= Iugurtham in tuā potestāte] habēs; quem sī Rōmānīs trādideris, amīcitia et foedus tibi dabitur."
9. Rēx prīmō _____ [= negābat], tum vērō 'omnia sē ex voluntāte Sullae factūrum' prōmīsit.
10. Dum Bocchus Iugurthae sententiam dē pāce _____ [= quaerit], Iugurtha eum rogāvit ut sibi Sullam trāderet!
11. Bocchus diū haesitābat, sed postrēmō Sullam _____ [= arcessī] iussit et ex illīus sententiā Iugurthae īnsidiās tendit.
12. Dum Iugurtha cum _____ [= propinquīs] suīs inermis Sullae obvius prōcēdit, ex īnsidiīs oppressus est ac Sullae trāditus.
13. Victō Iugurthā, spēs populī Rōmānī in Mariō _____ erat.

Exercitium 12

1. Quō sonitū Maurī et Gaetūlī ante lūcem excitātī sunt? ...
2. Rōmānīsne portīs ērumpentibus restitērunt? ...
3. Ubi cōnsul victor exercitum in hībernīs composuit? ...
4. Quōs lēgātōs rēx Bocchus ad Marium ac deinde Rōmam mīsit? ...
5. Quid lēgātī Bocchī ā Rōmānīs petīvērunt? ...
6. Quem Marius cum praesidiō equitum ad Bocchum mīsit? ...
7. Quis Sullae in itinere obviam vēnit?...
8. Quid Bocchus Sullae prōmīsit? ...
9. Quid Sulla Bocchō faciendum esse respondit? ...
10. Quid Iugurtha ā Bocchō postulāvit? ...
11. Utrum Sullam Iugurthae an Sullae Iugurtham trādidit Bocchus? ...
12. Cūr Iugurtha ab īnsidiantibus sē dēfendere nōn potuit? ...
13. Quō diē Marius dē Iugurthā triumphāvit? ...
14. Eō tempore quō metū omnis Italia contremuit? ...

accersere
cōpiam (habēre)
dēfessus
expedītus
exquīrere
funditor
haesitāre
hībernācula
īlicō
(dē) imprōvīsō
necessārius
negitāre
pertimēscere
praesidiō (mittere)
(in) prōmptū
quīs (*abl pl*)
rēferre
situs
sonitus
speculātor

Lēctiō grammatica

Lēctiō grammatica: versūs 725–740

Exercitium 13

Addenda sunt verba ex nōminibus facta __suffixīs__ -āre, -ārī, -īre, -īrī.

1. eques > _____
2. iaculum > _____
3. sitis > _____
4. blandus > _____
5. īnsidiae > _____
6. cūstōs > _____
7. ōrdō > _____
8. sors > _____
9. epulae > _____
10. pars > _____
11. sacer > _____
12. largus > _____

13. hīberna > _____
14. laetus > _____
15. pāx > _____
16. fīnis > _____
17. iūdex > _____
18. mollis > _____
19. laus > _____
20. nōmen > _____
21. ōsculum > _____
22. precēs > _____
23. servus > _____
24. comes > _____

Exercitium 14

1. accersere, ac_____isse, ac_____um esse
2. adipīscī, ad_____um esse
3. atterere, at_____isse, at_____um esse
4. cōnfīdere, cōn_____um esse
5. disserere, dis_____isse
6. docēre, _____isse, _____um esse
7. illicere, il_____isse, il_____um esse
8. intendere, in_____isse, in_____um esse
9. occidere, oc_____isse, oc_____ūrum esse
10. pacīscī, _____um esse
11. patefierī, pate_____um esse
12. pertimēscere, per_____isse
13. possidēre, _____isse
14. praestāre, prae_____isse
15. quīre, _____isse
16. repellere, _____isse, _____um esse
17. strepere, _____isse, _____um

illiciō -iunt

pate-fit -fiunt

queō queunt

CAPITVLVM QVINQVAGESIMVM TERTIVM

Lēctiō prīma: versūs 1–152

Exercitium 1

1. Rōmānī ā Cimbrīs et Teutonibus ad flūmen Rhodanum victī sunt ingentī
_____ [= perniciē].
2. Iugurthā victō, Marius _____ [= iterum] cōnsul factus est.
3. Cum bellum Cimbricum _____ [= traherētur] tertiō et et
quārtō eī dēlātus est cōnsulātus.
4. Cimbrī et Teutonēs, quōrum cōpia _____ [= sine fīne] erat, in
Italiā victī sunt ā Q. Catulō et C. Mariō.
5. Catulī exercitus ūnum et trīgintā signa Cimbrōrum _____
[= rettulit], Mariī duo.
6. Annō _____ ūndēsexāgēsimō [DCLIX] ab urbe conditā bellum
_____ [= socius] in Italiā coeptum est, quod sociī Rōmānōrum
lībertātem sibi aequam _____ [=arrogāre] coepērunt.
7. Mithridātēs, quī Asiam occupāverat, in Achāiā ā Sullā victus est, sed rēx
LXX mīlia mīlitum _____ [< legere] auxiliō mīsit, quī omnēs
duōbus proeliīs exstīnctī sunt.
8. Dum Sulla cum Mithridāte bellum gerit, Marius et Cinna Rōmam
ingressī _____ [< numerus] Rōmānōs nōbilēs interfēcērunt,
multōs _____ [= exsulēs nōmināvērunt] atque ipsīus Sullae
domum _____ [= dīruērunt].
9. Mox vērō Sulla urbem ingressus ducēs Mariānōs vīcit ad portam
_____ [< collis]; quī sē nōn dēdidērunt in aciē et in fugā occīsī
sunt īrā victōrum _____ [= quae satiārī nōn potuit].
10. Sulla dē Mithridāte triumphāvit atque Cn. Pompēius dē Āfricā quārtum et
vīcēsimum annum _____ [= XXIV annōs nātus].
11. In bellō cīvīlī _____ [= suprā] CL mīlia hominum periērunt, in
iīs XXIV cōnsulārēs, VII praetōriī, LX _____ [< aedīlis], CC ferē
senātōrēs.

Exercitium 2

1. Cimbrī et Teutonēs quī fuērunt? ...
2. Quid Rōmānī timuērunt cum cōnsulēs ā Cimbrīs et Teutonibus victī essent? ...
3. Quī cōnsulēs Cimbrōs et Teutonēs vīcērunt? ...
4. Cūr Pīcentēs, Mārsī Paelignīque bellum in Italiā mōvērunt? ...
5. Quot annōs hoc bellum tractum est et quis eī fīnem fēcit? ...
6. Quid fēcit Sulla antequam adversus Mithridātem profectus est? ...
7. Quid Mithridātēs Ephesī litterārum nūntiō effēcit? ...
8. Ubi Sulla Archelāum, ducem Mithridātis, vīcit? ...
9. Cōpiīs Mithridātis in Achāiā exstīnctīs, quid rēx fēcit? ...
10. Cūr Sulla ex colloquiō in Italiam festīnāvit? ...
11. Quid Rōmae factum est, dum Sulla in Graeciā bellum gerit? ...
12. Contrā quōs Sulla in Italiā pugnāvit? ...
13. Quis Carbōnem cōnsulem in Siciliā interfēcit? ...
13. Carbōne cōnsule interfectō, quō Pompēius trānsgressus est? ...
14. Sulla et Pompēius quōs triumphōs ēgērunt? ...

Marginal glossary (right column):

aedīlicius
agere (annum)
asserere
collīnus
ēvertere
īnfīnītus
īnsatiābilis
interniciō
lēctus
numerōsus
prōscrībere
prōtrahere
reportare
secundō (*adv*)
sescentēsimus
sociālis
ultrā

satiāre = satis dare;
pass satis habēre

Lēctiō II

abundāns
causam (agere)
celeritās
commorārī
compōnere
congregāre
disertus
doctrīna
ēloquentia
excellere
exercitāre
fervēns
īnfēstāre
īnstituere
iuvenīlis
locuplēs
lūdus (gladiātōrius)
moderārī
nervus
patrōcinium
patrōnus
pīrāticus
praesertim
remittere
rhētor
sagittārius
successus
toga virīlis

Lēctiō secunda: versūs 153–303

Exercitium 3

1. Cum Sulla rem pūblicam _____ [= ōrdināvisset], Sertōrius in Hispāniā variō _____ [= fortūnā] contrā Rōmānōs pugnāvit.
2. Interim in Asiā, dum Mithridātēs apud Cyzicum _____ [= morātur], Lūcullus eum vīcit et Bȳzantium fugāvit.
3. Eōdem tempore LXXIV gladiātōrēs ē Capuae _____ gladiātōriō effūgērunt ac magnō servōrum exercitū _____ [con- < grex] bellum servīle mōvērunt.
4. L. Lūcullus, fugātō Mithridāte, etiam Tigrānem, rēgem Armeniae, vīcit, quī cum septem mīlibus quīngentīs equitibus et centum mīlibus _____ [< sagitta] vēnerat.
5. Pīrātae, quī omnia maria _____ [< īnfēstus], ā Cn. Pompēiō māximā _____ [< celer] victī sunt.
6. Bellō _____ [< pīrāta] cōnfectō, lēx lāta est, ut eīdem Pompēiō mandārētur bellum Mithridāticum, _____ [= praecipuē] cum is in Ciliciā adesset cum exercitū.
7. Cicerō, ōrātor _____ [= eloquentissimus] quī hanc lēgem suāsit, erat fīlius equitis _____ [= dīvitis].
8. Postquam _____ _____ [< vir] sūmpsit, Cicerō in forō ā Q. Mūciō Scaevolā _____ [= docēbātur] itemque ā Molōne, _____ [= magistrō dīcendī] Graecō.
9. Simul ōrātōrēs quī tum _____ [= praestābant] assiduē audiēbat.
10. Hīs magistrīs in _____ [< ēloquēns] _____ [< ex ercēbātur], ut _____ agere [= reōs dēfendere] disceret.
11. Sex. Rōsciō, parricīdiī reō, _____ [= dēfēnsor] fuit, eōque _____ [< patrōnus] māximam laudem meruit.
12. Sed ōrātor _____ [= ārdēns] ita in dīcendō omnēs _____ contendēbat ut vōx et vīrēs eum dēficerent.
13. Ergō in Graeciam et Asiam profectus est, ut vōcem _____ [↔ contenderet] et ōrātiōnī _____ [= superfundentī] _____ [= temperāret].
14. Cicerō ipse dē _____ [< doctor] suā _____ [< iuvenis] nārrat in librō cui titulus est 'Brūtus' sīve 'Dē clārīs ōrātōribus'.

Exercitium 4

1. Bellō cīvīlī in Italiā compositō, quis bellum in Hispāniā mōvit? ...
2. Quō successū Metellus et Pompēius cum Sertōriō pugnāvērunt? ...
3. Num Sertōrius ā Rōmānīs occīsus est? ...
4. Dardanīs victīs quō ūsque C. Scrībōnius Curiō penetrāvit? ...
5. Cūr P. Servīliō cognōmen 'Isauricō' datum est? ...
6. Quī triumphī tum simul āctī sunt? ...
7. Quem Nīcomēdēs, rēx Bīthȳniae, hērēdem fēcit? ...
8. Quī in Bīthȳniam adversus Mithridātem missī sunt? ...
9. Quod bellum in Italiā ā Spartacō mōtum est? ...
10. Quid fēcit L. Lūcullus postquam Mithridātem ad Cyzicum vīcit? ...
11. Ā quō receptus est Mithridātēs ē rēgnō suō fugātus? ...
12. Victīs Mithridāte et Tigrāne, cūr bellum renovātum est? ...
13. Quod bellum Cn. Pompēius paucīs mēnsibus cōnfēcit? ...
14. Quam lēgem tulit C. Mānīlius et quis eam lēgem suāsit? ...
15. Quārē pater Cicerōnis Rōmam migrāvit? ...

16. Quōs ōrātōrēs excellentēs Cicerō in forō audiēbat? ...
17. Quem parricīdiī reum Cicerō dēfendit? ...
18. Quārē Cicerō in Graeciam Asiamque profectus est? ...

Lēctiō tertia: versūs 304–412   *Lēctiō III*

Exercitium 5

1. Cicerō adulēscēns noctēs et diēs in omnium doctrīnārum _____
[< meditārī] versābātur, neque ūllus diēs ab _____ [< exercitāre]
ōrātōriīs vacuus erat

2. Ōrātiōnēs _____ [= mente praeparābat] atque _____
[= dēclāmābat] cum Latīnē tum Graecē, quia lingua Graeca plūra ōrnāmenta
_____ [= offert].

3. Post ōrātiōnem prō S. Rōsciō, quae māximam _____
[< commendāre (= laudāre)] habuit, aliās multās ōrātiōnēs dīligenter
_____ [= labōre perfectās] atque _____ [= nocte
ēlabōrātās] habuit.

4. Cum _____ [= duōs annōs] in causīs agendīs versātus esset, iam
nōmen Cicerōnis in forō _____ [= celeber] erat.

5. Eō tempore Cicerōnī erat summa _____ [< gracilis] et
_____ [< īnfīrmus] corporis atque collum _____
[= altum et longum] et tenue.

6. Ea _____ [= fōrma] vītae perīculum afferre putābātur, nisi quiēs
labōrum datur.

7. Cicerō vērō omnia sine _____ [< remittere] et sine _____
[< varius] dīcēbat vī summā vōcis et laterum magnā _____
[< contendere].

8. Sed suādentibus amīcīs et medicīs, cum intellegeret remissiōne et
_____ [< moderārī] vōcis opus esse, in Asiam profectus est, ut
disceret _____ [= moderātius] dīcere.

9. Rhodī Cicerō sē _____ [= sē adiūnxit] ad Molōnem, cum
_____ [< agere] causārum, tum scrīptōrem _____
[= excellentem].

10. Is Cicerōnem nimis _____ [= abundantem] iuvenīlī dīcendī
_____ [< impūne] _____ [< re- + premere] et quasi
extrā rīpās _____ [< dis + fluere] coercuit.

11. Bienniō post Cicerō Rōmam revertit _____ [= mūtātus], cum
nimia contentiō vōcis _____ [= sēdātus esset] et ōrātiō quasi
_____ [= fervēre dēsiisset].

12. Ōrātōrēs duo tum excellēbant, alter _____ [< remittere] et
_____ [↔ ācer], alter _____ [< ōrnāre] et ācer.

13. Postquam Cicerō ūnum annum in Siciliā _____ [= officiō
quaestōris] fūnctus est, ēloquentia eius _____ [< mātūrus]
quandam habēre vidēbātur.

14. Cicerō, _____ [: futūrus] aedīlis, in patrōciniō Siciliēnsī certāvit
cum Hortēnsiō, dēsignātō cōnsule.

15. Cicerō autem nōn dēsistēbat omnī genere exercitātiōnis ac māximē
_____ [= arte scrībendī] ingenium illud suum augēre, _____
[= quidquid] et _____ erat, ut ipse ait.

16. Animōs hominum ad sē convertit propter _____ [< assiduus] et
industriam in causīs agendīs et propter _____ [= accūrātum] et
minimē _____ [< vulgus] ōrātiōnis genus.

Vocabulary list (right column):

āctor
applicāre
assiduitās
biennium
celebrātus
commendātiō
commentārī
commūtāre
contentiō
dēclāmitāre
dēfervēscere
dēsignātus
diffluere
ēlabōrāre
ēlūcubrāre
exercitātiō
exquīsītus
figūra
gracilitās
impūnitās
īnfīrmitās
lēnis
mātūritās
meditātiō
moderātiō
ōrnātus
perspicere
praestāns
praetūra
prōcērus
prōpositum
quaestūra
quantuscumque
quicquid
redundāre
remissiō
remissus
reprimere
resīdere
stilus
suppeditāre
temperātus
varietās
vulgāris

17. Post aedīlitātem Cicerō magnā populī voluntāte _____ [< praetor] atque cōnsulātum adeptus est.
18. Huic sermōnī Cicerōnis _____ est [= cōnsilium est] ut labōrem et industriam eius _____ [= plānē videāmus].

Exercitium 6
1. Quibus doctōribus Cicerō adulēscēns sē dēdidit? ...
2. Cūr Cicerō nōn modo Latīnē, sed etiam Graecē dēclāmābat? ...
3. Quam causam pūblicam Cicerō prīmam ēgit? ...
4. Eō tempore quī habitus corporis et quae figūra Cicerōnī erat? ...
5. Cūr amīcī et medicī eum hortābantur ut causās agere dēsisteret? ...
6. Quid fēcit Cicerō ut cōnsuētūdinem dīcendī mūtāret? ...
7. Quod studium Cicerō Athēnīs renovāvit? ...
8. In Asiā quibus rhētoribus Cicerō studuit? ...
9. Quis Cicerōnem Rhodī artem ōrātōriam docuit? ...
10. Quālis Cicerō Rōmam sē recēpit? ...
11. Quī duo ōrātōrēs tum Rōmae excellēbant? ...
12. Quem honōrem Cicerō petīvit, cum ex Asiā rediisset? ...
13. Cūr Cicerō patrōnus Siculōrum factus est? ...
14. Cūr Cicerō tantā populī voluntāte cōnsul creātus est? ...

Lēctiō grammatica

Lēctiō grammatica: versūs 413–435

Exercitium 7
Nōmina adiectīva facienda sunt additīs suffīxīs -ālis, -ānus, -āris, -ārius, -ātus, -(i)ēnsis, -eus, -icus, -īlis, -īnus, -ius, -ōsus.

1. aetās puer_____
2. animus host_____
3. ānulus aur_____
4. ars poēt_____
5. ars ōrātōr_____
6. bellum cīv_____
7. bellum pīrāt_____
8. campus Mārt_____
9. castra naut_____
10. cīvitātēs foeder_____
11. columna marmor_____
12. cubiculum hospit_____
13. currus triumph_____
14. diī immort_____
15. discipulus studi_____
16. fēmina fōrm_____
17. fōrma dīv_____
18. homō pecūni_____
19. lēgēs agr_____
20. lūdī circ_____
21. lūdī scaen_____
22. mīles glōri_____
23. mōns Alb_____
24. mōrēs urb_____
25. mūrus lapid_____
26. nāvis mercātōr_____
27. nāvigātiō perīcul_____
28. ōstium Tiber_____
29. patr_____ potestās
30. praeda bell_____
31. proelium nāv_____
32. pāx flāgiti_____
33. sermō vulg_____
34. tempestās repent_____
35. toga vir_____
36. vāsa argent_____
37. verba contumēli_____
38. vestis preti_____
39. vir tog_____
40. virginēs Vest_____
41. vīta ōti_____
42. vocābulum fēmin_____

CAPITVLVM QVINQVAGESIMVM QVARTVM

Lēctiō prīma: versūs 1–93

Exercitium 1

1. Mithridātēs sociīs et _____ Rōmānōrum [= iīs quī vctīgālia pendent Rōmānīs] bellum intulit.
2. Tigrānēs ā Rōmānīs ad bellum _____ [= prōvocātus] est.
3. Ex Asiā afferuntur litterae 'ūnum Pompēium ab omnibus cīvibus et sociīs ad id bellum imperātōrem dēposcī atque _____ [= petī]'.
4. In eō bellō _____ [= in perīculō est] glōria populī Rōmānī.
5. Etenim rēx quī tōtā in Asiā omnēs cīvēs Rōmānōs necandōs cūrāvit ēmergere nōndum poenam tantī sceleris _____ [= accēpit]!
6. Illa _____ [= lābēs] iam _____ [= haerēns factus est] ac nimis _____ [in- < vetus] in populī Rōmānī nōmine.
7. Rēx ille scelerātus sē nōn Pontī _____ [< latēre] occultat, sed _____ [= exit] ē rēgnō suō et in sociīs Rōmānōrum versātur!
8. Lēgātīs Rōmānīs _____ [< iniūria] tractātīs, Corinthus dēlēta est – at Mithridātēs impūne tot cīvēs Rōmānōs necāvit!
9. Populus Rōmānus sociīs _____ [= dē sociīs cūram habēre] dēbet itemque cīvibus multīs quī bona sua āmīsērunt.
10. Vectīgālibus Asiae āmissīs, Rōmānī et pācis ōrnāmenta et subsidia bellī _____ [= dēsīderābunt].
11. Mithridātēs, postquam ā Sullā victus est, omne reliquum tempus ad _____ [< comparāre] novī bellī cōntulit.
12. In Hispāniam lēgātōs mīsit, ut duōbus locīs _____ [= dīversīs] ancipitī _____ [< contendere] bellum gererētur.
13. In Hispāniā exercitus Sertōriānus, quī māximum _____ [< firmāre] habēbat, Cn. Pompēiī _____ [< singulī] virtūte dēvictus est.
14. In Asiā L. Lūcullus initiō praeclārās rēs gessit, quās nūlla umquam _____ [< oblīviscī] dēlēbit, etsī adversa fortūna secūta est.
15. Mīlitēs enim prōgredī recūsāvērunt, id quod Cicerō 'nōn culpae imperātōris, sed fortūnae _____ esse' dīcit.
16. Ōrātiōne Cicerōnis neque vēra laus Lūcullō dētracta, neque falsa _____ [= fingendō adiecta] esse vidētur.
17. _____ [= exōrdium] ōrātiōnis est dē dignitāte atque glōriā imperiī Rōmānī.
18. _____ est vir quī nāvem mercātōriam possidet.

Exercitium 2

1. Ā quibus rēgibus bellum sociīs Rōmānōrum illātum est? ...
2. Quid litterīs ex Asiā dē bellō nūntiābātur? ...
3. Quem sociī et cīvēs ad id bellum imperātōrem dēposcēbant? ...
4. Quae rēs agēbantur in bellō Mithridāticō? ...
5. Quod scelus Mithridātis atrōcissimum inultum relinquēbātur? ...
6. Quī imperātōrēs dē Mithridāte triumphāvērunt? ...
7. Quid rēx fēcit ut in duōbus locīs dīversīs bellum gererētur? ...
8. Quis bellō Hispāniēnsī fīnem dedit? ...
9. Cūr L. Lūcullus Mithridātem nōn dēvīcit? ...
10. Quae causa fuit bellī Achāicī et Corinthī dēlendae? ...

Cap. LIV

Lēctiō I

affingere
agī
comparātiō
cōnsulere (+*dat*)
contentiō
disiūnctus
ēmergere
exōrsus
expetere
firmāmentum
iniūriōsus
īnsīdere
inveterāscere
lacessere
latebrae
macula
nāviculārius
oblīviō
requīrere
singulāris
suscipere (poenam)
tribuere
vectīgālis

Lēctiō II

antecellere

commendāre

cultūra

cūstōdia

decuma

differre

diūtissimē

excursiō

exercēre

exigere

exportāre

frūctus

gnāvus

hūmānitās

irruptiō

mānsuētūdō

negōtiārī

opīmus

pāstiō

pecua

pēnsitāre

perbrevis

propter (*adv*)

pūblicānus

ratiōnem habēre

retardāre

scrīptūra

sēiungere

temperantia

ūbertās

ūtilitās

Lēctiō secunda: versūs 94–178

Exercitium 3

1. Sociī Rōmānōrum Pompēium, quī _____ [= prope] erat, imperātōrem contrā Mithridātēn dēposcēbant, cuius adventū in Asiam impetūs hostium _____ [re- < tardus] esse intellegēbant.

2. Quoniam iīs nōn licēbat līberē loquī, tacitī Rōmānōs rogābant ut salūtem suam Cn. Pompēiō _____ [= committerent].

3. Hoc eō magis cupiēbant quod sciēbant Pompēium esse māximā _____ [< temperāns], _____ [= clēmentiā], _____ [< hūmānus].

4. Ita ille ā cēterīs imperātōribus _____ [= dissimilis erat].

5. Asia tam _____ [< opēs] ac fertilis est ut omnibus terrīs _____ [= praestet] _____ [< ūber] agrōrum et varietāte _____ [= frūgum] et magnitūdine _____ [< pāscere].

6. Multae mercēs ex Asiā _____.

7. Sed cum hostēs appropinquant, etiam sī nōndum _____ [< irrumpere] facta est, _____ [= pecudēs] relinquuntur, agrī _____ [< colere] dēseritur, nāvigātiō cessat.

8. Ergō vectīgālia ex _____ [$^1/_{10}$ frūgum] et ex _____ [< scrībere: mercēde prō pāstiōne] āmittuntur.

9. Necesse est vectīgālēs, quī vectīgālia _____ [= pendent], et _____ [< pūblicus], quī vectīgālia _____ [= administrant] atque _____ [= exposcunt], nōn modo calamitāte, sed etiam formīdine calamitātis līberāre.

10. Ūnā _____ [< excurrere] equitātūs hostium _____ [= brevissimō] tempore tōtīus annī vectīgal auferrī potest.

11. Pūblicānī, quī magnās familiās habent in agrīs et in portibus et in _____ [< cūstōs], Rōmānīs frūctuī et _____ [< ūtilis] sunt.

12. Multī cīvēs Rōmānī _____ [= impigrī] et industriī in Asiā _____ [< negōtium] aut illīc pecūniās magnās collocātās habent, quōrum _____ habenda est [= quibus cōnsulendum est].

13. Nōn semper beātissimus est quī _____ [*sup* < diū] vīvit.

Exercitium 4

1. Quis fuit Ariobarzānēs et quid eī accidit? ...
2. Quī duo rēgēs tōtī Asiae imminēbant? ...
3. Cūr sociī certum imperātōrem dēposcere nōn audēbant? ...
4. Quā dē causā Pompēius in Asiam advēnerat? ...
5. Quālem imperātōrem sociī Pompēium esse audīverant? ...
6. Quae bella Rōmānī propter sociōs suōs gessērunt? ...
7. Cūr hōc bellō salūs sociōrum studiōsius dēfendenda erat? ...
8. Cūr vectīgālia Asiae māiōra sunt quam cēterārum prōvinciārum? ...
9. Quid fierī solet cum hostēs appropinquant? ...
10. Quid est negōtium pūblicānōrum? ...
11. Quī cīvēs Rōmānī timēbant nē rem ac fortūnās āmitterentur? ...
12. In bellō Mithridāticō quae rēs dēfendēbantur? ...

Lēctiō tertia: versūs 179–272

Exercitium 5

1. Cicerō dīcit 'ā L. Lūcullō urbem Cyzicum obsidiōne līberātam esse, classem hostium _____ [= dēmersam], magnās hostium cōpiās dēlētās, urbēs in quibus erant _____ [= domūs] rēgis et _____ [= plūrimās] aliās urbēs captās, atque ipsum rēgem spoliātum ē rēgnō patriō expulsum esse.'

2. Hīs verbīs Cicerō _____ [= arbitrātur] sē L. Lūcullō satis laudis _____ [= tribuisse].

3. Rēx fugiēns aurum et argentum ac rēs pretiōsissimās, quās in rēgnum suum _____ [= contulerat], relīquit.

4. _____ [< colligere] hārum rērum mīlitēs Rōmānōs in persequendī studiō _____ [< tardus].

5. Tigrānēs, _____ [< miser + cor] commōtus, Mithridātēn fugientem excēpit eumque _____ [= perculsum] ērēxit perditumque _____ [= rūrsus vigentem fēcit].

6. _____ [< opīnārī] erat Armeniōrum 'exercitum vēnisse fānī dīvitissimī et _____ [= sacerrimī] dīripiendī causā.'

7. Mīlitēs Rōmānī, commōtī nimiā _____ [< longinquus] locōrum ac _____ [< dēsīderāre] suōrum, reditum magis quam _____ [< prōgredī] quaerēbant!

8. Mithridātēs autem, quī magnīs _____ [< adventus] auxiliīs iuvābātur, rūrsus in exercitum Rōmānum impetum fēcit.

9. Hīc Cicerō gravissimam bellī _____ [= calamitātem] _____ [= praetermittit].

10. Fortasse Lūcullus iīs _____ [↔ commodīs] aliquā ex parte _____ [= remedium dare] potuisset, sed tum eī successor missus est M'. Glabriō.

11. Certē Rōmānī ea quae Cicerō _____ [= cōnsiliō] praeterit _____ perspicere [: intellegere] poterant.

12. Medēam _____ [= nārrant] in fugā frātrem suum necāvisse et membra eius _____ [= dispersisse], ut patrem persequentem retardāret.

Exercitium 6

1. Postquam dē genere bellī dīxit, dē quā rē dīcit Cicerō? ...
2. Cui imperātōrī Cicerō magnam laudem dēbērī dīcit? ...
3. Quam urbem ā Mithridāte obsessam L. Lūcullus līberāvit? ...
4. Quid Lūcullus in Pontō effēcit? ...
5. Ex rēgnō suō expulsus quō Mithridātēs profūgit? ...
6. Quid Rōmānōs in rēge persequendō tardāvit? ...
7. Quōmodo Mithridātēs ā rēge Tigrāne receptus est? ...
8. Quid effēcit exercitus Rōmānus in Armeniā? ...
9. Quae opīniō per animōs gentium barbarārum pervāserat? ...
10. Cūr mīlitēs Rōmānī ē Pontō prōgredī nōluērunt?
11. Quid tum fēcit Mithridātēs? ...
12. Cūr Lūcullus huic calamitātī medērī nōn potuit? ...
13. Cui imperātōrī exercitus Rōmānus trāditus est? ...
14. Cūr Cicerō hōc locō multa praeterit? ...

Lēctiō quārta: versūs 273–373

Exercitium 7

1. Postquam Cicerō dē magnitūdine bellī dīxit, _____ [= reliquum est] ut dīcat dē imperātōre ad bellum dēligendō.
2. Cicerō dīcit 'nōn difficilem esse hanc _____ [< dēlīberāre], quia ūnus sit Cn. Pompēius quī omnēs hominēs cum nostrae aetātis tum _____ [< antīquus] virtūte superet.'
3. Quattuor hās rēs in summō imperātōre inesse oportet: _____ reī mīlitāris, virtūtem, auctōritātem, fēlīcitātem.
4. Pompēius iam puer mīlitiam discere _____ [= cupīvit], adulēscens imperātor fuit, saepius cum hoste cōnflīxit quam quisquam cum inimīcō _____ [= certāvit].
5. Pompēii virtūs _____ [< imperātor] tanta est ut nūlla ōrātiō eī _____ esse [= eam aequāre] possit; dē quā nihil cuiquam novum aut _____ [= nōn iam audītum] afferrī potest.
6. Plūrimī hostēs ab hōc superātī ac _____ [= dēlētī] sunt.
7. Bellum servīle _____ [= horribile] et perīculōsum iam exspectātiōne eius _____ [ad- < tenuis] est, adventū sublātum.
8. Bellō pīrāticō, nōndum _____ [= opportūnō] ad nāvigandum marī, Pompēius Siciliam adiit, Āfricam explōrāvit, inde in Sardiniam et in Italiam vēnit: nēmō cōnsequendī _____ [= lucrī] causā tam brevī tempore tot loca adiit.
9. Postquam Italiae duo maria firmissimīs praesidiīs _____ [= ōrnāvit], Brundisiō profectus _____ [XLIX] diē Ciliciam ad imperium Rōmānum adiūnxit.
10. "_____ [= Ō], dī immortālēs!" exclāmat Cicerō, "Tantum bellum, tam longē lātēque dispersum, Cn. Pompēius _____ hieme apparāvit, _____ [= prīmō] vēre suscēpit, mediā aestāte cōnfēcit!"

Exercitum 8

1. Dē quā rē est ōrātiōnis pars quae sequitur? ...
2. Cūr haud difficilis est dēlīberātiō dē imperātōre dēligendō? ...
3. Quās rēs Cicerō exīstimat in summō imperātōre inesse oportēre? ...
4. Quōmodo Pompēius ad scientiam reī mīlitāris ērudītus est? ...
5. Quā aetāte Pompēius prīmus imperātor factus est? ...
6. Quae bella ā Pompēiō gesta sunt? ...
7. Quae vulgō virtūtēs imperātōriae exīstimantur? ...
8. Quōs testēs virtūtis Pompēii affert Cicerō? ...
9. Cūr ante bellum pīrāticum perīculōsa erat nāvigātiō? ...
10. Cūr multae īnsulae tum dēsertae erant? ...
11. Omnēsne praedōnēs procul ā Rōmā nāvigābant? ....
12. Quid Pompēius bellō pīrāticō effēcit? ...
13. In hōc bellō quid māximē Cicerō admīrātur? ...
14. Quō annī tempore Pompēius bellum pīrāticum suscēpit et quō tempore cōnfēcit? ...

Lēctiō quīnta: versūs 374–492

Exercitium 9

1. Nōn sōlum bellandī virtūs in summō imperātōre quaerenda est, sed aliae multae artēs _____ [= ministrae] sunt huius virtūtis, ut _____ [< innocēns], temperantia, fidēs, _____ [< facilis], hūmānitās.
2. Quīdam imperātōrēs _____ [= dignitātēs centuriōnum] vēndunt aut pecūniam ex aerāriō _____ [= prōmptam] propter avāritiam Rōmae in _____ relinquunt.
3. Ex _____ [= murmur assentium] cīvium Cicerō intellegit eōs agnōscere quī haec fēcerint, etsī nēminem nōminat; quārē sī quis eī _____ [= īrātus fit], ipse dē sē cōnfitētur!
4. Propter avāritiam imperātōrum exercitūs Rōmānī, _____ [= in quemcumque locum] vēnērunt, magnās calamitātēs afferunt, id quod etiam cīvēs Rōmānī _____ [= reminīscuntur].
5. Neque enim exercitum _____ [= coercēre] potest imperātor quī ipse sē nōn continet.
6. Pompēius vērō tantā _____ [< continēns] est ut nēminī pācātō noceat neque cuiquam vim afferat ut _____ [= impēnsam] faciat in mīlitēs.
7. Hīberna sunt hiemis, nōn avāritiae _____ [< perfugere]!
8. Pompēium ad ultimās terrās properantem nihil _____ est [= retardāvit]: nōn avāritia eum ad praedam _____, nōn _____ [< amoenus] ad _____ [< dēlectāre], nōn nōbilitās urbis ad _____ [< cognōscere].
9. Ita facilēs aditūs ad eum prīvātōrum, ita līberae _____ [= querēllae] dē iniūriīs sunt, ut facilitāte īnfimīs pār esse videātur.
10. Pompēius, quī etiam dīcendī _____ [< gravis] et cōpiā valet, auctōritāte plūrimum potest.
11. Nam quō diē pīrāticō bellō praefectus est, nōmine Pompēiī māxima _____ [< vīlis] ex summā _____ [< cārus] cōnsecuta est.
12. Huius adventus in Asiam Mithridātem _____ [↔ solitā] victōriā _____ [= superbum factum] continuit et Tigrānem Asiae magnīs cōpiīs _____ [= minantem] retardāvit.
13. Cicerō dīcit 'imperiī Rōmānī _____ [< splendēre] lūcem afferre nātiōnibus exterīs.'
14. _____ dīcuntur quī rēmigant.

Exercitium 10

1. Quae virtūtēs praeter bellandī in imperātōre quaerenda sunt? ...
2. Num innocentēs et temperantēs fuērunt imperātōrēs Rōmānī? ...
3. Cūr nēmō Cicerōnī imperātōrum vitia memorantī īrāscitur? ...
4. Num exercitūs Rōmānī hostium tantum urbēs dēlēvērunt? ...
5. Quem ad modum Pompēiī mīlitēs in Asiā hībernant? ...
6. Quae rēs cēterōs imperātōrēs remorārī solent? ...
7. Cūr Pompēius celerius quam cēterī imperātōrēs prōgredī potuit? ...
8. Prīvātīsne dē iniūriīs querentibus difficile est Pompēium adīre? ...
9. Pompēiō bellō pīrāticō praepositō, quid Rōmae effectum est? ...
10. Quid in Asiā effectum est adventū Pompēiī? ...
11. Quid Cicerō Pompēium auctōritāte suā perfectūrum esse spērat? ...

administra
admurmurātiō
amoenitās
centuriātus
cognitiō
continentia
continēre
cāritās
dēlectātiō
dēprōmere
dēvocāre
facilitās
gravitās
īnflāre
innocentia
īnsolitus
īrāscī
minitārī
perfugium
(in) quaestū
querimōnia
quōcumque
recordārī
rēmex
remorārī
splendor
sūmptus
vīlitās

Lēctiō sexta: versūs 493–617

Exercitium 11

1. Dē fēlīcitāte Pompēiī Cicerō _____ [< moderārī] dīcendī ūtitur, nē dīs _____ [↔ grātus] esse videātur.
2. Nōn dīcit 'fortūnā dīvīnā eum tantās rēs gessisse ut eius voluntātī nōn modo sociī et hostēs _____ [= oboedīverint], sed etiam ventī tempestātēsque _____ [= obsecūtae sint]!'
3. Hoc tantum dīcit: 'nēminem umquam tam _____ [= sine pudōre] fuisse quī tantās rēs tacitus audēret optāre quantās dī ad Pompēium _____ [= Pompēiō dedērunt].'
4. Ad cēterās ūtilitātēs haec quoque _____ [< opportūnus] accēdēbat ut Pompēius in Ciliciā esset cum exercitū.
5. Mithridātēs victus, cum venēnō sūmptō parum _____ ad mortem, ā mīlite petīvit ut sē interficeret.
6. L. Catilīna in _____ [< petere] cōnsulātūs bis _____ [< repellere] passus est.
7. Tum cum Lentulō, Cethēgō aliīsque _____ [= iūre iūrandō sē cōnsociāvit] dē caede cōnsulum et senātūs et incendiō urbis.
8. Ea _____ [< coniūrāre] ā M. Tulliō Cicerōne cōnsule _____ [= dētēcta] est.
9. Catilīnā ex urbe pulsō, reliquī _____ [= quī coniūrāvērunt] capitis damnātī sunt.
10. Pompēius, Crassus, Caesar inter sē _____ [= societātem] fēcērunt.
11. Pompēius dē Mithridāte triumphāns ab omnibus cīvibus 'Magnus' _____ [= simul salūtātus] est propter _____ [< amplus] rērum gestārum.
12. Postquam Caesar Galliam subēgit, bellum cīvīle _____ [= secūtum est] exsecrandum et _____ [< lacrimāre].

Exercitium 12

1. Cūr Cicerō timidē et pauca dīcit dē fēlīcitāte? ...
2. Sōlāne virtūte summī imperātōrēs rēs magnās gessērunt? ...
3. Quid dīcit Cicerō dē fēlīcitāte Pompēiī? ....
4. Cūr dubitandum nōn erat, quīn id bellum Pompēiō mandārētur? ...
5. Quid Pompēius in Oriente ēgit? ...
6. Quās terrās rēgī Tigrānī adēmit? ...
7. Mithridātem persecūtus quō ūsque Pompēius penetrāvit? ...
8. Quam prōvinciam Pompēius imperiō Rōmānō addidit? ...
9. Quid fēcit Mithridātēs ā Pharnāce fīliō obsessus? ...
10. Quae cōnsilia nēfāria cēpit Catilīna? ...
11. Quis coniūrātiōnem Catilīnae dētēxit atque ēruit? ...
12. Quī fuērunt prīncipēs cīvitātis trēs quī cōnspīrātiōnem fēcērunt? ...
13. Quod cognōmen Pompēiō triumphantī datum est? ...
14. Quid ēgit C. Iūlius Caesar in Galliā Trānsalpīnā? ...
15. Num M. Licinius Crassus Parthōs vīcit? ...
16. Cūr Caesar victor bellum cīvīle mōvit? ...
17. Ubi Pompēius victus est ā Caesare? ...
18. Quō Pompēius fūgit et quid eī accidit? ...

Lēctiō grammatica: versūs 618–642

Exercitium 13

Ex hīs verbīs facienda sunt nōmina āctiōnis:

1. adīre > _____
2. admīrārī > _____
3. aedificāre > _____
4. arguere > _____
5. ārdēre > _____
6. cadere > _____
7. calēre > _____
8. clāmāre > _____
9. cognōscere > _____
10. colligere > _____
11. colloquī > _____
12. convenīre > _____
13. cōgitāre > _____
14. cōnfitērī > _____
15. cōnspicere > _____
16. decēre > _____
17. dēdere > _____
18. dēsiderāre > _____
19. discēdere > _____
20. dīvidere > _____
21. docēre > _____
22. dolēre > _____
23. dūcere > _____
24. errāre > _____
25. exīre > _____
26. exspectāre > _____
27. favēre > _____
28. fīrmāre > _____
29. flēre > _____
30. furere > _____
31. gemere > _____
32. horrēre > _____
33. impedīre > _____
34. imperāre > _____
35. largīrī > _____
36. lūgēre > _____
37. maerēre > _____
38. meditārī > _____
39. movēre > _____
40. nāvigāre > _____
41. oppugnāre > _____
42. parere > _____
43. pavēre > _____
44. plaudere > _____
45. pudēre > _____
46. rīdēre > _____
47. sacrificāre > _____
48. sentīre > _____
49. splendēre > _____
50. studēre > _____
51. supplēre > _____
52. terrēre > _____
53. ūtī > _____
54. vestīre > _____
55. vigēre > _____
56. vāgīre > _____

Exercitium 14

1. affingere, af_____isse, af_____um esse
2. afflīgere, af_____isse, af_____um esse
3. concupīscere, con_____isse
4. dēfervēscere, dē_____isse.
5. dēprimere, dē_____isse, dē_____um esse
6. dēprōmere, dē_____isse, dē_____um esse
7. ēruere, ē_____isse, ē_____um esse
8. inveterāscere, in_____isse
9. lacessere, _____isse, _____um esse
10. resīdere, re_____isse

CAPITVLVM QVINQVAGESIMVM QVINTVM

Lēctiō prīma: versūs 1–106

Exercitium 1

abūtī

aprīcus

assīdere

atquī

attinēre

commodum

conquīrere

cōnsīderātiō

disputāre

fēriae

fēriātī

interventus

investīgāre

nancīscī

paries

paululum

pergrātus

prātulum

propter

puer

relaxāre

sērō

sīquidem

vel (+ *sup*)

ventitāre

vicissim

1. _____ Latīnīs P. Scīpiō Aemiliānus in hortīs esse cōnstituit ut corpus et animum _____ [= ōtiō remitteret].
2. Familiārēs eius 'sē ad eum frequenter _____ [= saepe ventūrōs] esse' dīxerant.
3. Prīmus vēnit Q. Tūberō. "Permagnum est" inquit, "tē _____ [= invenīre, adipīscī] ōtiōsum. Sumus multī parātī, sī tuō _____ fierī potest, _____ [= plānē ūtī] tēcum hōc ōtiō."
4. Scīpiō et Tūberō _____ [= disserere] coepērunt dē duōbus sōlibus quōs multī sē vīdisse dīcēbant, nam Tūberō eius modī rēs caelestēs _____ [in- < vestīgium] studēbat.
5. Scīpiō dīxit 'sē nōn nimis assentīrī Panaetiō, quī haec caelestia _____ studiōsissimē _____ [= quaerere] solēret, sed potius Sōcratī, quī eius modī rēs nihil omnīnō ad vītam hominum _____ [= pertinēre] cēnsēret.'
6. Hunc sermōnem dirēmit _____ [< intervenīre] L. Philī et P. Rutiliī, quōrum alterum Scīpiō in lectō suō collocāvit, alterum _____ [= prope] Tūberōnem iussit _____ [= cōnsīdere].
7. Vix repetītus erat sermō, cum _____ [= servus] nūntiāvit 'venīre Laelium'; cuius adventus Scīpiōnī _____ [= valdē grātus] fuit.
8. Cum _____ [= paulum] collocūtī essent in porticū, amīcī _____ [< fēriae] in _____ [= āreā herbā opertā] cōnsēdērunt in locō _____ [↔ opācō], ibique dē istō alterō sōle disputāre perrēxērunt.
9. Laelius ā Philō quaesīvit 'num satis explōrāta essent quae in rē pūblicā agerentur, _____ [= quoniam] quaererent quid agerētur in caelō?'
10. _____ [= at tamen] Laelium ipsum, ut omnēs avidōs sapientiae, ipsa rērum cognitiō et _____ [< cōnsīderāre] dēlectābat.
11. Mīlitiae Scīpiōnem ut deum colēbat Laelius, domī _____ [= contrā] Laelium observābat in parentis locō Scīpiō.
12. Domus nostra est quam _____ nostrī cingunt.
13. Potius _____ [↔ mātūrē] quam numquam auxilium ferendum est.

Exercitium 2

1. Ubi P. Scīpiō Aemiliānus fuit fēriīs Latīnīs annō DCXXV a. u. c.? ...
2. Sōlusne Scīpiō tunc in hortīs fuit? ...
3. Quārē familiārēs eius iīs diēbus ad eum ventitāvērunt? ...
4. Dē quā rē Tūberō prīmum cum Scīpiōne disserere voluit? ...
5. Quī sermōnī eōrum intervēnērunt? ...
6. Quem deinde puer venīre nūntiāvit? ...
7. Quālis amīcitia fuit inter Scīpiōnem et Laelium? ...
8. Cūr in aprīcō locō cōnsēdērunt disputantēs? ...
9. Quid Laelius cēterōs interrogāvit? ...
10. Dē quibus rēbus Laelius disputāre māluit?
11. Laeliusne sermōnem cēterōrum impedīvit? ...

Lēctiō secunda: versūs 107–214

Exericitium 3

1. Archimēdēs in _____ sīve _____ aēneā certōs et
_____ [= ratiōne cōnstitūtōs] astrōrum mōtūs dēclārāvit.
2. Laelius _____ [< disputāre] dē rēbus caelestibus inūtilēs esse
cēnsēbat nec Tūberō _____ [↔ cōnsentiēbat].
3. Laelius dīxit 'id esse praeclārissimum sapientiae _____ [= officium]
ut discāmus eās artēs quae efficiant ut _____ [dat < ūsus] cīvitātī
sīmus.'
4. Ergō Scīpiōnem rogāvit ut _____ [= explānāret] quem exīstimāret
esse optimum _____ [< stāre] cīvitātis.
5. Cēterī id admodum _____ [= probāvērunt].
6. Scīpiō _____ [= saepissimē] dīxerat 'optimum statum cīvitātis esse
quem māiōrēs nostrī nōbīs relīquissent.'
7. Antequam _____ est in disputātiōnem [= coepit disputāre] dē rē
pūblicā, Scīpiō explicāvit quid esset 'rēs pūblica'.
8. "Rēs pūblica" inquit "est 'rēs populī', populus autem _____ [< coīre]
multitūdinis iūris cōnsēnsū et ūtilitātis _____ [< commūnis] sociātus."
9. _____ [< coniungere] tēctōrum domiciliōrum causā cōnstitūta
'oppidum' vel 'urbs' appellātur dēlūbrīs _____ [: īnsignis] spatiīsque
commūnibus.
10. Cīvitās, quae est '_____ [< cōnstituere] populī', regenda est aut ab
ūnō, quī 'rēx' vocātur, aut ā dēlēctīs, quī 'optimātēs' dīcuntur, aut ā populō,
quae cīvitās appellātur '_____'.
11. Ex hīs tribus generibus Scīpiō nūllum perfectum esse cēnset, sed tolerābile
esse _____ [= quodlibet], sī teneat illud vinculum quod hominēs
reī pūblicae societāte _____ [= vincit].
12. In rēgnō nimis expers est populus commūnis iūris et cōnsiliī, et in
optimātium _____ [< dominārī] vix _____ [↔ expers]
lībertātis est multitūdō.
13. Cum omnia geruntur per populum, _____ iūstum [= etiam sī
iūstissimus est], tamen ipsa _____ [< aequābilis] affert _____
[< inīquus], cum nūllōs gradūs dignitātis habeat.
14. Ex librō antīquō aliquot pāginae _____ [< ex + cadere].
15. Sī valēs, gaudeō, sīn _____ [= aliter], ad tē properābō.

Exercitium 4

1. Dē quibus rēbus amīcī disputāre coepērunt? ...
2. Quōmodo Archimēdēs mōtūs astrōrum dēclārāvit?
3. Quid Laelius dē eius modī disputātiōnibus cēnsēbat? ...
4. Quae Laelius māiōra esse intellegēbat? ...
5. In quās partēs populus Rōmānus eō tempore dīvīsus erat? ...
6. Quid efficiendum erat ut Rōmānī melius et beātius vīverent? ...
7. Quid Laelius Scīpiōnem rogārī voluit? ...
8. Quid Scīpiōnem dē rē pūblicā Rōmānā dīxisse meminerat? ...
9. Quid fēcit Scīpiō antequam dē rē pūblicā disputāre coepit? ...
10. Quae sunt tria genera cīvitātis? ...
11. Quārum rērum expers est populus in rēgnō et in optimātium dominātū? ...

aequābilitās
approbāre
coetus
commūniō
coniūnctiō
cōnstitūtiō
dēvincīre
disputātiō
dissentīre
distinguere
dominātus
excidere
explicāre
globus
ingredī (in)
inīquitās
mūnus
particeps
persaepe
populāris
quamvīs
quī- quae- quodvīs
ratus
secus
sphaera
status
ūsuī esse

accommodāre
adultus
ascīscere
assequī
bēlua
commūnicāre
compārēre
cōnfūsiō
cooptāre
cūnābula
discrīptiō
exsistere
ferōcitās
fertur
firmitūdō
fulcīre
impulsus
interitus
labefactāre
locuplētāre
nūncupāre
obscūrāre
ōrātrīx
perceleriter
perhibēre
recidere
silvestris
subagrestis
temperāre

Lēctiō tertia: versūs 215–344

Exercitium 5

1. Scīpiōnis sententiā praestat genus reī pūblicae quod est aequātum et
   _____ [= ratiōne mixtum] ex tribus prīmīs generibus.
2. Haec rēs pūblica cum aequābilitātem, tum _____ [< firmus]
   habet, nam ē rēge tyrannus _____ [= orīrī] potest, ex optimātibus
   factiō, ē populō turba et _____ [= tumultus].
3. Scīpiō rem publicam Rōmānam cōnstitūtiōne et _____ [< discrībere]
   potestātis cēterīs omnibus praestāre cēnset.
4. Ergō ad exemplum rem pūblicam Rōmānam expōnet, atque ad eam
   _____ [< ad + commodus] omnem suam ōrātiōnem dē optimō
   statū cīvitātis.
5. Rōmulus et Remus _____ [< silva] _____ [= ferae] ūberibus
   sustentātī esse _____ [= exīstimantur].
6. Novā urbe conditā, Rōmulus _____ [= celerrimē] rem pūblicam
   firmāvit, nam, raptīs virginibus Sabīnīs, cum rēge T. Tatiō foedus īcit, quō
   Sabīnōs in cīvitātem _____ [= assūmpsit] sacrīs _____
   [< commūnis].
7. Ipsae Sabīnae fuerant _____ [< ōrāre] pācis.
8. Post _____ [< interīre] Tatiī dominātus ad Rōmulum _____
   [< re- + cadere].
9. Is in rēgium cōnsilium dēlēgit prīncipēs, quō cōnsiliō _____
   [= sustentātus] bella prospera gessit atque ex praedā cīvēs suōs
   _____ [< locuplēs].
10. Rōmulus, quī ipse auspiciīs ūsus est, trēs augurēs sibi _____
    [= sociōs ascīvit].
11. Rōmulus rēx tantum _____ [= cōnsecūtus] est ut, cum subitō sōle
    _____ [< obscūrus] nōn _____ [= appāruisset], deus factus
    esse putārētur.
12. Proculus Iūlius, vir _____ [= satis agrestis], _____ patrum
    [= ā patribus impulsus] dīxisse _____ [= nārrātur] 'sibi in colle
    Quirīnālī obvium fuisse Rōmulum deum.'
13. Rōmulus deus 'Quirīnus' _____ [= nōminātus] est.
14. Rōmulus novum populum nōn ut in _____ [= cūnīs] vāgientem, sed
    iam _____ [< adolēscere] relīquit.
15. Scīpiō ob Gracchōrum _____ [< ferōx] rem pūblicam _____
    [= quassātam] esse cēnsēbat.

Exercitium 6

1. Quod reī pūblicae genus Scīpiō cēterīs praestāre dīcit? ...
2. Quid reī pūblicae firmitūdine prohibendum est? ...
3. Quis rem pūblicam Lacedaemoniōrum cōnstituit? ...
4. Num rēs pūblica Rōmāna ūnīus ingeniō cōnstitūta est? ...
5. Unde incipit ōrātiō Scīpiōnis dē rē pūblicā Rōmānā? ...
6. Cūr Rōmulus et Remus ā rēge Amūliō expōnī iussī sunt? ...
7. Amūliō occīsō, quid fēcit Rōmulus? ...
8. Virginibus raptīs, quōmodo pāx cum Sabīnīs facta est? ...
9. Quōmodo Rōmulus cīvēs locuplētāvit? ...
10. Quae duo firmāmenta reī pūblicae Rōmulus peperit? ...
11. Cūr Rōmulus mortuus in deōrum numerō collocātus putābātur? ...

Lēctiō quārta: versūs 345–471

Exercitium 7

1. Platō _____ [= spatium] sibi sūmpsit in quā cīvitātem exstrueret _____ [= arbitriō] suō.
2. Scīpiō disserit nōn vagantī ōrātiōne, sed dēfīxā in certō _____ [= exemplō] reī pūblicae.
3. Post _____ [< excēdere] Rōmulī, cum populus novum rēgem _____ [= valdē posceret], senātus 'interrēgnum' īnstituit, quoad certus rēx dēclārātus esset.
4. Lycūrgus rēgem habendum _____ [= putāvit] quī esset nōbilissimā stirpe _____ [= genitus], _____ [: seu bonus seu malus] vir esset.
5. Sed populus Rōmānus intellēxit nōn _____ [= orīginem], sed virtūtem et sapientiam rēgālem quaerendam esse.
6. Itaque Numam Pompilium rēgem sibi ascīvit, etsī _____ [= peregrīnus] erat.
7. Ille agrōs bellō captōs cīvibus _____ [= singulīs virīs] dīvīsit, ut in pāce sine _____ [< dēpopulārī] colendīs agrīs omnibus commodīs _____ [< abundē], nam bellō impedītur cultus agrōrum et _____ [= collēctiō] frūgum.
8. Īdem Numa cīvēs studiō bellandī _____ [= saevōs] ac ferōs religiōnis _____ [= rītibus] mītigāvit.
9. Simul omnēs conveniendī causās et _____ [< celeber], ut mercātūs et lūdōs, invēnit.
10. Scīpiō rēgēs quattuor quī Numam secūtī sunt haud iniūstōs fuisse putat, _____ [= quamquam] tum populus lībertāte carēret.
11. At Tarquinius Superbus, rēgis Serviī caede _____ [< macula], exsultābat crūdēlitāte atque īnsolentiā.
12. Itaque cum Lucrētia, mulier _____ [= pudīca], ā filiō rēgis stuprāta esset, L. Brūtus rēgem et līberōs eius exsulēs esse iussit, cum populus et hōc scelere concitātus esset et _____ [< recordārī] iniūriārum Tarquiniī.
13. Hōc exemplō vidētur ut ūnīus vitiō rēs pūblica ex bonā in _____ [= pessimam] convertī possit.
14. Rēgnum sānē bonum est reī pūblicae genus, sed tamen _____ [= inclīnātum] ad perniciōsissimum statum.
15. Sī rēx sē _____ [= flectendō vertit] in dominātum iniūstum, fit tyrannus, quō nec taetrius nec dīs hominibusque _____ [< invidēre] animal ūllum est.
16. Nēmō hunc 'hominem' _____ [= iūre] dīcet quī _____ [< immānis] vāstissimās vincit bēluās.
17. Huic oppōnitur bonus et sapiēns tūtor et _____ [< prō-cūrāre] reī pūblicae, quī cōnsiliō et operā cīvitātem tuētur.
18. _____ [= posterō diē] Scīpiō dē iūstitiā disseruit.
19. Tertiō diē disputātum est dē bonīs _____ [< regere] rērum pūblicārum et dē praemiīs quae iīs dēbentur, ut statuae et triumphī.
20. Scīpiō dīxit 'alia _____ [< stāre] genera praemiōrum in caelō iīs servāta esse in vītā animōrum _____ [= aeternā], dē quibus rēbus avus suus sibi in somniō locūtus esset.'

ārea
abundāre
aliēnigena
arbitrātus
caerimōnia
celebritās
dēpopulātiō
dēterrimus
dūcere
excessus
exemplar
flāgitāre
generāre
immānis
immānitās
īnflectere
invīsus
maculātus
perceptiō
postrīdiē
prōcūrātor
prōgeniēs
prōnus
pudēns
quāliscumque
quamvīs
recordātiō
rēctor
rīte
sempiternus
stabilis
virītim

Exercitium 8

1. Quis est "prīnceps ille quō nēmō in scrībendō praestantior fuit"? ...
2. Quālis est rēs pūblica quam Platō dēscrīpsit? ...
3. Quam rem pūblicam dēscrībit Scīpiō? ...
4. Num Lycūrgus rēgem dēligendum esse dūxit? ...
5. Post interrēgnum unde Rōmānī novum rēgem accīvērunt? ...
6. Quid rēx Numa Rōmānōs docuit? ...
7. Quōmodo Numa animōs cīvium bellicōsōs mītigāvit? ...
8. Quālis fuit ultimus rēx Rōmānōrum? ...
9. Quid fēcit fīlius rēgis cum suam libīdinem regere nōn posset? ...
10. Quōmodo L. Brūtus mortem Lucrētiae ultus est? ...
11. Quid Scīpiō dīcit dē tyrannō iniūstō? ...
12. Dē quibus rēbus tertiō diē disputātum est? ...

Lēctiō grammatica   *Lēctiō grammatica: versūs 472–481*

Exercitium 9

Ex hīs adiectīvīs facienda sunt nōmina fēminīna quālitātis additīs suffixīs
-ia, -itia, -itās, -itūdō:

1. altus > alt_____
2. amīcus > amīc_____
3. amplus > ampl_____
4. audāx > audāc_____
5. avārus > avār_____
6. celeber > celebr_____
7. concors > concord_____
8. cōnstāns > cōnstant_____
9. crūdēlis > crūdēl_____
10. dignus > dign_____
11. dīligēns > dīligent_____
12. fēlīx > fēlīc_____
13. firmus > firm____/firm____
14. foedus > foed_____
15. fortis > fort_____
16. grātus > grāt_____
17. gravis > grav_____
18. hūmānus > hūmān_____
19. īnsānus > īnsān_____
20. iūstus > iūst_____
21. laetus > laet_____
22. longus > long_____
23. maestus > maest_____
24. magnus > magn_____
25. malus > mal_____
26. miser > miser_____
27. multī > mult_____
28. nōbilis > nōbil_____
29. patiēns > patient_____
30. paucī > pauc_____
31. perfidus > perfid_____
32. potēns > potent_____
33. pudīcus > pudīc_____
34. pulcher > pulchr_____
35. saevus > saev_____
36. sōlus > sōl_____
37. stultus > stult_____
38. trīstis > trīst_____
39. superbus > superb_____
40. ūtilis > ūtil_____

Exercitium 10

1. ascīscere, a_____isse
2. distinguere, di_____isse, di_____um esse
3. excidere, ex_____isse
4. exsistere, ex_____isse
5. fulcīre, _____isse, _____um esse
6. nancīscī, _____um esse
7. placēre, _____isse / _____um esse
8. recidere, _____isse
9. solēre, _____um esse

CAPITVLVM QVINQVAGESIMVM SEXTVM

Lēctiō prīma: versūs 1–60

Exercitium 1

1. Bellō Pūnicō tertiō Masinissa senex Scīpiōnem iuvenem complexus
   _____ [= lacrimāvit] ac suspiciēns ad caelum grātiās ēgit Sōlī et
   reliquīs _____ [= caelestibus] 'quod in suō rēgnō cōnspiceret P.
   Cornēlium Scīpiōnem...'
2. Deinde multīs verbīs ultrō _____que habitīs sermōnem dē Scīpiōne
   Āfricānō in _____ [: sēram] noctem prōdūxērunt.
3. Ut _____ [< cubāre] discessit, Scīpiō in somnīs vīdit avum suum
   Scīpiōnem Āfricānum stantem inter stēllās in _____ [= celsissimō]
   et _____ [= clārissimō] locō.
4. Avum agnōscēns _____ [= co- < horrēre] Scīpiō; ille vērō
   Karthāginem ostendēns "Hanc urbem" inquit "hōc bienniō cōnsul
   _____ [= exscindēs], eritque cognōmen id tibi per tē partum
   quod habēs adhūc _____ [< hērēs] ā nōbīs."
5. Postrēmō praedīxit 'cum _____ [8×] septēnōs aetātis annōs
   cōnfēcisset, quae esset summa _____ [< fātum], Scīpiōnem
   dictātōrem fore, sī impiās propinquōrum manūs effūgisset.'
6. Haec Scīpiōnem nārrantem audiēns _____ [= gemere coepit]
   Laelius, sed Scīpiō _____ [= ad eum rīdēns] eum rogāvit 'nē sē ē
   somnō excitāret!' et somnium nārrāre perrēxit.
7. Nihil exsulī _____ est [= nihil exsul māvult] quam ut patriam suam videat.
8. Numantiā reversus Scīpiō rem pūblicam cōnsiliīs Gracchōrum perturbātam
   _____ [= invēnit].
9. Sōlis _____ [= cursū annuō] cōnficitur annus.
10. In discrīmine salūs cīvitātis _____ [= sita est] in dictātōre.

Exercitium 2

1. Cūr P. Scīpiō Aemiliānus rēgem Masinissam convenīre cupīvit? ...
2. Quōmodo Masinissa senex Scīpiōnem iuvenem accēpit? ...
3. Dē quō Masinissa in multam noctem locūtus est? ...
4. Cum cubitum discessit, quid Scīpiō in somnīs vīdit? ...
5. Quōmodo Scīpiō avum suum agnōvit? ...
6. Quam urbem Scīpiō Āfricānus nepōtī suō ostendit? ...
7. Quās rēs eum in Āfricā et in Hispāniā gestūrum esse praedīxit? ...
8. Quid dīxit de fortūnā nepōtis cum dē Numantiā triumphāvisset? ...
9. Num Scīpiō Aemiliānus dictātor creātus est? ...
10. Quibus Scīpiō somnium suum nārrāvit? ...

Lēctiō secunda: versūs 61–139

Exercitium 3

1. In somnīs Scīpiō avum dīcere audīvit 'bonīs _____ [< cōnservāre]
   cīvitātum certum esse in caelō _____ [dē- < fīnis] locum, ubi beātī
   _____ [= aetāte] sempiternō fruantur.'
2. Interrogātus 'viveretne ipse et aliī quōs nōs _____ [: mortuōs]
   arbitrārēmur' respondit 'hōs vīvere quī ē corporum _____
   [= vinculīs] tamquam ē carcere ēvolāvissent.'
3. Hīc Paulus pater appāruit et fīlium, quī _____ [= prōmptus] erat ad
   migrandum in caelum, monuit 'nē iniussū deī ex hominum vītā migrāret,
   nē mūnus hūmānum assignātum ā deō _____.'

ānfractus
arrīdēre
caelitēs
citrō
cohorrēscere
collacrimāre
cubitum (supīnum)
ēvertere
excelsus
fātālis
hērēditārius
illūstris
ingemēscere
(in) multam (noctem)
nītī (in)
octiēs
offendere -disse
potius (est)

aevum
alacer
animāre
cadūcus
candor
circus
citimus
cōnectere
cōnservātor

dēfīnīre
dēfugere
ēlūcēre
exstīnctus
extimus
fulgor
globōsus
īnfīgere
lacteus
laxāre
lūstrāre
moderātor
nūtus
pietās
pūnctum
quī (+ coni)
quoūsque
radius
rutilus
subicere
subter
tellūs
temperātiō
templum
vinclum
volvī

4. "Hominēs enim" inquit "sunt hāc lēge generātī, _____ [: ut] tuērentur illum globum quem in hōc _____ [= spatiō sacrō] vidēs, quae 'terra' dīcitur, iīsque animus datus est ex illīs sempiternīs stēllīs quae _____ [< globus] et rotundae, dīvīnīs _____ [< anima] mentibus, _____ [= orbēs] suōs cōnficiunt celeritāte mīrābilī."

5. Ergō Paulus fīlium suum hortātus est ut iūstitiam et _____ [< pius] coleret, eam enim vītam viam esse in caelum et in coetum eōrum quī corpore _____ [= solūtī] illum incolerent locum quī 'orbis _____ [< lac]' nūncupātur.'

6. Orbis lacteus est circus splendidissimō _____ [= colōre candidō] inter stēllās _____.

7. Ūniversus mundus cōnstat ex novem orbibus vel globīs, quī _____ [= circum aguntur] cursū sempiternō, quōrum _____ [= extrēmus] est 'caelestis', in quō plūrimae stēllae _____ [= fīxae] sunt.

8. Eī _____ sunt [= sub eō positī sunt] septem, ex quibus medium Sōl obtinet, dux et _____ [< moderārī] lūminum reliquōrum, mēns mundī et _____ [= vīs temperāns], quī cūncta _____ suīs _____ [= illūstrat].

9. In īnfimō orbe vertitur lūna, ultima ā caelō, _____ [↔ ultima] ā terrā, quae sōlis _____ [< fulgēre] illūstrātur.

10. Suprā lūnam sunt aeterna omnia, _____ [= īnfrā] nihil est nisi mortāle et _____ [< cadere].

11. _____ [= terra], quae in mediō mundō posita est, nōn movētur et in eam feruntur omnia pondera _____ suō.

12. Ita philosophī affirmant novem orbibus _____ [= coniūncta] esse omnia.

13. Scīpiō: "_____ [= quamdiū] in duās partēs dīvīsus populus Rōmānus erit?"

14. Color sōlis occidentis _____ [= ruber] est.

15. _____ [·] est nota minima.

Exercitium 4

1. Quid Scīpiō Āfricānus māior nārrāvit dē fortūnā mortuōrum? ...
2. Quem tum Scīpiō Aemiliānus vīdit ad sē venientem? ...
3. Num Paulus pater Scīpiōnī permīsit ut ē vītā hominum migrāret?...
4. Quid fīliō colendum esse dīxit? ...
5. Quem locum eōs quī iam vīxissent incolere dīxit? ...
6. Quae stēlla minima est et terrae proxima? ...
7. Ex orbe lacteō quantum vidētur imperium Rōmānum? ...
8. Ex quot orbibus ūniversum mundum cōnstāre dīxit Scīpiō? ...
9. Quī orbis extrēmus esse dīcitur reliquōs omnēs complectēns? ...
10. Quae stēlla omnium māxima esse vidētur? ...
11. Quōmodo lūna et stēllae errantēs illūstrantur? ...
12. Quem globum Scīpiō dīxit medium esse? ...

Lēctiō tertia: versūs 140–231   *Lēctiō III*

Exercitium 5

1. Mōtū orbium efficitur _____ [< con- + cantus], cum sonōs acūtōs cum _____ temperantur _____ [< aequē].

2. Orbēs caelī enim coniunguntur intervāllīs imparibus, sed tamen prō _____ parte ratiōne _____ [= dīvīsīs inter sē].

3. Ita summus orbis _____ [= stēllās ferēns], cuius _____ [< convertere] est _____ [= citior], _____ movētur sonō, gravissimō autem orbis _____ [< lūna] atque īnfimus.

4. Terra autem silentiō _____ [= quae nōn movētur] ūnō locō manet in mediō mundō.

5. Illī octō orbēs sīve _____ [= globī] septem sonōs distīnctōs efficiunt, quia eadem vīs est duōrum, prīmī et octāvī; septem enim quasi _____ est omnium numerōrum.

6. Itaque fidēs quoque septem _____ habent.

7. Sonitū caelestī opplētae aurēs hominum _____ [= surdae factae sunt], sīcut surdī sunt iī quī Catadūpa _____ [= ad C. incolunt] ubi Nīlus māximō sonitū ex altissimīs montibus _____ [= praecipitātur].

8. Nam nōbīs _____ [< sentīre] audiendī _____ [= obtūnsus] est, ut tantum sonitum capere nōn possīmus; sīcut sōlem adversum intuērī nequīmus eiusque radiīs _____ [= vīs videndī] nostra sēnsusque videndī vincitur.

9. Ipsa terra quasi quibusdam _____ sīve zōnīs _____ [= circumdata vinculīs] esse vidētur, ē quibus duae extrēmae caelī verticibus _____ [< sub + nītī] frīgore _____ [= rigidī factae sunt], media autem sōlis ārdōre torrētur.

10. Duae zōnae temperātae _____ [< habitāre] sunt, sed quī zōnam _____ [↔ septentriōnālem] incolunt nōn tantum _____ [trāns + < vertere], sed etiam _____ _____ [= stant] nōbīs.

11. Ita hominēs quī terram incolunt _____ [= inter sē abruptī] sunt, neque cuiusquam nōmen atque glōria in omnibus terrīs _____ [= lātē extendī] potest.

12. Quid autem meā _____ [= rēfert] ā posterīs sermōnem fore dē mē?

13. Necesse est tempore certō _____ et _____ [< exūrere] terrārum accidere.

14. Hominēs _____ [= vulgō] annum ūnō sōlis ānfrāctū _____, sed tum dēmum cum cūncta astra eōdem reversī eandem tōtīus caelī _____ [< discrībere] rettulerint, 'magnus annus' explētus est; cuius adhūc vix _____ pars [1/20] conversa est.

15. Interdum necesse est membrum vulnerātum ā medicō _____ [= secandō removērī].

16. Hieme noctibus frīgidīs terra _____ quasi nive operītur.

17. Horātius Cocles ponte ruptō Tiberim _____ [= trāns Tiberim nāvit].

Exercitium 6

1. Quem sonum Scīpiō in somnīs audiēbat? ...
2. Quōmodo cantus sphaerārum efficitur? ...
3. Omnēsne orbēs eundem sonum ēdunt? ...
4. Cūr aurēs hūmānae hunc sonitum nōn audiunt? ...
5. Quot sunt nervī fidium? ...
6. Cūr sōlem adversum intuērī nequīmus? ...

accolere
aciēs
acūtus (sonus)
adversus
aequābilis
amputāre
austrālis
cingulus
concentus
concitātus
conversiō
dīlātāre
discrīptiō
distinguere
ēluviō
exustiō
gravis (sonus)
habitābilis
hebes
immōbilis
īnsistere
interest
interrumpere
lūnāris
mētīrī
nervus
nōdus
obrigēscere
obsurdēscere
populāriter
praecipitāre
pruīna
ratus (prō ratā parte)
redimīre
sēnsus
sphaera
stēllifer
subnīxus
trānatāre
trānsversus
vīcēsima (pars)

7. Cūr hominēs quī terram incolunt interruptī sunt? ...
8. Quibus quasi cingulīs vel zōnīs circumdatur terra? ...
9. Quae zōnae habitābilēs sunt? ...
10. Cūr nec zōna media nec zōnae extrēmae habitārī possunt? ...
11. Quō marī terra habitābilis circumfunditur? ...
12. Ubi situm est flūmen Gangēs et mōns Caucasus? ...
13. Cūr hominēs nōn modo nōn aeternam, sed nē diūturnam quidem glōriam assequī possunt? ...

Lēctiō IV

Lēctiō quārta: versūs 232–325

Exercitium 7

aestīvus
aestuōsus
aliunde
āridus
ciēre
contuērī
exagitāre
fābulōsus
fragilis
illecebra
inanimus
inhospitālis
integer
obruere
ōcius
perennis
pervolāre
pharetra
posteritās
pulsus
quōcircā
renāscī
torridus
volūtāre

1. In somnīs Scīpiō Āfricānus māior nepōtem suum monuit 'ut aeternam domum caelestem _____ [= intuērētur] nēve in glōriā aut praemiīs hūmānīs spem pōneret, sed ipsīus virtūtis _____ [< illicere] ad vērum decus traherētur.'
2. "Neque" inquit "tē sermōnibus vulgī dederis! Sermō omnis ille et angustiīs cingitur nec umquam dē ūllō _____ [= perpetuus] fuit et _____ hominum interitū et oblīviōne _____ [< posterī] exstinguitur."
3. Aeternum est quod ā sē ipsō _____ [= movētur], nec quisquam negābit hanc esse nātūram animī; _____ [= sine animā] est enim omne quod agitātur _____ [= ex aliā rē] vel _____ [< pellere, = impulsū] externō.
4. Ut mundum mortālem ipse deus aeternus, sīc _____ [< frangere] corpus animus sempiternus movet.
5. Animus _____ [= innocēns] quī, dum inclūsus est in corpore, optimīs in rēbus sē exercuit, _____ [= celerius] in domum suam caelestem _____ [= perveniet volandō].
6. "Namque" inquit Āfricānus "eōrum animī quī sē voluptātibus dēdidērunt, corporibus ēlāpsī circum terram ipsam _____ [= volvuntur] nec hunc in locum, nisi multīs _____ [= vexātī] saeculīs, revertuntur."
7. Corpus mortuum _____ [= rūrsus nāscī] nōn potest.
8. Perīculōsum est iter facere per Syrtēs _____ [= turbidās] aut per _____ [↔ hospitālem] Caucasum aut per ea loca quae Hydaspēs, flūmen _____ [< fābula], lambit.
9. In zōnā frīgidā nūlla arbor aurā _____ [< aestās] recreātur.
10. In zōnā _____ [< torrēre] terra est _____ [= sicca] et nūda; _____ [= itaque] ea terra ab Horātiō dīcitur 'domibus negāta.'
11. Ut gladius vāgīnā, ita sagittae _____ continentur.

Exercitium 8

1. Cūr Āfricānus nepōtem suāsit nē hominum glōriam quaereret? ...
2. Quid Scīpiō avō suō prōmīsit? ...
3. Quid Āfricānus eī dīxit dē nātūrā animī? ...
4. In quibus rēbus animum exercendum esse dīxit? ...
5. Quem dīcit Horātius armīs nōn egēre in locīs perīculōsīs? ...
6. Quōmodo poēta id ita esse probat? ...
7. Ubi Horātius lupō occurrit et quid ibi faciēbat? ...
8. Quae est Lalagē? ...
9. Quae terra ab Horātiō 'Iubae tellūs' dīcitur? ...
10. Quae est regiō ubi 'nūlla arbor aestīvā recreātur aurā'? ...
11. Quae est 'terra domibus negāta' sub sōle nimium propinquō? ...
12. Quid poēta pollicētur sē factūrum ubicumque positum erit? ...

Lēctiō grammatica: versūs 326–359

Exercitium 9

Ex hīs verbīs <u>incohātīva</u> facienda sunt additō suffīxō -(ē)<u>sc</u>ere ad thema praesentis:

1. ārdēre > ex_____, ex_____isse
2. fervēre > dē_____, dē_____isse
3. gemere > in_____, in_____isse
4. horrēre > co_____, co_____isse
5. latēre > dē_____, dē_____isse
6. lūcēre > il_____, il_____isse
7. pallēre > _____, _____isse
8. pavēre > ex_____, ex_____isse
9. rigēre > ob_____, ob_____isse
10. rubēre > ē_____, ē_____isse
11. stupēre > ob_____, ob_____isse
12. tacēre > con_____, con_____isse
13. timēre > per_____, per_____isse
14. tremere > con_____, con_____isse
15. valēre > con_____, con_____isse

Exercitium 10

Ecce <u>strophē Sapphica</u> cuius singulī versūs notīs in pedēs (trochaeōs, spondēōs, dactylōs) dīvīsī sunt:

> Pōn̥e | mē pig|rīs ub̥i | nūll̥a | campīs
> arb̥o|r͡ aestī|vā r̥ecr̥e|āt̥u|r͡ aur̥ā,
> quod l̥a|tus mun|dī n̥eb̥u|l̥ae m̥a|l̥usque
> Iuppit̥e|r͡ urget;

Eōdem modō notandī sunt hī versūs:

1. pōne sub currū nimi um pro pinquī
2. sōlis͡in terrā domi bus ne gātā:
3. dulce rīden tem Lala gēn͡a mābō,
4. dulce lo quentem!

Index Grammaticvs